Ich bin dagegen – und das aus Prinzip

»Für alle Mädchen dieser Welt«
SARAH

»Für Mama«
WILMA

Sarah Tkotsch und Wilma Bögel

ich bin dAGEGen und das Aus pRinZiP

Überlebenstipps für die Pubertät

Mit Illustrationen von Jana Moskito

SCHWARZKOPF & SCHWARZKOPF

INHALT

VORWORT

»Unglaublich, aber ich habe die Pubertät überlebt«
Von Sarah & Wilma   Seite 9

LEBENSWELT 1: DIE ALTEN & DAS ZUHAUSE

Ich bin dagegen – und das aus Prinzip: Das neue
Lebensmotto: Ich lasse mir nichts sagen, egal von wem
                                                                     Seite 13

Meine Eltern nerven – aber ich (mich) auch: Wie gehe
ich mit meinen Launen um?   Seite 27

Das geht dich nichts an! Ich lebe mein Leben allein,
und zwar, wie ich will   Seite 40

Das verstehst du nicht! Eltern haben einfach keine Ahnung von dem, was in mir vorgeht   Seite 47

Am besten immer die besseren Argumente haben:
Tipps und Tricks, wie ich bekomme, was ich will
                                                                     Seite 54

Trennung, Scheidung und die lieben Geschwister:
Familienbande und was mir mit diesen alles passieren
kann   Seite 60

LEBENSWELT 2: BODY & SOUL

Wenn an den falschen Stellen Dellen wachsen: Mein
Körper verändert sich   Seite 81

**Echt wahr: Schokolade hilft beim Wachsen – und das
nicht nur in die Breite:** Mangelernährung und Diäten
in der Wachstumszeit haben Folgen   Seite 103

Sechs Kilo in zehn Minuten mit der Photoshop-Diät:
Wie die Medien- und Werbewelt perfekte Körper
zaubert   Seite 120

Titten für den Übergang: Das passt! – Wie ich meinen
Körper mit Klamotten positiv betone   Seite 125

Qualmen, saufen & einen durchziehen: Erste Erfahrungen mit Drogen   Seite 139

Die richtige Mischung muss es sein: Charakterentwicklung – ich entscheide, was für ein Mensch ich werden
möchte   Seite 150

LEBENSWELT 3: LIEBE, FLIRT & SEX

Warum sich ältere Jungs einfach besser zum Schwärmen eignen: Unterschiede zwischen Jungen und Mädchen   Seite 165

Wenn's knallt, gerät die Welt aus den Fugen: Das erste Mal total verliebt   Seite 171

Ja, ich will: Der erste Kuss, das erste Mal, die erste große Liebe   Seite 206

Ich bin ins Netz gegangen: Social Networks, Chatfreunde und die damit verbundenen Gefahren   Seite 237

LEBENSWELT 4: ELENDE TO-DOS

Still sitzen tun nur Streber, Schleimer und die Dummen aus der ersten Bank: Die Last mit dem Schulleben
                                      Seite 247

Ich bin ich – wen interessiert, was ich werde: Berufswahl und Zukunftsplanung   Seite 257

Die große Schwester: Ü18 – was ich von Älteren über Rechte, Pflichten und Verantwortung lernen kann
                                      Seite 268

LEBENSWELT 5: MEINE WELT

Freundinnen – warum ich meine beste Freundin manchmal einfach bescheuert finde: Gefühlschaos in Freundschaften und Lästereien   Seite 277

Cliquenquark: Gruppenzwang, Gruppenbildung und Freundeskreis   Seite 290

Solopfade: Ich gehöre nicht dazu – und nun?
          Seite 309

Nachwort: Zum guten Schluss ...   Seite 321

Nützliche Infos: Anrufen, Schreiben und Hilfe bekommen ...   Seite 329

Literaturverzeichnis, Quellenangaben   Seite 333

»Und das ist es, was die Pubertät so schwierig macht: Heute tun wir das, morgen dies und übermorgen tun wir eben gar nichts, weil wir uns von den anderen beiden Tagen erholen müssen.«

Vorwort

»Unglaublich, aber ich habe die Pubertät überlebt«

Ja, das trifft den Nagel auf den Kopf! Während der Pubertät hätte ich das niemals geglaubt. Zumal ich sowieso nie verstanden habe, was diese altklugen Erwachsenen eigentlich mit »Pubertät« meinten. In meinen Augen war ich mindestens so normal oder so bescheuert wie sie – wenn ich nicht sogar den besseren Durchblick hatte.

Erinnere ich mich, fällt mir als Erstes ein, dass ich in diesen Tagen überhaupt nicht darüber nachgedacht habe, was ich einmal werden wollte, weil ich nur beschäftigt und völlig überfordert mit meinem Alltag war. Genau das bedeutet für mich nämlich Pubertät: Nicht zu wissen, wohin oder zu wem man gehört, ob man zu klein ist, zu groß, zu dick, zu dünn, zu klug oder zu dumm. Man will einfach nur passen, obwohl man weder sich selbst kennt noch weiß, wohin die Reise gehen wird.

Ich kann sagen, dass ich beim Wohin ziemliches Glück hatte. Ich träumte nicht wie so viele junge Menschen davon, bekannt

zu werden oder in einem außergewöhnlichen Beruf zu arbeiten. Doch ich fand etwas für mich, das mir nicht nur Spaß machte und worin ich gut war, sondern auch etwas, das mir Sicherheit gab und mich nach und nach tatsächlich selbstbewusster werden ließ.

Beruflich hatte ich also echt Glück. Aber pubertätsmäßig ... Puh! Ich kann mich noch sehr gut daran erinnern, wie unglaublich launisch und kompliziert ich war. Im Nachhinein finde ich diese Zeit megaanstrengend. So oft habe ich die Menschen in meiner Umgebung – vorzugsweise meine Eltern – weggestoßen, wenn sie mir helfen wollten. Ich fühlte mich ja schon total erwachsen, nicht mehr als Kleinkind, und ich erkannte nicht, dass man sich in diesem Alter manchmal lieber helfen lassen sollte. Aber in der Pubertät weiß man ja sowieso alles besser. Da kann's schon mal passieren, dass man sich absolut unverstanden und einsam fühlt, obwohl man das gar nicht ist. Einerseits will man frei und total selbstständig sein und kämpft darum wie ein kleiner wild gewordener Teufel, andererseits braucht man die totale Nestwärme, weil das Leben auf einmal so extrem kompliziert ist. Doch irgendwie habe ich die Zeit gemeistert. Und wie ich finde, eigentlich ganz gut.

Ich bin kein Über- und vor allem kein besserer Mensch. Und ich nehme nicht das Recht für mich in Anspruch, einem anderen zu sagen, was er tun soll. Aber ich bin meinen Weg gegangen und wenn mich jemand fragt, dann gebe ich ihm gern eine Antwort. Daher habe ich dieses Buch geschrieben. Es geht um die Zeit zwischen dem elften und dem siebzehnten Lebensjahr – in der sich nicht nur mein Körper verwandelte, sondern auch meine Einstellung zum Leben, zu meiner Familie, zu meinen Freunden und zur Schule. Eine Zeit, in der ich große Selbstzweifel hatte, mich nicht schön fand und viele andere Probleme mit mir herumschleppte.

Bevor ich dich nun an den Erlebnissen meiner Pubertät teilhaben lasse und dir ein wenig zu erklären versuche, was da eigentlich gerade mit dir passiert, möchte ich mich ganz kurz vorstellen. Wie du auf dem Titel lesen kannst, wurde dieses Buch von zwei Frauen geschrieben, daher ist das ICH, das dich nun begleitet, eine Mischung aus diesen beiden verschiedenen Personen.

Die eine davon ist Sarah Tkotsch, die du vielleicht als Lucy Cöster aus der Serie *Gute Zeiten, schlechte Zeiten* oder aus dem österreichischen *Tatort* kennst.

Die andere ist Wilma Bögel, die in der Schweiz lebt und dort als Autorin und PR-Beraterin arbeitet. Sie ist schon ein wenig älter als Sarah, nämlich bereits über dreißig Jahre. Doch im Kopf ist sie immer noch genauso verrückt wie du.

Im Rahmen dieses Buchprojekts haben wir uns kennengelernt und können uns heute gar nicht mehr vorstellen, wie das ohne die andere war. Denn je länger wir gemeinsam an diesem Buch schrieben, desto mehr wurde klar, dass wir uns verdammt ähnlich sind. Und heute sind wir dicke Freundinnen.

Um dir das Lesen zu erleichtern und noch einmal zu betonen, dass es uns Mädchen in der Pubertät einfach allen ähnlich geht, haben wir uns dazu entschlossen, in diesem Buch aus dem WIR ein ICH zu machen. Nur dann, wenn die Erlebnisse total persönlich sind, steht der jeweilige Name davor.

Sarah & Wilma,
Berlin / Cadempino

»Irgendwann war ich dann so weit, dass ich einfach alles, was meine Eltern gut fanden, pauschal mit dem >Gefällt mir nicht<-Button versah. Ihnen gefiel ja auch nicht, was ich wollte oder tat. Warum sollte ich dann ihre Ideen gutheißen?!«

Lebenswelt 1: Die Alten & das Zuhause

ich bin dAGEGen – und das aUs pRinZiP

Das neue Lebensmotto:
Ich lasse mir nichts sagen, egal von wem

Am Anfang bitten sie dich noch. Doch schnell wird aus »Könntest du ... bitte?!« ein »Mach es einfach. JETZT«. Oh ja, was habe ich meine Eltern zur Weißglut getrieben! Aber ihre ständigen Bevormundungen, gut gemeinten Ratschläge und vor allem ihre Ansprüche an mich hingen mir einfach zum Hals raus. Das besondere Reizthema bei uns: Helfen im Haushalt. Da saßen sie am Abend am Tisch und kamen uns Kindern mit Rechten, Pflichten und dem so beliebten Satz: »Solange ihr eure Füße unter unseren Tisch stellt ...«

> **Sarah:** Wie oft habe ich als Kind alles, was Mama und Papa sagten, nicht erst auf die Goldwaage gelegt, sondern es für absolut richtig gehalten! Als ich dann älter wurde und begann, die Dinge zu hinterfragen, stellte sich für mich vieles als Quatsch heraus. Irritiert hat mich auch, dass meine

Eltern mich total moralisch erziehen wollten, ich dann aber plötzlich merkte: Stopp, die verhalten sich doch selbst nicht so. Wie sollen wir da noch Respekt haben?! Bei mir hat das zu einem absoluten »Ich-bin-dagegen-Verhalten« geführt. Auch weil ich nicht so ernst genommen wurde, wie ich mir das gewünscht hätte. Fakt ist doch: Wenn deine Eltern dich nicht ernst nehmen und deine Mitarbeit im Haushalt nicht schätzen (Aufräumen ist nicht selbstverständlich!!), brauchen sie sich nicht zu wundern, wenn sie plötzlich von ihren »Kleinen« genauso behandelt werden.

Ständig wird über das Sich-eine-eigene-Meinung-Bilden debattiert und wenn man dann mal eine hat, ist es auch nicht richtig. Ganz oft habe ich meinen Eltern an den Kopf geworfen, dass ich nicht ihr Haussklave bin. Auch wenn es uns nicht passt und wir das niemals laut sagen würden: Ja, liebe Mama, lieber Papa, wir wissen, dass wir zu Hause helfen müssen, solange wir bei euch wohnen. Aber doch nicht immer genau dann, wenn ihr das gerade wollt! Habt ihr denn immer Zeit, wenn wir euch gerade brauchen?! Schreien wir dann rum und regen uns auf?! – Okay, ja, manchmal tun wir das schon, aber nur, weil ihr nicht über unsere Zeit bestimmen sollt und weil auch wir eigene Pläne für den Tag haben. Und was wir überhaupt nicht mögen: Erinnert uns nicht ständig daran, dass wir zu helfen haben und unter EUREM Dach wohnen! Das wissen wir sehr wohl!

Mit dem Kopf durch die Wand – das habe ich ziemlich oft probiert. Manchmal ging es leichter, weil ein Geschwisterteil schon ordentlich Vorarbeit geleistet hatte und die Mauer schon bröckelte. Aber ohne Beule kam ich trotzdem nicht davon. Andererseits war ich aber auch nicht gewillt, immer wieder freundlich an die Tür zu klopfen und darauf zu warten, dass meine Eltern sich bequemten, aufzustehen, an die Tür zu kommen und mir damit zu signalisieren, dass sie einige Schritte auf mich zugehen würden.

Ehrlich muss ich aber schon sein: Wäre ich damals meine Mutter gewesen, dann wäre ich mir schon ziemlich auf den Keks gegangen. Aber mein Kopf steckte einfach so voller Ideen, die rauswollten. Leider hatte ich vom Zusammenleben meistens andere Vorstellungen als meine Eltern. Es war wirklich nicht so, dass ich nichts tun wollte. Aber oft ging es mir darum, in Bereichen mitreden und mitwirken zu dürfen, die meine Eltern zu ihrem Territorium erklärt hatten. Und rate mal warum: Na klar, weil ich angeblich davon keine Ahnung hatte und eh noch zu klein war!

Zum Aufräumen war ich gut genug, aber wenn ich mein Zimmer in einer neuen Farbe streichen wollte, ging Dad an die Decke. Milch, Brot und Getränke durfte ich im Supermarkt um die Ecke kaufen, aber wenn es darum ging zu entscheiden, welches neue Auto in die Garage gestellt wurde (Eltern wissen echt nicht, wie wichtig es sein kann, im richtigen Auto von der Schule abgeholt zu werden!), dann sollte ich meine Klappe halten. Trug ich kluge Ideen zum nächsten Urlaubsziel bei, hatten meine Eltern ganz sicher schon das Apartment an der Nordsee im Visier. Und zwar genau das, in dem wir bereits im letzten und vorletzten und in dem Jahr davor waren. Das einzig Gute daran war, dass ich nach den Sommerferien den Aufsatz zum Thema »Meine Ferienerlebnisse« vom letzten Jahr wieder hervorkramen konnte und keinen neuen schreiben musste.

Irgendwann war ich dann so weit, dass ich einfach alles, was meine Eltern gut fanden, pauschal mit dem »Gefällt mir nicht«-Button versah. Ihnen gefiel ja auch nicht, was ich wollte oder tat. Warum sollte ich dann ihre Ideen gutheißen?! »Nein«, »Nee«, »Warum«, »Wieso«, »Keine Lust«, »Finde ich scheiße«, »Lass mich in Frieden«, »Mach doch selber« – je nach Lust und Laune wurden diese Aussagen zu meinen Standardantworten. Meine Eltern reagierten darauf so, dass sie das »bitte« wegließen und zu Befehlen übergingen. Ein paradiesischer Zustand, kann ich dir sagen!

Schaue ich heute zurück, kann ich mich an viele Dinge er-innern, die durch eine andere Reaktion oder auch Aktion von mir sicher nicht so eskaliert wären. Aber ich wollte einfach recht haben und es auch bekommen. Da hatte ich meine Prinzipien. Erst nach Jahren begriff ich, dass die Vor- und Ratschläge meiner Eltern nicht immer ganz blöd waren und vor allem nicht deswegen ausgesprochen wurden, um mich zu ärgern. Ein Kompromiss in einer Situation half oft dabei, beim nächsten Mal recht zu bekommen oder wenigstens gefragt zu werden.

Sarah: Stell dir dein Leben einmal als deine persönliche Daily Soap vor! Damit eine Serie funktioniert, muss jeder die ihm zugeordnete Rolle spielen. Man kann jedoch dieser Rolle ihren ganz eigenen Charakter geben und so die Handlung mitbestimmen. Ganz ähnlich ist es im Familienleben. Auch da besetzt jeder von uns seinen eigenen Part, den er aber nur ausüben kann, wenn die anderen mitspielen. Jeder hat Aufgaben, die er erfüllen muss. Aber jeder hat auch Wünsche, die er äußern darf. Am Set habe ich manchmal Sätze aus dem Drehbuch verändert, wenn ich meinte, dass es so besser sei. Wichtig war nur, dass ich es niemals getan habe, ohne es vorher mit dem Regisseur und meinen Kollegen, die in der Szene mitwirkten, besprochen zu haben. Ich habe meine Gründe für den Änderungsvorschlag erklärt und die anderen haben es ebenso gemacht. So war keiner sauer, weil er sich übergangen oder bevormundet fühlte.

Nicht anders solltest du es in deiner Familie halten. Und da gibt es nicht einmal ein Drehbuch. Allerdings hast du auch eine Rolle, der du gerecht werden solltest – schließlich will man ja weiterhin mitspielen und nicht aus dem Cast fliegen. Aber du kannst deine Rolle mit Leben und mit deinen eigenen Ideen füllen und du kannst vor allem mehr als nur diese eine Rolle spielen. Zu Hause geht es aber nun einmal um die der Tochter und die gilt es – auch in Zeiten der Pubertät – irgendwie ganz passabel umzusetzen. Ich würde mich freuen, wenn dir dieses Buch dabei ein kleiner Helfer sein kann, der dir das Leben als Tochter, Kind und Schülerin ein wenig einfacher macht.

Sarah: Stopp, noch schnell ein Nachtrag zu meinem letzten Kommentar. Während meiner Pubertät war ich meilenweit von solch einer Einstellung entfernt und kannte das Leben am Set ja überhaupt noch nicht. Ich habe echt ein paar Dinger gerissen … An eine Situation erinnere ich mich dabei sehr gut: Mein Papa ist Kunsttöpfer und manchmal haben meine Schwester und ich ihm an unserem schönen schulfreien (!!!!!!) Wochenende geholfen.

An einem dieser Sonntage kritisierte er daran herum, wie ich ihm half. Das kotzte mich so an, dass ich das Teil, welches ich in der Hand hielt und das er eigentlich verkaufen wollte, »aus Versehen« kaputt machte. Ich funkelte ihn böse an und sagte: »Ups, das tut mir aber leid.«

Ich dachte, wenn ich ihm schon an MEINEM freien Wochenende helfe, dann soll er mich nicht auch noch kritisieren – VERDAMMT noch einmal! Er hat das Ding bis heute aufgehoben und heute lachen wir darüber. Aber damals fand ich das gar nicht witzig.

Wenn er heute das Funkeln in meinen Augen sieht, weiß er sofort, dass ich gerade innerlich explodiere, und hält schön Abstand.

Jetzt stell dir mal vor, Erwachsene würden sich bei der Arbeit so verhalten. Das würde nicht funktionieren oder du würdest schneller rausgeschmissen werden, als du gucken könntest …

DIE ALTEN & DAS ZUHAUSE

In der Pubertät ist es unser oberstes Ziel, den Eltern klarzumachen, dass man nicht mehr die kleine Tochter oder das Söhnchen ist, die oder der pauschal alles akzeptiert, was sie sagen. Oft bekommen Mama und Papa nämlich gar nicht mit, dass die Kinder erwachsen werden – oder sie wollen es einfach nicht sehen. Das passiert leider auch sehr oft. Es ist nicht böse gemeint, sie haben einfach Angst, dich zu verlieren. Denn für sie gehörst du zur Familie, bist ihre kleine Prinzessin und dass du plötzlich eigene Wege gehen möchtest, ist für sie ziemlich schwer.

Um den Eltern zu zeigen, dass man einen neuen oder auch nur seinen eigenen Weg gehen und eine eigene Persönlichkeit entwickeln möchte, verändern wir das, was am sichtbarsten ist. Gemeint ist unser Äußeres. Das fängt bei unserer Kleidung an (die für uns in dieser Zeit eh unheimlich wichtig ist), betrifft unsere in dieser Zeit meistens unmöglichen Frisuren und hört bei Tattoos und Piercings auf. Am liebsten folgen wir dabei einem Stil, der möglichst weit von dem entfernt ist, der in der Welt der Erwachsenen als normal gilt.

Das Problem ist: Mama und Papa verstehen nicht, warum wir das machen. Und auch wir tun es ja nicht wirklich bei vollem Verstand!!! Für sie scheint jedoch vollkommen klar zu sein: Wir wissen, was wir tun, und tun es nur aus einem einzigen Grund: Wir wollen sie ärgern. Daher reagieren sie aus unserer Sicht auch komplett daneben. Plötzlich sind wir undankbar, wissen gar nicht, wie gut es uns geht. Gern kommt auch der Spruch: »In deinem Alter wäre ich froh gewesen, wenn ich so viel gehabt, gedurft, gekonnt hätte. Wir zu deiner Zeit ... blablabla ... damals, während unserer Schulzeit ...«

Ganz toll, Mama und Papa! Darum geht es doch gar nicht. Versteht ihr nicht, dass ich einfach nicht mehr die Kleine bin, sondern auch mal selber Entscheidungen treffen möchte?!! Nur so kann ich doch lernen zu verstehen, wer ich bin und was ich will. Das ist nämlich das eigentliche Problem: Ich weiß gar nicht, wer ich bin. Und dass mein Körper sich fast jeden Tag verändert und dass mich komische Dinge wie Menstruation, wachsende oder nicht wachsende Brüste, Schambehaarung und all der ganze andere Quatsch total aus der Bahn werfen – wollt ihr das eigentlich nicht sehen oder könnt ihr es nicht?!

Während wir diesen Veränderungsprozess durchlaufen, fühlen wir uns manchmal ziemlich allein. Das sind die Momente, in denen wir wieder zu kleinen Mädchen werden und uns in die Arme von Mama flüchten. Die versteht natürlich nicht, warum

DIE ALTEN & DAS ZUHAUSE

wir gestern so was von erwachsen sein wollten und nun doch wieder einfach ihren Schutz und ihre Nähe brauchen.

Wilma: An einigen Tagen benahm ich mich wie eine erwachsene Frau. Ich wollte, dass man meine Meinung akzeptierte, dass man mich als Mitbestimmerin und Mitrednerin sah. Meine Eltern schüttelten oft den Kopf über die Dinge, die ich dann so von mir gab. Egal worum es ging, es musste aber möglichst wichtig sein und Auswirkungen auf die ganze Familie haben. Dann lief ich zur Höchstform auf. Am nächsten Morgen aber, wenn ich mich an den Frühstückstisch schlich, dort lustlos im Müsli herumstocherte und dann auch noch die Frage stellte: »Kannst du mir nicht mein Pausenbrot schmieren?«, drehte sich meine Ma entgeistert um und sagte: »Was ist eigentlich mit dir los?! Du weißt doch echt nicht, was du willst. Werde endlich erwachsen! Ich kann auch nicht jeden Tag meine Meinung ändern. Gestern hast du hier noch große Sprüche geklopft und heute soll ich dir dein Pausenbrot machen?!«

Befragt man Psychologen zu diesem Thema, beschreiben sie diese Phase unter der Überschrift »Mit anderen Augen sehen«. Sie meinen damit, dass unsere Denkfähigkeit sich weiterentwickelt. Wir lernen, Dinge »differenzierter« zu sehen. Die Welt bekommt für uns plötzlich viele Wenn und Aber. Tausende von Möglichkeiten tun sich auf. Und da gilt es, die für uns beste herauszufinden. Tja, und wie machen wir das? Schließlich ist das ja alles neu für uns. Ganz einfach: Wir probieren jede einzelne aus!

Und das ist es, was die Pubertät so schwierig macht. Heute tun wir dies, morgen das und übermorgen tun wir eben gar nichts, weil wir uns von den anderen beiden Tagen erholen müssen. War die Welt für uns früher eine Reise voller lustiger Bilder, beginnen wir nun, Dinge als Information wahrzunehmen. Und die gilt es zu verarbeiten. Aber anders als damals, als man dem lieben kleinen Hosenscheißer alle Zeit der Welt einräumte, wenn es um das Erlernen neuer Dinge ging, hat man in der Pubertät keinerlei Geduld mit uns.

Eigentlich wissen unsere Eltern das auch alles, aber es nervt sie entsetzlich, wenn sie sich auf nichts mehr verlassen können. Und genau wie damals, als wir uns als kleine Mädchen ständig umzogen und vor dem Kindergarten einen riesigen Terz machten, weil wir als Prinzessin, Ballerina oder als was auch immer verkleidet gehen wollten, suchen wir uns auch heute jeden Morgen ein Tageskostüm aus. Dieses kann uns aber schon beim Verlassen des Hauses nicht mehr gefallen, da es unserer Meinung nach plötzlich nicht mehr zum Schulweg passt oder vielleicht nicht in die Clique. Oder weil unser Schwarm ja gar nicht auf kurze Röcke steht und enge Jeans viel hotter findet. Und schon ist der Tag gelaufen. Aber das kapieren unsere Eltern natürlich nicht.

Fakt ist: Unsere Eltern sind unsere Eltern und auch sie haben diese Phase durch- und überlebt. Ihre Aufgabe ist es zu akzeptieren, dass wir uns verändern. Und da sie schon erwachsen sind, erwarten wir, dass sie uns dabei unterstützen oder uns wenigstens einfach machen lassen. Basta!

Die großen Fragen und eigentlichen Themen dieses Buches sind: Wie bekommst du deine Eltern dazu, dass sie entspannter und lockerer mit der neuen Situation umgehen? Und wie machst du es dir selber in der Pubertät so leicht wie möglich?

Im Grunde ist die Antwort darauf ziemlich einfach – jedenfalls in der Theorie. Denn es geht um etwas, das dich in

DIE ALTEN & DAS ZUHAUSE

deinem ganzen Leben begleiten wird, das aber viele leider
auch mit dreißig, vierzig und sogar siebzig Jahren noch nicht
begriffen haben, nicht lernen wollen oder es sogar nicht einmal können: Sprecht miteinander! Das ist nämlich mit Abstand das Allerwichtigste. Heute, morgen und an jedem Tag.
In allen Situationen und Lebenslagen ist miteinander sprechen
der beste Weg, um Probleme zu lösen. Wenn du nicht mit
deinen Eltern redest, können sie auch nicht wissen, was in dir
vorgeht, und nicht so auf dich und dein Verhalten reagieren,
wie du dir das wünschst. Und schon reagierst du wieder total
über, weil sie dich mit ihrer Reaktion enttäuscht haben, und
sie reagieren dann wieder auf dich und du auf sie und sie
auf dich und so weiter und so weiter. Das ist das berühmte
»Hochschaukeln«, das dir in deinem Leben immer wieder
begegnen wird. Glaube mir, abstellen geht nicht! Es wird dir
immer wieder passieren.

Wichtig ist, dass entweder du oder deine Eltern in so einer
Situation einen Schlussstrich ziehen und sich alle Zeit der Welt
nehmen, um sich erst mal wieder zu beruhigen. Macht das
keiner von euch, kommt es zur sogenannten »Frontentotalverhärtung«. Geiles Wort, oder?! Gemeint ist, dass sich beide Par-
teien im Streit immer mehr voneinander entfernen und man am
Ende gar nicht mehr weiß, was das eigentliche Problem war.

Zum Schluss seid ihr einfach nur noch sauer aufeinander,
was wahrscheinlich gar nicht passiert wäre, hättet ihr ordentlich und in Ruhe miteinander über eure Bedürfnisse oder Probleme oder sonst was geredet.

Das Schlimme an einer »Frontentotalverhärtung« ist, dass
man sich immer weiter voneinander entfernt. Und wenn dir das
mit deinen Eltern passiert und dann auch noch in der Pubertät,
beißt du dir am Ende selber in den Arsch. Du stößt nämlich die

LEBENSWELT 1

Personen weg, die dir vielleicht noch am ehesten helfen können und die das auch jederzeit tun werden.

> **Sarah:** Ich habe mich in der Pubertät ganz schön von meiner Mama entfernt und sie nicht mehr richtig an mich rangelassen. Und sie wusste nicht, wie sie damit umgehen sollte. Ich war total davon überzeugt, dass sie mich nicht verstehen würde. So aber habe ich ihr die Chance dazu gar nicht gegeben. Klar geworden ist mir das aber erst viel später. Damals bildete ich mir ein, sie wäre nicht richtig für mich da und wollte es auch gar nicht. Aber das war kompletter Schwachsinn. Denn wie sollte sie auch für mich da sein, wenn ich ihr nicht die Möglichkeit dazu gab?! Ich war ganz schön unfair. Das muss ich im Nachhinein zugeben. Und ich habe mir damit auch keinen Gefallen getan, weil ich mir die Chance genommen habe, mich im Schoß meiner Mama zu verkriechen und mich mal ordentlich auszuheulen.
>
> Dafür mache ich es jetzt umso öfter!!! Ganz schön bescheuert, dass ich das erst heute ordentlich zu schätzen weiß. Dabei ist es soooooo schön, einfach nur Kind sein zu können, bekocht zu werden und zu kuscheln. An dieser Stelle sei erlaubt: Danke, Mama!

Eltern müssen während unserer Pubertät echt viel einstecken. Gleichzeitig tun sie eine ganze Menge für uns. Aber in dieser Zeit ist uns das überhaupt nicht bewusst. Ihre Nerven werden von uns dauerhaft strapaziert. Wir reißen förmlich an ihrem Geduldsfaden und überfordern ihr Verständnis und ihre Liebe. Ich will mich im Nachhinein gar nicht bei meinen Eltern oder pauschal bei allen Eltern einschleimen. Wirklich nicht! Aber sie machen tatsächlich viel mit und in unseren Augen trotzdem alles falsch. Doch mal ehrlich: Warum eigentlich sollten deine Eltern absichtlich alles falsch machen? Das ergibt doch überhaupt keinen Sinn. Sie haben dich in die Welt gesetzt und lieben dich von ganzem Herzen, also warum sollten sie dir schaden oder dich ärgern wollen? Und vor allem: Warum sollten sie dir wehtun wollen?

Sarah: Ich bin immer total ausgeflippt. Ich sage dir, Schreien, ohne heiser zu werden, muss gelernt sein. Ich habe meinen Eltern überhaupt keine Chance eingeräumt, irgendwie an mich ranzukommen.

Ursprünglich hatte ich mir unglaublich viel Mühe gegeben, weil ich es in unserer Familie harmonisch haben wollte. Doch wenn das nicht positiv gewertet und wenn eine in meinen Augen unangebrachte Kritik an mir geäußert wurde, bin ich ausgerastet. Es kann doch nicht sein, dass man sich den Arsch aufreißt, sei es beim Kochen, beim Putzen der Bude oder sonst was, und dann wird man wegen Kleinkram angenölt. Leider habe ich, da ich vollkommen überreagiert habe (die Hormone!!!!!), genau das Gegenteil heraufbeschworen. Eigentlich wollte ich doch nur Frieden. Aber ich hatte keinen Bock darauf, meine Familie mit der Nase auf die Dinge zu stoßen, die ich so tat – für die FAMILIE! Ich wollte, dass meine Eltern es selbst bemerken. Doch mit gleich zwei stressigen »Pubertätstöchtern« waren die echt überfordert.

Mir war das irgendwann alles zu blöd und ab diesem Zeitpunkt machte ich gar nichts mehr. Und mein Papa konnte das überhaupt nicht verstehen. Natürlich habe ich ihm auch nichts erklärt, warum auch ... Er wurde dann sauer und ich war der Meinung, dass er doch kapieren müsste, wieso ich nichts mehr machte! Erst Jahre später hat's mein

Dad gecheckt und noch heute ärgert er sich darüber, dass er meine Leistung damals nicht anerkannt hat. Und ich ärgere mich schwarz, weil ich nichts gesagt oder erklärt habe. Den Stress hätten wir uns echt sparen können, wenn wir nur ein bisschen mehr miteinander geredet hätten.

Daher: Wenn du wieder mal planst, einfach aus Prinzip gegen das zu sein, was deine Eltern sagen, hinterfrage ganz kurz, warum sie dir gerade das empfehlen könnten, oder frage direkt nach, was sie damit bezwecken wollen. So kommt ihr ins Gespräch und vielleicht fällt es dir dann leichter zu akzeptieren, was sie sagen. Probiere es einfach mal aus!

MEINE ELTERN NERVEN - ABER ICH (MICH) AUCH

Wie gehe ich mit meinen Launen um?

»Du nervst.« – Keine Ahnung, wie oft ich das meiner Mutter an den Kopf geworfen habe. Aber wenn ich sie den Flur entlangkommen hörte und wusste, gleich steckt sie ihren Kopf durch die Tür, verdrehte ich schon die Augen nach oben. Klopf, klopf – Klinke runter und da war sie. Der Moment – wie immer – einfach unpassend!!!!! Bevor sie auch nur einen Ton sagen konnte, ertönte daher schon meine Stimme: »Raus, lass mich in Frieden! Du nervst.« Anfangs versuchte sie noch, die Ruhe zu bewahren, und sagte in höflichem Ton: »Hör mir doch bitte erst einmal zu. Du weißt doch gar nicht, was ich will.« Doch über die Monate und Jahre hinweg änderte sie ihre Taktik und passte sie meinem Verhalten an. Jetzt ging es darum, wer als Erster und am lautesten schrie. Das Ergebnis war jedes Mal das gleiche. Ich drehte die Musik lauter und sie drehte sich auf dem Absatz um und brüllte dabei irgendein Verbot in den Raum.

War sie verschwunden, musste meistens mein Stoffhund dran glauben. Der Arme war bereits während meiner Kindheit stark malträtiert worden. Doch was er seit meinem Pubertätsbeginn aushalten musste, war schon nicht mehr feierlich. Wahlweise trat ich ihn durch das Zimmer oder schleuderte ihn an die Wand. Oder ich fasste ihn an den Beinen und schlug mit ihm auf den Schreibtisch ein. Aber ich musste meiner Wut einfach Luft machen. Sorry, Lassie! Aber konnte die Alte nicht endlich mal begreifen, dass sie mich in Frieden lassen sollte und dass das Schild »Nicht stören« an der Tür eine Bedeutung hatte?! Sie kapierte einfach nicht, dass ich andere Dinge im Kopf hatte und mich nicht mit banalen Alltagsfragen auseinandersetzen wollte. Schließlich war ich gerade dabei, mich neu zu erfinden, und ich musste damit leben lernen, dass auch mein Körper sich neu erfand. Was interessierten mich bitte der Abwasch, das Sonntagsessen oder unser Rasen, wenn Andrea bereits Brüste wuchsen und ich immer noch aussah wie ein Brett!? Oder wenn Peter aus der Stufe über mir mehr Interesse an Julia hatte als an mir?!

Alleinsein ist einfach eine der schönsten Situationen in der Pubertät: Zimmer abschließen, Musik aufdrehen und die Decke anstarren. Wahlweise auch den ganzen Tag über vor der Glotze oder dem Computer abhängen. Jede Wette, dass auch deine Eltern nicht verstehen, wie wichtig dir das ist. Meine zumindest nörgelten ständig herum, wenn ich bis zum Mittag im Bett liegen blieb und bei herrlichstem Sonnenschein auf dem Sofa abhing.

Wilma: Meine Mama war ständig auf Trab. Morgens zur Arbeit, am Mittag Kochen für meine Geschwister und mich und dann war sie Mitglied in zig Vereinen, Clubs und Gemeinschaften. Selbst meinem Dad waren und sind ihre Rennereien teilweise zu viel. Mein Problem war: Ein Roadrunner wie sie war natürlich nicht begeistert, wenn der eigene Nachwuchs ihrer Meinung nach herumgammelte und sich einen lauen Lenz machte. Krach war daher stets vorprogrammiert, wenn ich mich einfach mal wieder in mein Zimmer zurückzog. Aber ich brauchte diese Phasen, um das Leben verarbeiten zu können. Ich schrieb stundenlang in mein Tagebuch – über Dinge, die ich erlebt hatte. Ich malte mir meine Zukunft aus. Besonders schlimm war die Zeit, in der ich mich zum ersten Mal in meinem Leben verliebt hatte. Und zwar in unseren Nachbarn, der aber nichts von mir wissen wollte. Ich hielt alle Details, die irgendwie mit ihm zu tun hatten, in meinem Tagebuch fest und verbrachte Stunden damit, mir vorzustellen, wie es sein könnte, wenn er endlich kapieren würde, was für ein tolles Mädchen ich war.

Mit einigen Jahren mehr auf dem Buckel denke ich, dass es vielleicht manches erleichtert hätte, wenn ich meinen Eltern erklärt hätte, warum ich so gerne Zeit mit mir selber verbrachte und wieso ich manchmal so komisch war. Es war einfach so, dass mir oftmals alles zu viel wurde und ich keinen anderen Ausweg sah, als mich in meine eigenen vier Wände zurückzuziehen. Meine Eltern nervte meine vermeintliche Faulheit, aber oft war ich einfach nur angeätzt von den vielen Veränderungen, die ich durchmachte. Oder ich war total müde, weil die Veränderungen meines Körpers mehr Kraft erforderten, als man annehmen sollte.

Heute gibt es ein modisches Wort für die Pause vom Alltag. So können auch Erwachsene und besonders Manager und Bosse sich diese ganz legal gönnen. (Glaube mir, es werden dir noch viele merkwürdige Dinge begegnen, die eigens dazu erfunden wurden, dass auch die GROSSEN sie legal benutzen können.) Ich spreche hier von der »Quality Time«. Gemeint ist damit Zeit, in der man auf sein Inneres hört und nur Dinge tut, die man will, und die man mit den Menschen verbringt, mit denen man zusammen sein möchte. Oder in der man sich einfach mal zurückzieht, den Aufnahmeknopf auf Stopp stellt und mit sich allein ist.

Auch wenn wir schon fast erwachsen sind, finde ich, dass »Quality Time« für uns nicht der richtige Begriff ist. Außerdem haben wir doch eh unsere eigene Sprache. Was hältst du also davon, wenn wir es TO (gesprochen: ti-oh) für »Time Out« nennen?

Sarah: Meine privaten TOs bedeuteten für mich: Bloß weg von zu Hause! Wenn ich mich vom Acker machte, gab's auch keinen Krach mehr. Ist natürlich nicht die beste Lösung gewesen. Erstens kann man sich ja gar nicht so viel draußen beschäftigen und zweitens ist Flucht auch keine Lösung. Daher suchte ich mir etwas anderes. Ich begann, Klavier zu spielen. Da wusste mein Vater sofort: Oho, bloß in Ruhe lassen. Ich bin dabei ziemlich gut runtergekommen, da ich über nichts nachgedacht habe, während meine Finger auf die Tasten hauten. Einfach mal das Hirn ausschalten und über nichts nachdenken – weder über die doofen Lehrer noch über die komplizierten Mädels in meiner Klasse – war wirklich unglaublich praktisch. Und mein Vater hatte keinen Grund zu motzen, warum ich nicht lerne oder aufräume oder eben auch irgendeinen anderen Mist NICHT tue.

Außerdem habe ich viel gelesen. Das fand ich irgendwie immer interessanter, als ausschließlich in die Röhre zu gucken. Lesen machte Spaß, dabei konnte ich meiner Fantasie freien Lauf lassen. Bis heute liebe ich Lesen und Bücher. Ich drifte dann immer völlig weg und vergesse alles andere um mich herum.

Mir ist schon klar, dass du auf gar keinen Fall Erfolg haben wirst, wenn du beim nächsten Mal auf das Gezeter deiner Mutter wegen deiner angeblichen Faulheit mit den Worten reagierst: »Mama, ich habe gerade ein TO.« Vielleicht wird sie für einen kurzen Augenblick sprachlos sein, aber danach wird sie dich für noch verrückter halten, als sie es sowieso schon tut. Daher ist es auch in diesem Fall wieder sinnvoll, wenn du das Gespräch mit deinen Eltern suchst. Am besten, du redest zuerst nur mit Mama. Papa hört in der Regel sowieso auf sie. Und während der Pubertät sind Väter oft auch ganz froh, wenn sie ein wenig Abstand zu ihren »komplizierten« Töchtern haben – zumindest, bis du den ersten Freund mit nach Hause bringst, denn dann fühlen sich die meisten von ihnen plötzlich so was von verantwortlich. Aber dazu später mehr.

Zurück zu den TOs. Ganz klar ist: Du brauchst sie und sie stehen dir zu. Ganz klar ist aber auch, dass du sie nicht den ganzen Tag über, eine Woche lang, den ganzen Monat und das ganze Jahr über nehmen kannst. Dazu kommt leider, dass du nicht planen kannst, wann dir nach Ruhe zumute ist. Manchmal passieren Dinge in der Schule, die ein TO nötig machen. An anderen Tagen ist der Auslöser ein Nachmittag mit der Clique oder der besten Freundin. Und dann kommt der Wunsch nach freier Zeit auch einfach mal so – von jetzt

LEBENSWELT 1

auf gleich. Deine Gedanken kreisen um dich und die zurzeit realen Dinge in deinem Leben. Familienstrukturen, Aufgaben zu Hause und auch die Schule sind da ganz weit entfernt. Aber auch sie müssen irgendwie Platz in den 24 Stunden finden, die ein Tag hat. Sonst funktioniert das ganze System nicht.

> **Sarah:** Denk an die Serie! Auch *GZSZ* könnte nicht weiter-gedreht werden, wenn einer der Schauspieler mal seinen Text nicht gelernt hat, sich nicht am Set einfindet oder ein-fach nicht bereit ist, in seine Rolle zu schlüpfen. Und ich möchte die Fans mal erleben, wenn es abends heißt: Folge fällt aus – Sarah, Janina und Felix hatten keinen Bock auf Dreharbeiten und ihre Rollen.

Daher: Zieh dich nicht einfach zurück, sondern sprich mit deinen Eltern darüber, dass du allein sein möchtest und diese Stunden mit dir brauchst. Vielleicht gibt es sogar doch feste Tageszeiten, von denen du weißt, dass du dann gerne allein bist. Das könnte zum Beispiel nach der Schule sein. Oder nachdem du von deinen Freundinnen nach Hause gekommen bist oder sie bei dir waren und gerade gegangen sind. Wenn du deiner Mama sagst: »Ich brauche einfach noch eine halbe oder eine Stunde für mich und danach bin ich wieder fürs Familienleben inklusive aller seiner Aufgaben da«, wird sie vielleicht anfangs noch skeptisch sein. Dann schlage ihr vor, es doch einfach mal auszuprobieren. Vielleicht erst einmal vier Wochen lang. Und dann schaut ihr, wie es klappt und ob sich für alle Beteiligten etwas positiv verändert hat.

Natürlich musst du dich auch an die definierte Abmachung halten. Besonders daran, dass du aktiv am Familienleben teil-nimmst. Da hast du sicher nicht immer Bock drauf, aber glaube mir, es ist ein Top-Deal – und zwar zu deinen Gunsten. Die Klopfereien an deiner Zimmertür hören auf. Du hast Zeit für dich! Und deine Eltern nerven nicht mehr so sehr. Von deiner klugen Ansage werden sie unheimlich beeindruckt sein und dir auch in anderen Bereichen und Situationen mehr zutrauen. Oft reichen schon eine Stunde am Tag sowie gemeinsame Mahlzeiten, um danach ganz viel Zeit für sich selber zu bekommen.

Am besten, du setzt dich mit Mama an einen Tisch und ihr schreibt gemeinsam auf, welche Aufgaben du zu Hause übernimmst: vom Spülen über das Saugen der Zimmer bis hin zum Rasenmähen, Einkaufen etc. – einfach alles, was du für die Familie tust oder tun sollst. Daneben macht ihr dann einen Strich und schreibt auf, welche anderen Termine du hast: Reiten, Tanzen, Musikunterricht ... Dann nehmt ihr einen weiteren Zettel, auf den ihr eine Tabelle mit den Wochentagen zeichnet. Zuerst trägst du hier deine festen Termine ein, die nicht verschiebbar sind, weil Volleyball eben immer montags um 18 Uhr ist. Danach schreibst du unter jeden Tag, welche Verpflichtungen du zu Hause hast und wie viel Zeit du dafür ungefähr brauchst. Zum Schluss trägst du noch ein, wann du deine Hausaufgaben machst. Nicht nur du, sondern auch deine Mutter wird erstaunt sein, wie wenig Zeit dann noch übrig bleibt. Und bei neun von zehn Müttern wird man augenblicklich auf Verständnis dafür stoßen, dass man in dieser verbleibenden Zeit einfach tun und lassen will, wonach einem ist. Eine zögernde Mutter muss meistens nur eine Nacht darüber schlafen und am nächsten Morgen bekommt man dann auch von ihr ein GO. Versprochen.

Nun gilt es, sich in den nächsten Wochen und Monaten an die Abmachung zu halten. Das wird nicht immer klappen, aber du solltest es zumindest versuchen. Allein wenn deine Eltern sehen, dass du dich bemühst, werden sie das honorieren. Und wie immer hilft auch in diesem Fall Reden. Oft ist deinen Eltern gar nicht klar, warum du Zeit für dich brauchst und was du damit tust. Die denken, Schule sei easy. Sie dagegen haben Tag für Tag ihre harte Arbeit und außer dir eventuell noch weitere kleine menschliche Biester zu Hause, die ihre Ruhe haben wollen.

Es hilft daher unheimlich, wenn du ihnen klarmachst, dass Schule eben nicht easy ist. Eigentlich brauchst du es ihnen nicht einmal zu erklären, du musst sie nur immer mal wieder daran erinnern. Ihnen ging es ja nicht anders, als sie in deinem Alter waren. Außerdem ist Schule nicht mal wirklich das größte Problem, mit dem wir uns gerade herumschlagen. Sie ist sogar ziemlich nebensächlich, es sei denn, du hast 'ne echt beschissene Note und deine Versetzung ist gefährdet. Viel bedeutsamer ist, dass du ja Tag für Tag gar nicht weißt, was auf dich zukommt und was passiert. Vielleicht hast du ja Stress mit deinen Mädels oder einen Flirt oder jemand macht dich blöde an. Oder dein Körper bereitet dir Schmerzen, weil er wächst. Das sind ja alles Dinge, die man neben der Schule erst mal verarbeiten muss. Dazu kommen dann noch Hausaufgaben, Hobbys, Freunde und so weiter und so fort.

Es passiert so viel Neues. Das alles unter einen Hut zu bekommen ist ziemlich anstrengend. Du musst so vielen Ansprüchen gerecht werden. Deinen eigenen, denen der Lehrer, deiner Mitschüler, deiner Freunde und denen deiner Eltern – das ist echt viel Druck. Und oft einfach zu viel. Beschreibe deinen Eltern, was in deinem Kopf vor sich geht. Dabei musst du keine Details erzählen. Es reicht, wenn du sagst: »Es gab heute Ärger mit den Mädels. Ich mag nicht drüber reden, aber ich brauche gerade einfach etwas Ruhe.« Oder: »Schule war heute

einfach nur ätzend. Bitte gebt mir ein wenig Zeit, um runter-
zukommen.« So wissen sie, was abgeht, und haben sicher mehr
Verständnis dafür, dass du dich zurückziehst.

Je mehr du deine Eltern in das Chaos in deinem Kopf einweihst, desto eher werden sie Verständnis zeigen, wenn du einfach mal nicht funktionierst und die Rolle der Tochter für ein
paar Stunden nicht ausüben möchtest.

Zum Abschluss dieses Kapitels noch ein Thema, bei dem
Eltern so richtig nerven können. Ich meine das Taschengeld. In
jeder Familie gibt es dazu endlos lange Diskussionen, denn über
die Höhe wird man sich eigentlich niemals richtig einig. Du solltest aber stets bedenken, dass deine Eltern NICHT verpflichtet
sind, dir Taschengeld zu zahlen. Sie tun das total freiwillig und
haben daher auch das Recht zu entscheiden, wie hoch es ausfällt.

Für viele Eltern ist es aber – Gott sei Dank – heute selbstverständlich, dass sie uns jeden Monat ein wenig Geld zur freien
Verfügung überlassen. Oft beginnen sie damit, wenn wir in
die Schule kommen. Und dann wird mit jedem Lebensjahr der
Betrag ein wenig angehoben. Trotzdem kommt irgendwann
der Punkt, an dem wir feststellen: Das Geld reicht vorn und
hinten nicht. Jedenfalls nicht für all die Dinge, die wir so haben
möchten. »Andere bekommen mehr als ich« ist dann das erste
Argument, mit dem wir um die Ecke kommen. Meine Eltern
hatten darauf immer zwei Antworten parat. Entweder: »Ja,
deren Eltern haben aber eben nur die eine Tochter.« Oder:
»Sind wir andere?! Wenn du mehr willst, dann verdiene dir
selber was dazu.«

Über die Höhe des Taschengeldes zu streiten hat übrigens
noch in keiner Familie zum Erfolg geführt. Besser ist es, wenn
du in einem Gespräch mit deinen Eltern klärst, wofür das
Geld reichen muss und welche Ausgaben sie für dich über-

nehmen. Kleidung, Schulbücher und -material, Fahrkarten, Mitgliedsgebühren im Sportverein etc. solltest du nicht von deinem Taschengeld bezahlen müssen – es sei denn, du bekommst mehr als hundert Euro im Monat! Der Eintritt ins Kino, Zeitschriften und Süßigkeiten dagegen gehören zwar aus deiner Sicht zum Leben, aber wenn wir mal realistisch sind, brauchen wir sie nicht wirklich. Daher gehen die auf deine Kosten.

Auch in diesem Fall ist es wieder wichtig, dass du mit deinen Eltern klare Absprachen triffst, was du selber bezahlen musst und was sie übernehmen. Und danach sollte sich dann auch die Höhe deines Taschengelds richten. Das Jugendamt schlägt übrigens die folgenden Summen vor. Vielleicht hilft dir das beim Argumentieren oder du stellst fest, dass deine Eltern richtig großzügig sind. Dann einfach die Klappe halten, dich freuen und vielleicht nicht mehr so häufig motzen.

bis 5 Jahre	bis 50 Cent/Woche
6–7 Jahre	bis 1,50 Euro/Woche
8–9 Jahre	bis 2,50 Euro/Woche
10–11 Jahre	bis 15 Euro/Monat oder
	7,50 Euro/zweiwöchentlich
12–13 Jahre	bis 20 Euro/Monat
14–15 Jahre	bis 26 Euro/Monat
16–17 Jahre	bis 42 Euro/Monat
18 Jahre	bis 62 Euro/Monat

Klar ist natürlich, dass unsere Ansprüche steigen, je älter wir werden, und dass wir bestimmte Dinge einfach haben wollen oder müssen. Dazu gehören Markenkleidung, ein Handy, der Besuch bei einem richtigen Friseur, Schminksachen, ein iPod, jede Woche unser Lieblingsmagazin und so geht es endlos weiter. Für uns sind all diese Dinge lebenswichtig. Aber das würden unsere Eltern selbst dann nicht verstehen, wenn wir es ihnen erklären würden. Daher sind wir mit 14, 15 Jahren an dem Punkt, an dem wir irgendwie auf anderen Wegen an Geld kommen müssen.

Wilma: Wir waren drei Kinder zu Hause. Und unser Taschengeld war echt knapp bemessen. Wir bekamen so viel D-Mark (Oh Gott, ist das lange her, wenn noch die D-Mark galt!!!) im Monat, wie wir Jahre zählten. Damit kannst du echt nicht weit kommen. Unsere Eltern übernahmen zwar alle Kosten für Kleidung, Schule und so, aber dennoch waren wir eigentlich immer schon nach einer oder zwei Wochen pleite. Daher fingen meine Schwester und ich bereits mit zwölf Jahren an, am Nachmittag zu babysitten. Natürlich war das wieder Zeit, die von unserer Freizeit abging und in der wir nicht mit unseren Freundinnen zusammen sein konnten. Aber irgendwie machte es auch totalen Spaß, denn die Kinder waren der Hit. Dazu hatte es den Vorteil, dass unsere Eltern sahen, dass wir Verantwortung übernehmen konnten. Daher trauten sie uns auch bei anderen Dingen viel mehr zu. Und als unsere Freundinnen auch »ihre« Kinder hatten, verbrachten wir die Nachmittage zusammen auf dem Spielplatz.

In der Pubertät neben der Schule und der Clique auch noch einen Job zu haben ist extrem nervig und vor allem anstrengend. Aber: Abgesehen vom Extrageld hilft es auf jeden Fall dabei, zu Hause mehr Rechte zu bekommen. Indem du selber Geld verdienst und damit Verantwortung übernimmst, zeigst du deinen Eltern, dass sie dir vertrauen können und dass du erwachsen wirst. Besonders bei Jobs wie Babysitten oder Nachhilfegeben reagieren sie immer positiv. Damit übernimmst du nämlich eine ziemlich wichtige und vor allem vertrauensvolle Aufgabe und das macht Eindruck.

Sein eigenes Geld verdienen bedeutet auch, mehr Freiheiten zu haben. Du kannst nämlich selber bestimmen, was du damit tust. Zum Beispiel kannst du das Geld für einen Urlaub mit deiner Freundin oder deinem Freund sparen oder du kannst es für Dinge ausgeben, die du haben möchtest, und musst dir von deinen Eltern nicht anhören, dass sie dir DAFÜR kein Taschengeld geben. Du hast es nämlich selbst verdient!!! Und damit steht es dir frei zu entscheiden, was damit passiert.

Neben Babysitten und Nachhilfeunterricht gibt es noch eine ganze Menge weiterer Möglichkeiten, Geld zu verdienen. Wichtig ist, dass du dabei nicht die Schule vernachlässigst und vor allem kein Gesetz brichst. In Deutschland ist Kinderarbeit nämlich streng verboten! Und du, deine Eltern oder die Menschen, für die du arbeitest, können in Teufels Küche kommen, wenn du dich nicht an die Regeln hältst.

Vielleicht sagst du gerade: Kinderarbeit?! Ich bin doch kein Kind mehr!!!! Bist du auch nicht – aber vor dem Gesetz bist du eben bis zu deinem 15. Lebensjahr offiziell ein Kind und dann bis zum 18. Lebensjahr eine Jugendliche. Grundsätzlich gilt: Bis du 13 Jahre alt bist, darfst du nicht arbeiten – jedenfalls nicht regelmäßig mit einem Vertrag. Manchmal sind Eltern oder Bekannte aber vorher schon bereit, dir für kleine Tätigkeiten etwas Geld zu geben. Und das ist total okay. Ab dem 15. Lebensjahr darfst du mit Einwilligung deiner Eltern leichte Tätigkeiten wie Zeitungenaustragen, Babysitten etc. ausführen und dafür auch Geld bekommen. Aber egal, was du machst,

DIE ALTEN & DAS ZUHAUSE

es darf nicht länger als zwei Stunden am Tag dauern, nicht vor oder während der Schule stattfinden und nur zwischen 8 und 18 Uhr passieren.

Während der Schulferien gilt eine Ausnahme. Da darfst du auch länger arbeiten und offiziell einen Ferienjob annehmen. Aber auch dabei gibt es klare Regeln: nie mehr als acht Stunden am Tag, nicht mehr als vierzig Stunden in der Woche und niemals mehr als vier Wochen im Jahr! Am besten vereinbarst du mit deinem »Arbeitgeber«, den Ferienjob als Minijob oder Saisonbeschäftigung zu bezeichnen, dann musst du keine Steuern und anderen Kram an den Staat zahlen.

Wenn du dich an diese Regeln hältst, kannst du also dein eigenes Geld verdienen und dich von deinen Eltern ein wenig freier machen. Manchmal hat man sogar so viel Glück, dass man dabei einen Arbeitgeber kennenlernt, der einem eventuell nach der Schule einen Job gibt. Ebenso kannst du dabei testen, ob dir die Arbeit Spaß macht. Vielleicht träumst du ja davon, Reitlehrerin zu werden. Dann biete doch im nahe gelegenen Reitstall deine Hilfe beim Ausmisten und Pferdeversorgen an. Oder du möchtest Ärztin werden. Frag doch einmal in dem Krankenhaus in deiner Nähe, ob es möglich ist, bei der Essensausgabe zu helfen. Es gibt unzählig viele Möglichkeiten. Denk einfach mal darüber nach, was dir Spaß machen könnte, und berate dich mit deinen Eltern, was zu dir passen würde. Oft haben sie sogar Kontakte und können dich bei der Suche oder besser beim Finden unterstützen.

Das geht dich nichts an!

Ich lebe mein Leben allein, und zwar, wie ich will

Bis heute mein absoluter Lieblingssatz. Ich hasse es, wenn ich gedrängt werde, über Dinge zu reden, über die ich nicht reden will. Jeder hat das Recht auf Privatsphäre, das müssen auch deine Eltern respektieren. In der Regel tun sie dies aber nur, wenn sie das Gefühl haben, dass sie dir vertrauen können.

Eine ziemliche Zwickmühle – und zwar für beide Seiten. Angeblich lügen wir Menschen ja zweihundert Mal am Tag. Kann ich zwar nicht glauben, aber wenn man selbst Dinge mitzählt wie das »Guten Tag«, das man der Nachbarin zuruft, auch wenn man sie echt scheiße findet und ihr alles andere als einen guten Tag wünscht, dann kommt man vielleicht auf diese Zahl. Gravierende Lügen aber, die wir ganz bewusst aussprechen und über die wir uns vielleicht lange Gedanken machen, sind gerade in Zeiten der Pubertät nicht unbedingt hilfreich. Mit zunehmendem Alter übrigens auch nicht. Im Grunde nie ...

> **Sarah:** Lügen bringt überhaupt nichts. Ich bin echt enttäuscht, wenn ich merke, dass ich belogen werde. Manchmal glaube ich, Lügner halten einen für dumm, dabei sind sie so leicht zu entlarven, wenn man ein guter Zuhörer und Beobachter ist. Davon mal abgesehen zieht eine Lüge einen Rattenschwanz von weiteren Lügen nach sich. Nehmen wir

ein Beispiel: Du sagst zu deinen Eltern, dass du abends zu einer AG musst. Die erste Lüge. Denn in Wirklichkeit gehst du stattdessen mit deinen Freunden weg. Am nächsten Tag fragen dich deine Eltern, wie die AG war und wann sie wieder ist, und du müsstest wieder lügen. Zweite Lüge ... Ich finde so was total anstrengend und würde mich eh garantiert immer ganz schnell verraten, deshalb lass ich das lieber gleich bleiben. Ich war in meiner Pubertät eher eine Vertreterin von Ehrlichkeit und Überzeugung. Das hat nicht immer geklappt, sicher nicht ;-), aber ich habe versucht, das mit dem Lügen nur ganz selten zu tun ...

Egal, ob jetzt die Eltern, der Freund, die Freundin oder die Geschwister Empfänger sind. Lügen zerstören das Vertrauen. Ich bin sicher, du möchtest auch nicht von deinen Eltern belogen werden. Das heißt nicht, dass du jedes kleinste Detail deines Liebeslebens oder ähnlich private Dinge deinen Eltern direkt auf die Nase binden sollst. Aber wenn sie dich nach etwas fragen, antworte ehrlich. Irgendwann kommt es sowieso raus.

Wilma: Offiziell war ich bei meiner Freundin, den ganzen Nachmittag über und auch in der Nacht. Dass wir eigentlich auf einem Konzert unserer Lieblingsband waren, ging keinen was an. Jedenfalls hatten wir beide keine Lust darauf, uns eine Standpauke, von wegen »zu jung«, »zu teuer« und was auch immer »zu«, anzuhören.

Na ja, so erzählte ich meinen Eltern eben, dass ich bei meiner Freundin schlief, und sie tat es ebenso bei ihren Eltern. Eigentlich aber verbrachten wir den Abend auf dem Konzert und danach vor dem Hotel der Jungs. Ich war damals (echt peinlich heute!!) ein riesiger Backstreet-Boys-Fan ...

> Das Problem war nur, dass am nächsten Tag ein Foto in der Zeitung war, auf dem wir beide schön kreischend in der ersten Reihe standen. Dass wir danach eine lange Zeit nicht beieinander übernachten durften und uns viele Dinge nicht mehr erlaubt wurden, brauche ich wohl nicht zu erwähnen.

Zuzugeben, dass man Mist gebaut hat ist verdammt schwierig. Viele Erwachsene können das heute noch nicht. Selbst deine Eltern erleben Situationen, in denen sie lieber den Kopf in den Sand stecken und so tun möchten, als wenn nichts gewesen wäre. Ich kann absolut verstehen, dass man Angst vor der Reaktion der Eltern hat. Wie gerne hätte ich manche schlechte Note einfach daheim nicht auf den Tisch gelegt. Aber am Ende hätten Mama und Papa es ja doch erfahren, denn sie mussten ja die Arbeit unterschreiben.

> **Wilma:** Bei der ersten Sechs, die ich mit nach Hause brachte, habe ich es nicht übers Herz gebracht, es meiner Mama offen ins Gesicht zu sagen. Also schrieb ich einen Brief, in dem ich von meinen Ängsten sprach, auch davon, warum die Klausur danebengegangen war, und vor allem, was ich ändern wollte. Und dann legte ich meine Klausur unter ihre Bettdecke.
>
> Nicht gerade eine Heldentat. Aber anders wusste ich mir nicht zu helfen. Und ich hatte Glück, denn als ich am nächsten Morgen nach einer fast schlaflosen Nacht in die Küche geschlichen kam, hatte sich die Enttäuschung über die schlechte Note bereits gelegt und Mama sagte nur: »Okay, dann zeige mir, dass du das, was du geschrieben hast, auch wirklich umsetzen willst. Sehe ich keine Verbesserung, dann kommt die fällige Standpauke und die darauf folgende Strafe auf jeden Fall im Laufe der nächsten Wochen.«

> Du kannst dir vorstellen, wie erleichtert ich war und wie
> sehr ich mich in den nächsten Wochen anstrengte. Denn ich
> selber hatte am allermeisten Angst, dass ich sitzen bleiben
> würde. Zu den Jüngeren in der Stufe unter mir wollte ich
> auf keinen Fall!!!!

Besser ist es natürlich, wenn du mit einer schlechten Note offen
auf deine Eltern zugehst und mit ihnen darüber sprichst. Heute
weiß ich, dass Eltern zwei verschiedene Gründe haben, warum
sie bei schlechten Schulleistungen ausflippen. Meine Ma hat es
mir mal in einer ruhigen Minute gesteckt: Einerseits finden sie
es total daneben, wenn du schlechte Noten verheimlichst und
sie dann doch irgendwann – über das Zeugnis, beim Elternsprechtag oder über den blauen Brief – davon erfahren. Vor
allem, wenn du auch noch ihre Unterschrift gefälscht hast, ist
richtig Alarm. Das ist abgesehen davon Urkundenfälschung
und damit strafbar. Außerdem wissen deine Eltern dann, wie
wenig du ihnen vertraust und dass du sie sogar hintergehst –
das macht sie traurig und wütend zugleich. Statt dann aber
ein trauriges Gesicht zu machen und von ihrer Enttäuschung
zu sprechen, gehen sie an die Decke. Dieses Verhalten ist besonders bei Papas beliebt. Der zweite Grund ist aber eigentlich
der wichtigere. Sie haben genauso viel Angst wie du, dass du
das Schuljahr nicht packst. Für sie bedeutet das nämlich sofort,
dass du die Schule nicht schaffst und damit keinen Abschluss
hast und ohne Abschluss keine Ausbildung und damit keine
Zukunft. Für sie kann daher EINE schlechte Note DER Auslöser für ein Riesendrama sein.

Sarah: Ich musste gute Noten schreiben, um drehfrei zu bekommen, und habe mich deswegen extra darum bemüht.

Aber das war nicht immer so. Gerade meinem Vater war es sehr wichtig, dass ich so gut war, wie ich sein konnte. Fand ich natürlich voll ätzend. Es gibt nichts Schlimmeres, als wenn Eltern genau wissen, dass du es eigentlich kannst, aber eben im Augenblick andere Dinge im Kopf hast und die Schule schleifen lässt. Manchmal habe ich mir gewünscht, dass er mehr Verständnis hätte. Aber es gab auch Situationen, in denen ich froh war, dass er mir ein bisschen Druck machte. So blieb ich bei der Sache. Daher: Sei deinen Eltern nicht böse, wenn sie dich mal wegen der Schule pushen. Sie wollen nur dein Bestes. Aber sie müssen auch lernen, dass es Tage und Phasen gibt, in denen du einfach mal etwas anderes wichtiger findest.

Zum Glück hatte ich neben meinem Push-Papa auch noch meine Mama. Die wollte zwar auch immer, dass ich gut in der Schule war, aber sie ist anders mit einer schlechten Note (nur mal so: schlecht fing bei Drei an!) umgegangen als mein Vater. Sie hat mich zur Seite genommen und mir ins Gewissen geredet. War auch nicht immer toll, aber am Ende hatte sie ja recht, wenn sie sagte: »Du musst wissen, was du tust. Denke an deine Zukunft und bitte streng dich mehr an, denn gute Noten sind wichtig.« Habe ich natürlich nie zugegeben, aber gewusst habe ich es ja auch und mich dann einfach mehr bemüht. Egal, wie mich mein Vater mit seiner »Du kannst es besser«-Nummer genervt hat oder auch heute noch nervt. Ich bin ihm trotzdem sehr dankbar dafür, denn dadurch bin ich sehr ehrgeizig geworden und habe einiges in meinem Leben erreicht.

Der Satz »Das geht dich nichts an« macht deinen Eltern einfach pauschal Angst. Sie bekommen das Gefühl, dass du sie nicht

DIE ALTEN & DAS ZUHAUSE

mehr an deinem Leben teilhaben lassen willst. Für sie ist das total schwer. Sie haben dich großgezogen und wollen natürlich wissen, was du machst, mit wem du was machst und wie es dir geht.

Deine Eltern sind nicht so neugierig, weil sie dir Böses wollen, sondern weil sie dich lieben und dich beschützen möchten. Du musst dir Folgendes klarmachen: Je verschlossener du ihnen gegenüber auftrittst, desto mehr Sorgen machen sie sich um dich. Als Kleinkind hast du doch auch ständig geplärrt, wenn dir was nicht gefallen hat. Das hat sie auch genervt, aber sie wussten immer, wenn etwas nicht in Ordnung war. Heute gehen sie pauschal davon aus, dass etwas nicht stimmt, wenn du nichts sagst. Oder dass du ihnen etwas verheimlichst. Und dann werden sie natürlich erst recht neugierig und haken nach.

Reden ist daher auch in dieser Situation das Beste. Außerdem kannst du so selber bestimmen, was du erzählen möchtest und was eben nicht. Denn manchmal ist es auch besser, einfach gar nichts zu sagen, wenn keiner danach fragt. Und glaube mir: Einige Dinge wollen deine Eltern auch gar nicht wissen. Dazu gehören Details aus deinem Liebesleben. Aber: Je mehr du von dir aus berichtest, desto weniger wirst du (aus)gefragt werden.

THEMEN, DIE DEINE ELTERN INTERESSIEREN:

Schulleistungen: Eigentlich alles, denn am Ende bekommen sie sowieso alles raus – ob beim Elternsprechtag oder über das Zeugnis. Daher solltest du so offen wie möglich mit ihnen über deine Schulleistungen sprechen. Fälsche auf gar keinen Fall eine Unterschrift. Nicht nur, dass deine Eltern dir das lange nicht verzeihen werden, es ist auch vor dem

Gesetz eine Straftat!!! Wenn du in der Schule mit einem oder mehreren Fächern Probleme hast, gib das offen zu. Sicherlich können dir deine Eltern dabei helfen, eine Nachhilfe zu finden. Ebenso kannst du erzählen, wenn du mit einem Lehrer Stress hast. Vielleicht haben deine Eltern einen Tipp oder suchen das Gespräch mit dem Lehrer direkt oder mit dem Direktor.

Freunde: Deine Eltern werden nicht alle deine Freunde gleich gut finden. Stelle ihnen dennoch alle vor und bring sie auch mal mit nach Hause. Jeden, den sie kennen oder zumindest schon einmal gesehen haben, akzeptieren sie eher als einen Menschen, den sie noch nie live gesehen haben.

Männer: Erzähle deinen Eltern, dass du einen Freund hast, und noch besser, stelle ihn vor. Wenn sie ihn kennen und sogar mögen, darfst du viel mehr Zeit mit ihm verbringen und sie sind auch toleranter, wenn es darum geht, wie lange du mit ihm unterwegs bist.

Körperliche Veränderungen: Mama kann dir in vielen Situationen am besten zur Seite stehen. Sie selber hat jahrelange Erfahrung und kann dir daher alles erklären. Außerdem kann sie mit dir zu einem Frauenarzt gehen oder beim Einsetzen deiner Periode für dich Binden und Tampons kaufen, wenn dir das unangenehm ist.

Das verstehst du nicht!

Eltern haben einfach keine Ahnung von dem, was in mir vorgeht

Auch unsere Eltern waren mal Teenies und haben die Pubertät er- und vor allem überlebt. Aber das kann selbst ich mir immer noch schwer vorstellen. Trotzdem ist es nun einmal Fakt, dass auch Mama und Papa mal Teenager waren und gleiche oder ähnliche Probleme wie du und ich hatten. Daher ist deine pauschale Ansage »Das verstehst du nicht!« total falsch. Dennoch gehört sie ebenso wie »Das geht dich nichts an« zu unseren Lieblingssätzen in der Pubertät. Es ist so schön einfach, denn du brauchst nichts weiter zu erklären und fühlst dich ja so was von im Recht.

Dabei verstehen unsere Eltern oft mehr von unseren Problemen, als wir glauben können. Eben aus dem Grund, weil sie selber auch mal pubertierende Kids waren. Vielleicht in einer anderen Zeit, in der Dinge wie Drogen und Mobbing noch nicht so aktuell waren, wie sie es heute sind. Aber auch dein Vater ist nicht mit einem Schnauzer und deine Mama nicht mit einer Brust auf die Welt gekommen, auch sie waren zum ersten Mal verliebt und vor allem wollten auch sie unbedingt in einen Club oder auf eine Party, auch wenn sie erst 15 Jahre alt waren.

LEBENSWELT 1

In vielen Situationen kannst du dir sicher nicht vorstellen, dass Reden mit den Alten helfen kann. Aber selbst, wenn dir Dinge echt unangenehm sind, können deine Eltern dich mit ihrer Reaktion darauf total überraschen. Um ehrlich zu sein: Ich traue mich bis heute nicht, alles total offen mit den beiden zu bequatschen. Doch bei Dingen, die mein Leben stark beeinflussen, lasse ich sie eigentlich immer teilhaben; schließlich haben sie mich ja in die Welt gesetzt und helfen mir gerne, wenn ich sie um Rat und Hilfe bitte. Und sie schaffen es immer wieder, mich mit ihrer offenen Meinung und Reaktion zum Staunen zu bringen. Danach bin ich eigentlich immer dankbar dafür, dass ich noch einmal eine Antwort oder einen Vorschlag von den Menschen bekommen habe, die mich am allerlängsten kennen und bei denen ich mir absolut sicher sein kann, dass sie mir nichts Böses wollen. Deine Eltern lieben dich – auch wenn das während der Pubertät sicher oft nicht vorstellbar ist. Sie kennen dich besser als jeder andere in deinem Umfeld. Auch das ist schwer zu glauben bei all den Streitigkeiten und Diskrepanzen, die ihr zurzeit habt. Aber so ist es nun einmal. Deine Mutter hat dich sogar schon verstanden, als du noch ein Baby warst und gar nicht sprechen konntest. Sie hörte damals an deinem Schreien, ob du Hunger hattest, die Hose voll oder dich einfach nur furchtbar gelangweilt hast.

Daher kann ich dir nur raten: Nutze die Möglichkeit und frage nicht nur deine Freunde, sondern auch deine Eltern um Rat. Und, um noch ein bisschen ironisch zu werden: Ist es nicht großartig, einen Menschen um Rat fragen zu können, der keine zickige Freundin oder ein Typ ist, der dich nur ins Bett bekommen will, sondern jemand, der dich schon dein Leben lang kennt?! ;-) Und auch wenn Mama und Papa manchmal ein bisschen veraltet rüberkommen, Liebe, Sex und Freundschaft bleiben auch über Jahrhunderte die gleichen Themen mit den gleichen Problemen.

Sicher kannst du deine Eltern auch mit manchen Sachen total schocken, aber was glaubst du, wie gut sie sich fühlen, wenn sie wenigstens wissen, was in dir vorgeht?! Sieh es doch mal so: Egal welches Problem du hast und egal wie unverstanden du dich fühlst, du hast mit Mama und Papa zwei Menschen an deiner Seite, die wenigstens versuchen, dich zu verstehen, und die dir helfen werden, deine Probleme zu lösen. Damit hast du zwei Kämpfer an deiner Seite, die dich dabei unterstützen, die Pubertät halbwegs unbeschadet zu überstehen.

Deine Eltern werden immer wollen, dass es dir gut geht. Das liegt in ihrer Natur! Und auch, wenn sie dich schon zigtausend Mal vor etwas gewarnt haben und es dann dennoch eintritt, weil du alles Gesagte in den Wind geschossen hast, werden sie am Ende trotzdem hinter dir stehen.

Sarah: Als ich ein kleines Kind war, bin ich aus meinem Kinderwagen gehüpft und auf den Kopf geknallt. Meine Mutter hatte mir vorher andauernd gesagt, dass ich darin nicht herumhopsen soll. Trotzdem hat sie mich dann nicht auf dem Berliner Alexanderplatz liegen gelassen und gesagt: »Siehst du, hab ich dir ja gesagt, das hast du nun davon!« Sie hat mich fest in den Arm genommen, mich beruhigt und ist mit mir sofort zum Arzt gefahren.

So ist das auch, wenn du älter bist. Baust du Mist, brauchst du Hilfe oder fliegst auf die Schnauze, dann werden deine Eltern auch nicht sagen: »Ich hab's dir ja gesagt und jetzt löffelst du die Suppe selber aus!« Nein, sie werden dir immer helfen, genauso wie meine Mama mir geholfen hat.

Sollten deine Eltern wirklich mal nicht so reagieren, dann mach ihnen klar, dass du ein Teenie bist und dass es ganz normal ist, dass du mal Scheiße baust. Betone aber immer, dass es dir leidtut und du aus der Situation lernen wirst. Wenn sie dann immer noch kein Verständnis zeigen, gibt es zum Glück ganz viele Möglichkeiten, von anderen Menschen Hilfe zu bekommen. Gleiches gilt auch für Probleme, die du vielleicht nicht mit deinen Eltern besprechen möchtest. Dafür gibt es heute unzählige andere Stellen, bei denen du dich melden kannst und Unterstützung bekommst. Und zwar sofort und kostenlos! Am Ende dieses Buches findest du eine Reihe von Adressen, Telefonnummern und Internetseiten aufgelistet, bei denen du dich melden kannst.

Auch bei mir hat es ein wenig gedauert, bis ich das alles begriffen habe, aber irgendwann habe ich es doch mal ausprobiert. Im Grunde wollte ich damals zwar nur testen, wie die beiden auf ein provozierendes Thema reagieren würden, aber sie haben mich davon überzeugen können, dass sie noch nicht ganz aus der Mode gekommen waren und vielleicht doch ein kleines Mitspracherecht in meinem Leben bekommen sollten.

Wilma: Sicher gibt es viele Dinge, bei denen Eltern im wahrsten Sinne des Wortes sprachlos sind. Entweder weil sie echt keine Ahnung davon haben oder weil sie schockiert sind, dass ich mich mit so was auseinandersetze. Daher würde ich nicht wirklich alles vor ihnen ausbreiten. Bei wichtigen Themen, zum Beispiel bei beruflichen Entscheidungen oder größeren finanziellen Investitionen, hole ich mir jedoch immer ihren Rat ein. Noch heute! Das bedeutet nicht, dass ich mich dann, ohne zu fragen, danach richte, aber ich lasse ihn in MEINE Entscheidung mit einfließen und denke darüber nach. Als ich beispielsweise in die Schweiz ausgewandert bin, waren sie nach meinen engsten Freundinnen die Ersten, die ich um ihre Meinung dazu bat. Und es tat gut zu hören, dass sie hinter mir standen und mir gleichzeitig sagten, dass ich jederzeit auf sie zählen könne.

Ein weiteres Thema, bei dem Eltern mehr Ahnung haben, als wir glauben, ist die Liebe. Ich habe herzlich gelacht, als Mama mir zum ersten Mal erzählte, wie das war, als sie ihren ersten Freund kennenlernte, und wie blöd sie sich angestellt hat, um zumindest einmal seine Hand zu halten.

Daher: Auch Mama kann die ideale Ansprechpartnerin sein, wenn es um Jungs, Liebe und Beziehungen geht. Und selbst Papa kann dir dazu was erzählen. Pauschal wird er zwar immer alle Jungs, mit denen du herumziehst, blöd finden und argwöhnisch betrachten, weil er dich beschützen will und außerdem möchte, dass du an kein Arschloch gerätst. Was ja eigentlich sehr süß ist – auch wenn das natürlich echt nerven kann! Aber er ist eben ein Typ, der als junger Kerl verliebt war, und kann dir deshalb so manche Reaktion der Jungen erklären, die für uns als Mädchen so was von nicht nachvollziehbar ist.

Wenn es dann so weit ist und du zum ersten Mal mit einem Jungen gehst, ist auch das ein Punkt, den du bei deinen Eltern ansprechen solltest. Dabei geht es nicht darum, dass sie entscheiden sollen, ob er zu dir passt oder eben nicht. Aber du machst dir vieles einfacher, wenn du deine Eltern einweihst und ihnen den Auserwählten vorstellst. Sicher, es ist eine total merkwürdige Situation, den eigenen Freund zu Hause zu präsentieren. Ebenso schlimm ist es, selber vorgestellt zu werden.

Sarah: Wenn ich das erste Mal bei einem Freund zu Hause war, habe ich mir immer vor Schiss fast in die Hose gemacht. Daher habe ich dann ganz schnell »Guten Tag« gesagt und bin noch schneller in seinem Zimmer verschwunden. So konnte ich wenigstens nichts Falsches sagen oder mich blamieren. Oder noch schlimmer: Sie hätten sich mit mir unterhalten wollen!!! Außerdem habe ich grundsätzlich die Einladung, zum Abendessen zu bleiben, ausgeschlagen. Mich mit an den Familientisch zu hocken war einfach too much, das konnte ich beim besten Willen nicht. Heute finde ich es dagegen total schön, wenn ich in der Familie eines Freundes so akzeptiert werde, dass ich als vollwertiges Familienmitglied beim Essen mit am Tisch sitze.

Es macht so vieles einfacher, wenn du deinen Freund deinen Eltern vorstellst und du seine Eltern kennenlernst. Und glaube mir, sie verstehen, wie du dich dabei fühlst. Auch sie haben mal vor einer Haustür gestanden und hätten sich eigentlich am liebsten sofort aus dem Staub gemacht – und damals war das noch um einiges schlimmer. Da MUSSTE man bei den Eltern vorsprechen und durfte teilweise nur zum Tee in die gute Stube und sicher nicht alleine zusammen in das Schlaf- und Kinderzimmer. Da haben wir es heute schon viel einfacher. Dazu kommt: Bist du einmal vorgestellt worden oder haben deine Eltern deinen Freund kennengelernt, bekommt ihr auch mehr Freiheiten. Das kann sein, dass du abends länger bleiben kannst oder dein Freund länger bei dir sein darf. Ebenso sind Mama und Papa so auch viel eher bereit, euch mal ins Kino oder zu einer Party zu fahren.

Du siehst, die Alten sind doch nicht ganz unbrauchbar und als Berater und Zuhörer in einigen Situationen gar nicht so verkehrt. Probiere es doch einfach mal mit einer simplen Sache aus. Danach kannst du immer noch behaupten: »Das verstehst du nicht.«

Sarah: Wenn du deinen neuen Freund deinen Eltern vorstellst, ist das noch aus einem ganz anderen Grund superpraktisch: Sie sind objektiver als du. Damit meine ich: Falls du gerade mit einem totalen Vollidioten zusammen bist, werden deine Eltern das sofort bemerken und es dir vielleicht auch sagen. Am besten wäre es, wenn du ihnen zuhörst, sie dabei aber nicht versuchen, dir zu verbieten, ihn weiterhin zu treffen. Denn letztendlich müssen wir leider wie immer im Leben unsere eigenen Erfahrungen machen.

Im Ernstfall können deine Eltern dann aber viel besser für dich da sein, da sie im Grunde ja schon wussten, dass er ein Idiot ist und nicht der Mann für ihre wunderbare Tochter. Sie sind quasi schon vorbereitet und zur Stelle, wenn dich die Erkenntnis trifft.

aM bEsTen immER diE bEssERen aRGuMenTE haben

Tipps und Tricks, wie ich bekomme, was ich will

Ich glaube, wegen dieser Erziehungsmethode hat sich mein Vater zwischendurch echt in den Hintern gebissen und tut es heute immer noch. Wegen ihm bin ich ein totales Diskutiertier geworden. Er hat mich nämlich so erzogen, dass ich alles bei ihm erreiche, wenn ich ihn mit Argumenten überzeugen kann.

Sarah: Mit den richtigen Argumenten habe ich in der Pubertät einiges erreicht. Zum Beispiel mein erstes Zungenpiercing. Als ich 14 Jahre alt war, wollte ich das UNBEDINGT haben und habe es nach einigen Diskussionen sogar bekommen. Als ich noch viel jünger war, hätte mein Vater nicht im Traum daran geglaubt, dass er mir mal so was erlauben würde, weil ich ihn mit Argumenten überzeuge. Sein erster Einwand war: Ich würde nach dem Piercen nichts mehr schmecken! Absoluter Blödsinn. Die Geschmacksknospen liegen nämlich vor allem auf dem hinteren und vorderen Teil der Zunge und da, wo gepierct wird, gibt es diese Knospen gar nicht. Das war also schon mal kein Argument dagegen.

Dann sagte er: »Das ist schlecht für deine Zähne«. Also habe ich ihn zu einem Zahnarzt geschleppt, der ihm sagte, dass meine Zähne nicht darunter leiden würden, wenn ich nicht die ganze Zeit mit den Metallkugeln über meine Zähne schabe. Und da ich meine Zähne sehr mag, war das Argument auch passé. Sein letzter Einwand war: »In einem Piercingstudio kannst du dir ja sonst was holen!« Daraufhin sind wir an einem Nachmittag los und in verschiedene Studios einfach reingelaufen. Und siehe da: Ohne Ankündigung, dass mein Vater kommen würde, herrschte überall absolute Sauberkeit. Kein Laden kann es sich leisten, seine Instrumente nicht zu desinfizieren!

Tja, und so musste er mir das Piercing erlauben. An den Tag erinnere ich mich heute noch gerne. Es war witzig zu sehen, wie er fast aus den Latschen kippte, als er die fette Nadel in meiner Zunge sah. Aber er wollte ja unbedingt dabei sein! Ich habe dann noch eins draufgelegt und mir in den Monaten danach noch ein Nasenpiercing und eines in die Unterlippe machen lassen.

Um eines möchte ich dich an dieser Stelle aber bitten: Denke vorher gut über Piercings und Tattoos nach! Die hinterlassen Narben und bleiben für immer! Für meine Piercings habe ich daher Stellen gewählt, wo die Narben nicht so auffallen. Gerade in der Wange und im Lippenbereich erkennt man Narben sehr deutlich und das sieht nicht schön aus. Ich trage heute keine Piercings mehr und bin froh, dass die Narben nicht so auffällig sind. Ähnlich ist es mit Tattoos, da sollte man echt 'ne Weile drüber nachdenken. So eine Laserbehandlung zum Entfernen kostet um die 1000 Euro – je nach Größe!

LEBENSWELT 1

Mit dem Fuß auf den Boden zu stampfen bringt uns nicht wirklich weiter – auch im Berufsleben wirst du damit später nichts erreichen. »Ich will aber, und zwar darum« ist stets zum Scheitern verurteilt. Wenn du aber deine Eltern davon überzeugen kannst, dass das, was du willst, dir nicht schadet oder es dir sogar guttut, kannst du fast alles bekommen. Und das lässt sich auch auf alle anderen Menschen anwenden.

Entscheidend ist eben nur, dass du das bessere und vor allem ein logisches Argument vorbringst. Und das gilt es zu finden. Dabei kommt dir der Umbau in deinem Hirn, der in der Pubertät passiert, übrigens sehr zugute. Wie beschrieben, ändert sich deine Wahrnehmung. Das hat damit zu tun, dass wir während der Pubertät etwa 40 Prozent unserer Synapsen verlieren. Ohne Scheiß!! Mit Synapsen sind die Verbindungen zwischen den einzelnen Nervenzellen gemeint. Der Verlust ist deshalb nicht schlimm, weil wir die, die wir verlieren, nur zwischen unserer Geburt und etwa dem zehnten Lebensjahr wirklich brauchen. Dagegen werden die Stränge stärker, die wir ab dem elften Lebensjahr regelmäßig nutzen. Dazu zählen zum Beispiel diejenigen, die beim Lesen, Rechnen, Schreiben und eben auch beim Argumentieren zum Einsatz kommen. Vergleichbar ist das Ganze mit deinem Computer, dem du ein Update aufspielst, weil sich die Dinge weiterentwickelt haben. Eine erweiterte Software quasi.

Auch wenn sie es dir niemals sagen würden, jedenfalls nicht, während du noch mitten in der Pubertät steckst: Eltern sind immer wieder erstaunt, wenn der Nachwuchs plötzlich mit unschlagbaren Argumenten um die Ecke kommt. Ich habe meine einmal dabei ertappt, wie sie am Abend in der Küche saßen und sich immer noch die Frage stellten, wie ich bloß auf diese Begründung gekommen bin. Mein Vater hat sich damals kaum noch halten können vor Lachen und sagte immer wieder: »Wir müssen echt aufpassen, was wir sagen. Am Ende wird alles gegen uns verwendet.«

Damit hat er auch nicht ganz unrecht. Die besten Argumente liefern Eltern oftmals selber. Sie mit den eigenen Waffen schlagen – das klappt immer am besten. Hier findest du eine kleine Übersicht über Gründe – alle eingehend erprobt ☺ –, gegen die Mama und Papa nur wenig sagen können.

LEBENSWELT 1

SITUATION UND ARGUMENT

Du möchtest einen (neuen) Computer mit Internetzugang:
Ein Computer ist heutzutage extrem wichtig. Besonders bei
Hausaufgaben wie Aufsätzen und Referaten, für die du viel
recherchieren musst, brauchst du einen Internetzugang. Oft
müssen Referate sogar getippt abgegeben werden. Außerdem kannst du online auch Zeitungen in anderen Sprachen
lesen und so etwas zur Verbesserung deines Englisch,
Französisch oder Spanisch tun.

**Du willst allein mit deinem Freund oder deiner Freundin
in den Urlaub fahren:** Suche dir bewusst Reisen aus, auf
denen du mit einer Jugendgruppe unterwegs bist. Da dürfen Eltern gar nicht mit. Oder du erklärst, dass du wegen
der Schule einen Sprachaufenthalt machen möchtest, und
dann machst du diesen zusammen mit deinem Freund oder
deiner Freundin. Du möchtest deine Sprachkenntnisse er-
weitern und das geht nicht, wenn du die ganze Zeit über mit
deinen Eltern deutsch sprichst, weil sie die andere Sprache
nicht können. Du musst daher mit deiner Freundin oder
deinem Freund alleine reisen.

**Du möchtest unbedingt ein bestimmtes Kleidungsstück
haben:** Du gibst einen Teil deines Taschengeldes dazu,
denn du möchtest es gerne haben. Und es ist eben nur
jetzt so billig und noch in deiner Größe erhältlich. Vielleicht
findest du es sogar günstiger im Internet. Wichtig ist, dass
du zeigst, wie sehr du es haben möchtest, indem du Geld
dazugibst und dich bemühst, es möglichst günstig zu bekommen. Vielleicht kannst du auch einen Deal machen, bei

DIE ALTEN & DAS ZUHAUSE

dem deine Eltern in den nächsten Monaten immer ein bisschen von deinem Taschengeld einbehalten. Oft sagen sie
dann irgendwann, dass du nun nichts mehr zurückzahlen
musst und sie dir den Rest schenken.

Du möchtest abends länger wegbleiben: Deine Eltern
sagen doch immer, dass du mehr Verantwortung übernehmen sollst. Daher bitte sie, dass sie dir vertrauen und dir die
Gelegenheit geben, ihnen zu beweisen, dass auf dich Ver-
lass ist. Du wirst pünktlich zu Hause sein oder noch besser:
Deine Eltern können dich abholen und du stehst pünktlich
bereit. Außerdem schickst du ihnen zwischendurch eine
SMS und berichtest, dass alles in Ordnung ist.

Du möchtest dir die Haare färben: In der Regel färben sich
Mamas auch die Haare – daher: gleiches Recht für alle. ;-)

Du möchtest reiten, tanzen oder singen lernen: Es unterstützt deine Entwicklung und fördert deine Talente. Und
du bist auch bereit, etwas von deinem Taschengeld dazuzugeben.

Trennung, Scheidung und die lieben Geschwister

Familienbande und was mir mit diesen alles passieren kann

Oh je, wenn sich Eltern trennen und man Stress mit den Geschwistern hat, wird diese ganze Familiengeschichte noch um einiges schwieriger. Ich selber bin leider auch ein Scheidungskind, aber irgendwie war das gar nicht so schlimm. Denn wenn du älter wirst, begreifst du, dass die Trennung damals für alle die beste Entscheidung war. Besonders, wenn man sieht, dass Mama und Papa mit ihrem neuen Leben glücklich sind.

In dem Augenblick, in dem es passiert, ist klar: Es ist einfach scheiße. Du willst es nicht, du kannst es nicht verstehen und klarkommen tust du erst recht nicht damit. Die können doch nicht einfach die Familie kaputt machen. Mama und Papa gehören einfach zusammen, die waren das doch auch schon immer!!!! Aber glaube mir, irgendwann wirst du einsehen, es ist besser so. Denn wenn deine Eltern zusammenbleiben, sich aber nicht mehr lieben, dann wird das immer in eurem Familienalltag zu spüren oder leider auch durch laute Streitereien zu hören sein. Oder noch schlimmer: Einer von beiden sucht sich heimlich einen anderen Partner. Das macht niemanden glücklich.

Wilma: Mein leiblicher Vater hat sich sofort nach meiner Geburt von meiner Mutter getrennt. Daher habe ich ihn nie wirklich kennengelernt und ihn nie vermisst. Er war zwar in den ersten Jahren meines Lebens noch dann und wann mal für ein paar Stunden da, aber eine Bindung ist dabei nicht entstanden. Klar war es komisch, wenn die anderen Kinder im Kindergarten von ihrem PAPA erzählten – und was der nicht alles Tolles konnte. Aber auch das habe ich überlebt. Denn ich habe einfach eine wunderbare Mama, die mir immer alle Liebe geschenkt hat, die sie zu geben hatte!!!

Als ich dann sechs Jahre alt wurde, hat Mama wieder einen neuen Mann kennengelernt. Neben einem neuen Papa habe ich damals gleich zwei neue Geschwister bekommen. Das war auch nicht immer einfach, aber heute mag ich meine Patchworkfamilie nicht mehr missen. Und auch wenn ich ihn niemals mit »Papa« anreden würde, ist der Mann meiner Mama einfach MEIN PAPA. Denn er tut genau das, was ein Papa tut: Er ist für mich da, bedingungslos.

Das Schlimmste an der Trennung der Eltern während deiner Pubertät ist, dass sie nicht genug Rücksicht auf dich nehmen (können). Manchmal behandeln sie dich wie eine Erwachsene, dann nehmen sie dich gar nicht wahr und am Ende bist du das kleine Mädchen, das nichts zu sagen und vor allem keine Ahnung hat. Das macht die neue Situation für dich noch viel schwieriger, als sie sowieso schon ist.

Wenn dann deine Eltern auch noch von dir verlangen, dass du dich für ein Elternteil entscheiden musst, ist das unfair dir gegenüber. Entweder ... oder ..., das kann keiner von dir verlangen. Unser Wunsch ist in der Regel ziemlich einfach: Wir wollen beide nicht verlieren und können nicht wirklich sagen, bei wem es schöner ist. Außerdem, glaube mir, wird es immer wieder Augenblicke geben, in denen du gerne bei dem anderen wärst, weil du gerade nicht bekommst oder nicht tun darfst, was du willst.

In diesem Zusammenhang habe ich eine Bitte an dich: Nutze bitte niemals aus, dass dich beide Elternteile lieben. Spiele sie nicht gegeneinander aus! Sage niemals: »Also von Mama würde ich ja das und das bekommen ...«, oder: »Bei Papa hätte ich aber ...« Das ist mies und richtig gemein.

Sarah: Als meine Eltern sich trennten, war ich 13 Jahre alt und blieb bei meinem Papa. Und zwar nicht, weil ich meine Mama nicht mochte, sondern weil ich bei meiner Schwester sein wollte und die wollte eben bei unserem Papa bleiben. Papa war mein »Prinz«, mein »König« (so 'n Standing haben nun mal Daddys). Leider wünschte er sich zwei Prinzessinnen, die ich und meine Schwester im Laufe der Pubertät überhaupt nicht waren. Also kannst du dir sicher vorstellen, was das für ein Gefühlschaos für uns alle war. Der Pushing-Daddy, die süße, aber auch anstrengende pubertierende Sina und die irgendwann völlig durchgeknallte Sarah, das war für uns alle viel zu viel. Mama war traurig und hat uns vermisst, also hatte ich ein schlechtes Gewissen – und zu Hause lief ohne sie halt auch nicht alles glatt.

Unsere neue Familienkonstellation musste sich erst mal sortieren und das war mit zwei sehr überempfindlichen, hormongesteuerten Mädels (die gar keine Prinzessinnen waren, sondern launische, quäkende, zickige Gremlins) und 'nem viel arbeitenden Daddy quasi unmöglich! Terror pur, sag ich dir. Aber irgendwie haben wir das alle überstanden.

Fakt ist, Trennung und Scheidung sind beschissen. Punkt! Leider ist es ja heutzutage fast eine Seltenheit, wenn Eltern ewig zusammen sind. Dass das für dich eine unglaublich schwere Zeit ist, weiß ich aus eigener Erfahrung. Aber akzeptiere auch, dass es für die Eltern ebenfalls nicht einfach ist und sie sich in einem Ausnahmezustand befinden.

Manchmal bleiben Eltern sogar zusammen, damit die Kinder eine Familie haben. Aber auch das klappt in den seltensten Fällen, denn Liebe lässt sich nicht erzwingen. Du kannst dir sicher sein, dass deine Eltern, bevor sie sich endgültig trennen, tausendmal darüber geredet haben, wie sie es dir und deinen Geschwistern am einfachsten machen. Und immer wieder haben sie dabei auch darüber gesprochen, wie sie vielleicht doch zusammenbleiben können, wenigstens solange du noch zu Hause wohnst. Aber das klappt eigentlich nie, denn eine Familie funktioniert einfach nicht, wenn nicht alle Mitglieder glücklich sind.

Deine Eltern fühlen sich auf jeden Fall genauso beschissen wie du, wenn sie sich trennen. Eine Trennung kommt ja auch nicht von heute auf morgen, sondern setzt schon eine ziemlich lange Zeit der Unzufriedenheit voraus. Viele Eltern haben in diesem Augenblick gegenüber ihren Kindern auch das Gefühl, als Eltern versagt zu haben. Dazu kommt noch, dass sie sich von ihrem langjährigen Partner trennen, der immer da war, mit dem sie so viel erlebt und den sie geliebt haben. Wenn du schon mal ein paar Wochen lang mit jemandem zusammen warst, dann weißt du, wie doof eine Trennung ist. Jetzt stelle dir mal vor, wie es deinen Eltern geht, die quasi schon ewig zusammen sind. Auch sie haben in diesem Augenblick Liebeskummer und Herzschmerzen. Das würden sie bestimmt niemals so offen zugeben, weil sie vor dir und deinen Geschwistern stark sein möchten, um euch zu schützen. Aber sicher fehlt ihnen der andere auch total. Ich will's deinen Eltern hier überhaupt nicht leicht machen, sondern möchte dir zeigen, dass es für sie auch echt schwer ist und dass sie sich bestimmt nicht trennen, um dich zu ärgern. Oder noch schlimmer: Weil du schuld daran bist!!

> **Wilma:** Sicher habe ich mich manchmal gefragt, ob mein leiblicher Vater wegen mir Mama verlassen hat. Schließlich ist er direkt nach meiner Geburt gegangen. Und dafür

musste es ja einen Grund gegeben haben. Doch je älter ich wurde, umso mehr erzählte nicht nur meine Mama, sondern auch meine Verwandten beantworteten meine Fragen. Das war gut, denn ich begriff, dass ich nicht der Grund für die Trennung gewesen war. Meine Eltern hatten sich einfach in den 14 Jahren ihrer Beziehung auseinandergelebt und hatten nicht mehr die gleiche Vorstellung vom Leben. Und das hatte schon vor meiner Geburt angefangen, sodass ich wirklich nicht daran schuld sein konnte.

Da es für alle so schwierig ist, wäre es gut, wenn du wenigstens versuchst, gemeinsam mit deinen Eltern an einem Strang zu ziehen. Trennen sich deine Eltern, ist es nicht besonders hilfreich, wenn du auch noch durchdrehst. Es hilft übrigens auch nicht wirklich, wenn du deine Wut über die Trennung einfach rauslässt. Auch wenn sie verständlicherweise da ist, macht es die neue Situation für alle Beteiligten noch viel schwerer.

Ich meine nicht, dass du einfach den Kopf in den Sand stecken sollst und die beiden tun und lassen können, was sie wollen. Du darfst auf jeden Fall immer deine Meinung äußern. Zu sagen, dass du das alles einfach nur beschissen findest und es nicht willst, ist dein gutes Recht. Aber gleichzeitig solltest du versuchen, für die beiden Verständnis zu zeigen. Du kannst sagen, dass du furchtbar traurig bist, aber dass du versuchst, die Trennung zu akzeptieren. Und du kannst gemeinsam mit deinen Eltern überlegen, wie es weitergeht.

In deinem Alter kannst du sogar entscheiden, wo du wohnen möchtest. Aber spiele bitte auch hier nicht die beiden gegeneinander aus, frei nach dem Motto: »Wenn ich zu dir ziehe, Mama, will ich ein großes Zimmer, einen Fernseher, möchte abends immer bis 22 Uhr raus und im Haushalt helfe ich auf gar keinen Fall. Wenn ich das nicht bekomme, ziehe ich eben zu Papa!« Das ist nicht nur kindisch, das ist absolut beschissen. Das ist wie mit deinen Freunden, wenn deine Eltern dir verbieten, den und den zu treffen, weil du sonst auch nicht dies und das und jenes darfst.

Die Entscheidung darüber, wo man wohnt, fällt man sicher nicht an einem Tag, denn sie ist unglaublich schwierig. Daher kann es helfen, wenn ihr ein bisschen sachlich an die Sache herangeht. Wo wohnen beispielsweise deine Freunde? Wo gehst du zur Schule? Wo ist dein Sportverein? Manchmal ist es auch so, dass ein Elternteil nur den halben Tag lang arbeitet und dann am Nachmittag zu Hause sein kann, sodass du nicht alleine sein müsstest.

Wenn deine Eltern beide in derselben Stadt wohnen, kannst du vielleicht sogar bei beiden ein Zimmer bekommen und dann während der Woche bei dem einen und am Wochenende bei dem anderen wohnen – oder noch besser: eine Woche hier, die nächste da. Wichtig ist, dass du dich wohlfühlst. Wenn dir beispielsweise ein ständiges Pendeln zu stressig ist, dann sage das und bitte darum, dass ihr gemeinsam eine andere Lösung findet. Denn egal wie du dich entscheidest, emotional ist es niemals einfach. Und wenn dann plötzlich wieder ein neuer Partner im Leben von Mama oder Papa auftaucht, wird es erst recht komisch. Aber es ist immer alles machbar!

> **Wilma:** Wie ich schon schrieb, habe ich ja nicht nur einen neuen Papa bekommen, sondern auch gleich noch zwei Geschwister dazu. Das war schon merkwürdig und besonders toll fand ich das am Anfang auch nicht. Jetzt musste ich meine Mama nicht nur mit einem anderen Mann teilen, sondern auch noch mit zwei weiteren Kindern. Dafür

DIE ALTEN & DAS ZUHAUSE

zogen wir aber aus unserer Wohnung in ein schönes Haus mit Garten, ich lernte in der neuen Schule meine heutige beste Freundin Silvia kennen und ich sah, dass meine Mama endlich wieder wirklich glücklich war. Und das ist doch das Wichtigste.

Ich glaube, dass es am besten ist, wenn ihr alle ein bisschen versucht, auf den anderen und seine Wünsche einzugehen. Und wenn ihr eben auch schaut, was für ALLE das Beste in der neuen Lebenssituation ist. Es wird immer Augenblicke geben, in denen du denkst, dass es anders vielleicht doch besser gewesen wäre. Aber irgendwann muss leider eine Entscheidung fallen. Und es ist besser, wenn ihr die zusammen besprecht und nicht am Ende einer von euch für alle oder sogar ein Gericht entscheidet.

Du solltest aber immer dafür kämpfen, dass dir Mama UND Papa erhalten bleiben. Das ist besonders dann wichtig, wenn die Trennung nach vielen gemeinsamen Jahren passiert und du schon ein wenig älter bist. Jeder von uns braucht einen Papa und eine Mama und es ist nun einmal ihre Aufgabe, uns zu ermöglichen, beide zu haben – selbst dann, wenn sie nach der Scheidung in verschiedenen Städten oder sogar Ländern leben, und auch, wenn sich die beiden nicht mehr wirklich gut verstehen.

Wilma: Meine Situation war etwas anders, weil ich mich nicht entscheiden musste. Als wenige Tage alter Mensch wirst du ja nicht gefragt. Da ich aber so meinen leiblichen Vater nie wirklich kennengelernt und mit ihm zusammengelebt habe, habe ich keine Verbindung zu ihm. Das klingt vielleicht hart für dich und ich habe mich sicher öfter

gefragt, wie er so ist. Aber im Grunde gehört er nicht zu meinem Leben dazu, weil er nie daran teilgenommen hat. Und da ich bereits mit sechs Jahren einen neuen und vor allem wunderbaren Dad bekommen habe, vermisse ich gar nichts.

Ich wünsche dir, dass du niemals in die Situation kommst, dass du dich entscheiden musst, weil deine Eltern sich trennen. Aber sollte es passieren, denke immer daran: Du bist nicht schuld!!!! NIEMALS! Und du hast ein Recht darauf, beide weiterhin zu sehen. Da müssen deine Eltern dann so erwachsen sein, dass sie eine Möglichkeit finden.

Wenn du sie dabei unterstützen kannst, ist das wunderbar. Und sei es nur, dass du versuchst, in dieser Zeit nicht ganz so bockig zu sein wie sonst. ;-) Vielleicht hilft dir ja auch das von mir Geschilderte, um in deiner ganz persönlichen Situation eine Lösung zu finden. Und wie immer gilt: Reden hilft. Lass dir von deinen Eltern erklären, warum sie sich trennen. Sei nicht trotzig und stemple es nicht mit »Ist mir doch egal, ich will, dass sie zusammenbleiben« ab. Frage nach, denn nur so kannst du nachvollziehen, was passiert. Außerdem entsteht so bei dir erst gar nicht das Gefühl, dass DU Auslöser der Trennung sein könntest.

Familienleben ist eben eine Sache, die niemals langweilig wird. Erst recht nicht, wenn es außer dir noch andere kleine Rotzgören gibt ... Denn so schwierig Scheidungen sind, genauso schwierig ist es auch mit den »lieben Geschwistern«. Ich kann ein Lied davon singen und genau nachvollziehen, wie du dich fühlst.

Oftmals möchte man seinen Bruder oder seine Schwester am liebsten gegen eine Wand klatschen. Als Kind ist alles noch ziemlich harmlos, da rauft man sich ab und an mit den Geschwistern; in der Pubertät hat man dann aber plötzlich Gedanken, die Thema eines Horrorfilms sein könnten – manchmal geht es einem ja heute noch so. ;-)

Geschwister kann man sich wie Eltern eben nicht aussuchen. Die sind nun mal einfach da und irgendwie muss man miteinander auskommen. Dennoch lässt es sich nicht verhindern, dass man sich gerade in der Pubertät manchmal die Köpfe einschlägt.

Wilma: Dank meiner Patchworkfamiliensituation war es bei uns so, dass mein »neuer« Bruder, meine »neue« Schwester und ich fast ein Alter hatten. Meine Schwester war gerade einmal ein halbes Jahr älter als ich und mein Bruder etwas über ein Jahr jünger. Da ging es manchmal ab, das kann ich dir sagen. Besonders als wir dann alle gleichzeitig in der Pubertät steckten. Noch heute sind wir komplett unterschiedlich und haben verschiedene Interessen, aber damals teilten wir uns das gerne täglich mit – und nicht nur mit Worten. Wir konnten es nicht lassen, uns immer wieder zu sagen, wie doof wir uns fanden. Unsere armen Eltern standen dann zwischen den Stühlen und mussten zusehen, dass sie das Chaos wieder in den Griff bekamen.

Wenn es aber darum ging, etwas durchzusetzen oder von den Eltern zu bekommen, waren wir plötzlich ein echt starkes Trio, gegen das Mama und Papa keine Chance hatten. Drei gegen zwei, da war klar, wer siegen würde.

Ganz ernsthaft: Eigentlich willst du deine Schwester oder deinen Bruder nicht wirklich in deinem Leben missen, oder?! Auch wenn man sich als Kind kloppt, sich hasst oder das Geschwisterchen einfach nur wegwünscht – genauso viel herrlicher Mist lässt sich doch erst gemeinsam bauen!!!! Und wer würde bitte mit dir zusammen gegen deine Eltern wettern?! Ohne Geschwister keine Verbündeten ...

> **Sarah:** Sina und ich haben uns total gerne »aus Spaß« ein bisschen geprügelt, was dann leider oft zu einer ernsthaften Rauferei wurde, bis eine am Ende geheult hat. Wenn Mama oder Papa dann schimpfen wollten, hatte keine von uns angefangen und wir haben uns gegenseitig in Schutz genommen. Der Streit war immer schnell vergessen; Hauptsache, keine von uns beiden bekam Ärger. Ich glaube, unsere Eltern hielten uns damals für zwei sehr, sehr, sehr komische Mädchen. Erst stritten wir uns und heulten und plötzlich war alles wieder in Ordnung. Ganz dicht konnten wir doch echt nicht sein. ;-)

Als Kind kann man seine Eltern doch gerade im Doppel- oder Nochmehrpack so wunderbar wahnsinnig machen. Oder sich einfach gegenseitig im Dunkeln vor bösen Geistern beschützen. Oder sich stundenlang Geschichten erzählen. Oder sich gegenseitig die Haare schneiden, sich beim Klettern auf den Schrank unterstützen, Mamas Schminke ausprobieren ...

> **Sarah:** Sina und ich teilten uns damals, als wir noch ziemlich klein waren, ein Zimmer und schliefen in einem Hochbett. Jeden Abend musste ich ihr eine zusammenfantasierte Geschichte erzählen. Dabei durfte sie das Thema (zum Beispiel Pferde, Hamburger, Prinzen oder sonst was) vorgeben. Immer wenn ich dachte, sie wäre eingeschlafen, habe ich aufgehört zu erzählen, bis sie schläfrig sagte: »Mach wei-

ter.« So ging das jeden Abend. Das war unsere Zeit und ist noch heute unsere Erinnerung. Ich glaube, genau solche Erlebnisse können Geschwister unglaublich zusammenschweißen.

Gerade in der Pubertät kommt es oft zum Streit und Dauerstress ist vorprogrammiert. Denn in vielen Familien ist es ja so, dass man gerade als Ältere unter den Geschwistern ein bisschen Verantwortung für die anderen übernimmt. Und die gewöhnen sich daran, dass man sich um sie kümmert und dass man für sie da ist.

Doch es ist nun einmal so, dass unsere Freunde in dieser Lebensphase definitiv die Menschen sind, mit denen wir die allermeiste Zeit verbringen möchten. Da können wir sicher keine kleinen Geschwister gebrauchen, die wir ständig mitschleppen müssen.

Wir fangen also an, immer öfter etwas ohne sie zu tun. Das ist für den kleinen Bruder oder die kleine Schwester erst einmal ungewohnt und sie fühlen sich alleingelassen. Doch auch er oder sie wird älter und versteht schnell, warum du plötzlich mehr und mehr deinen eigenen Weg gehst. In dieser Zeit wird die Verbindung zueinander oft auf eine Probe gestellt, da man immer mehr auseinanderdriftet. In dieser Phase kann es aber auch ganz schön nerven, wenn man sieht, wie unbeschwert der kleine Bruder oder die kleine Schwester durchs Leben tanzt. Besonders wenn sie um einiges jünger sind. Die haben es echt noch einfach und wissen nichts von den Dingen, die da einmal auf sie zukommen. Zudem erhalten sie unfairerweise mehr Aufmerksamkeit von Mama und Papa, weil sie »ach so niedlich« sind und vor allem nicht so »kompliziert und launisch« wie wir.

LEBENSWELT 1

»Schau doch mal, wie lieb dein Bruder ist, wenn Oma zu Besuch kommt« bekommen wir dann jedes Mal auf den Familienfeiern aufs Brot geschmiert, wenn wir uns mal wieder weigern, mit der ganzen Sippe nett am Kaffeetisch zu hocken und uns Anekdoten aus unserem Kinderleben anzuhören. Na klar ist der lieb, der bekommt ja auch immer Schokolade, einen Taler oder sonst was zugesteckt, wenn das Altersheim bei uns einläuft. An mich denkt man da nicht, denn ich verdiene ja selber mit dem Zeitungenaustragen etwas Geld und Schokolade ist auch nicht gut für mich, da ich schon genug Pickel habe und eh zu dick bin ...

Lustig ist, dass keiner versteht, warum wir in dieser Zeit den süßen Kleinen gerne mal einen Spruch drücken oder ihnen einen Schubser mitgeben. Manchmal geht ja auch aus Versehen das Spielzeug kaputt, weil wir es beim Herumlaufen in der Wohnung nicht gesehen haben ... Letztendlich sind auf jeden Fall wir die Bösen. Immer!

All das ist ganz normal für die Pubertät und es muss sogar so sein. Denn nur so können wir lernen, MITEINANDER zu leben und Konflikte auszutragen. Außerdem hilft es dabei, sich selber zu finden und ein eigenständiger Mensch zu werden. Denn während der Pubertät löst du dich ja nicht nur von deinen Eltern, sondern vom Rest deiner Familie. Erhalten bleiben sie dir aber dennoch und das ist auch gut so, doch natürlich sind Geschwister, ob groß oder klein, manchmal total anstrengend.

Aber so mühsam das Zusammenleben mit ihnen auch sein kann, ist es doch trotzdem schön, dass du nicht alleine zu Hause bist. Und bevor du mich nun auch für verrückt hältst, möchte ich dir ein paar Vorteile nennen, die Geschwister haben. Ebenso findest du Tipps, wie du besser mit den schwierigen Geschwisterphasen umgehen kannst. Du wirst überrascht sein, was diese lästigen »Randerscheinungen« deiner Familie für wertvolle Teile deines Lebens sind und sein können.

Grundsätzlich gilt, wie ich schon erwähnte: Mit Geschwistern wirst du niemals alleine sein. Und wenn ich »niemals« sage, dann meine ich das auch so. Denn sie werden nicht nur an deiner Seite sein, wenn ihr alle noch unter einem Dach wohnt, auch später werden sie immer irgendwie in deinem Leben eine Rolle spielen. Na klar mag man bei mehreren Geschwistern den einen mehr und den anderen weniger. Aber letztendlich kann man sich immer auf sie verlassen, und zwar das ganze Leben lang.

Wilma: Ich habe lange in Hamburg gelebt und damit nicht nur weit weg von meinen Eltern, die in der Mitte Deutschlands zu Hause sind, sondern noch weiter weg von meinem kleinen Bruder. Der lebt nämlich schon lange in der Schweiz, und zwar in Zürich. Während dieser Zeit haben wir uns selten gesehen. Seit ich nun selber in der Schweiz wohne, treffen wir uns immer mal wieder spontan auf einen Kaffee. Das ist nichts Großes, aber für mich immer wieder ein schönes Gefühl, da ich so regelmäßig erlebe, dass ein Teil meiner Familie so nah bei mir ist.

Und ehrlich: Als wir noch alle gemeinsam zu Hause wohnten, hätte ich das niemals gedacht und jedem, wirklich JEDEM, der mir erzählt hätte, dass ich mich mal auf Kaffee und Kuchen mit meinem Bruder freuen würde, einen Vogel gezeigt ...

Je nachdem, ob du nun die Größere, die Kleinere oder irgendwo dazwischen bist, ergeben sich noch weitere Vorteile für dich. Das Beste an großen Geschwistern ist, dass sie eigentlich schon ziemlich viel für dich durchgeboxt haben oder es noch tun. Besonders wenn es darum geht, was du alles darfst und was nicht. Sicher ist es blöd, wenn du schon um sieben Uhr zu Hause sein musst und sie erst um zehn oder Mitternacht oder noch später. Oder wenn sie mit ihren Freunden alleine verreisen dürfen. Aber anstatt nun einen Aufstand zu proben, freue dich einfach darauf, dass du das in ihrem Alter dann auch alles tun kannst. Denn wenn deine Eltern es ihnen erlauben, MÜSSEN sie es dir auch zugestehen, wenn du in dem Alter bist, in dem deine älteren Geschwister gerade sind.

Achte daher jetzt schon genau darauf, wann sie beispielsweise in welchem Alter nach Hause kommen müssen. Wenn du dann auf deine erste Party gehst oder länger bei Freunden bleiben möchtest, kannst du immer sagen: Aber er oder sie durfte das doch auch!!! Da können dann Papa und Mama nichts mehr dagegen sagen, denn sie betonen doch immer, dass wir alle gleiche Rechte und Pflichten haben. ;-)

Ebenso können die Älteren dich in der Schule und bei den Hausaufgaben unterstützen. Sie haben den Stoff ja schon durchgenommen. Sicher machen sie das nicht immer freiwillig, aber du kannst ihnen ja anbieten, dass du etwas anderes dafür machst. Beispielsweise helfen sie dir bei den Vorbereitungen auf eine Mathearbeit und du übernimmst dafür einen Tag lang ihren Spüldienst.

So lässt sich übrigens in vielen Situationen handeln. Wenn du das für mich machst, dann mache ich für dich ... Gehe nicht davon aus, dass sie, nur weil sie deine großen Geschwister sind, alles freiwillig für dich tun. Müssen sie auch gar nicht, denn du würdest ja auch nicht, nur weil du die kleine Schwester bist, einfach ihre Aufgaben zu Hause übernehmen. Biete ihnen also immer einen Tausch an, wenn sie dir helfen sollen,

dann ist die Chance, dass du das bekommst, was du willst, sehr groß.

Und wenn du die Ältere bist, kannst du diesen Tauschhandel natürlich auch umdrehen und deinen kleinen Geschwistern bei den Hausaufgaben helfen. Dafür übernehmen sie kleine Dinge für dich, die du sonst tun müsstest.

Eine große Schwester ist besonders in Sachen Styling und allen anderen Frauendingen eine große Hilfe. Sie kann dir nicht nur einige ihrer Klamotten leihen oder sogar vererben, wenn sie ihr nicht mehr passen, sie kann dir auch zeigen, wie man sich schminkt. Vielleicht hilft sie dir auch mal bei einer Frisur, die du selber nicht hinbekommst.

> **Sarah:** Bei uns war das mit dem Schminken und Stylen lustigerweise genau anders herum. Da Sina früher mit dem Schauspielern angefangen hat als ich, war sie diejenige, die mir gezeigt hat, wie es geht. Und noch heute frage ich sie oft um Rat, wenn es um Klamotten und Styling geht. Denn Geschmack hat die »Kleine«. ;-)

Mit deiner großen Schwester kannst du auf jeden Fall über deine erste Periode und deine ersten Erfahrungen mit Jungs quatschen. Sie kann auch diejenige sein, die mit dir zusammen zum ersten Mal zum Frauenarzt geht, wenn du deine Mama nicht dabeihaben möchtest.

Und ein großer Bruder ist schon deshalb cool, weil er gaaaaaanz viele tolle Kumpels hat. Und vielleicht ist ja sogar einer von ihnen ziemlich süß. Aber Vorsicht, Brüder wollen nicht immer hilfreich sein, wenn es darum geht, euch einander vorzustellen. Die denken dann manchmal, dass ihre kleine Schwester noch ein »Baby« ist und sicher nichts für ihre ach so erwachsenen Kumpels. Aber das macht nichts, denn wenn der Typ bei euch ein- und ausgeht, kannst du ja selber dafür sorgen, dass er dich wahrnimmt. ;-)

Große Brüder machen sich auch als Beschützer ziemlich gut. Sie werden dir zwar niemals zeigen, dass sie dich eigentlich ganz gernhaben, doch jedem, der dir wehtun möchte, würden sie ungefragt eins auf die Nuss hauen.

So wie größere haben kleinere Geschwister ebenfalls ihre Vorteile, auch wenn du sie gerade in der Pubertät oft meilenweit weg wünschst. Grundsätzlich ist es doch echt cool, die Ältere zu sein. So bist du immer ein Vorbild für jemanden, wenn nicht sogar DAS Vorbild. Ich jedenfalls fühlte mich immer ziemlich bestätigt, wenn das jüngere Geschwisterchen zu mir aufschaute, und fühle mich heute noch gut, wenn ich um Rat gefragt werde.

Deine Eltern können jedoch nicht von dir verlangen, dass du immer zur Verfügung stehst, wenn es darum geht, mal schnell auf den kleinen Bruder oder die kleine Schwester aufzupassen. Auch hier kannst und solltest du immer mal wieder eine Ausnahme machen, aber nicht auf Abruf und wenn es deinen Eltern gerade passt. Am besten nimmst du diesen Punkt auch mit in deine Wochen-Tabelle, die du zusammen mit deiner Mama erstellt hast, auf. So kannst du zum Beispiel anbieten, dass du jeden Mittwochnachmittag zwei Stunden lang auf den Knirps aufpasst und deine Mama dann tun und lassen kann, was sie will. Damit hast du feste Zeiten und vor allem wieder einen riesigen Punkt mehr bei deinen Eltern gemacht.

Bevor ich dir nun noch einen ganz besonderen Tipp verrate, noch schnell etwas zum leidigen Thema »DEINS, nein MEINS«. Das gehört ja zum Alltag unter Geschwistern einfach dazu. Versuche immer, es zuerst ohne den Einsatz deiner Eltern zu klären. Die haben sowieso keine Lust darauf, sich da einzuschalten, und

treffen daher oft eine willkürliche Entscheidung, weil sie nicht wirklich darüber nachdenken oder die Vorgeschichte kennen. Die wollen einfach nur, dass wieder Ruhe herrscht.

> **Sarah:** Sina hat sich gerne immer alles von mir geschnappt, ganz nach dem Motto »Deins ist auch meins« (so 'n Blödsinn). Boah, bin ich da an die Decke gegangen!!! Ich habe mal eine kleine kuschelige Kuh gewonnen, so 'ne Art Handpuppe, nur eben als Kuscheltier. Ich bin nämlich mit vier Jahren »Miss Gölzau« geworden (lach) und die Kuh war mein Preis. :-) Sina, damals etwa zwei Jahre alt, hat mir sofort die Kuh geklaut, um mit ihr zu spielen. Es war doch aber MEINE KUH!!!!!! Also haben wir uns um Susi (die Kuh) tierisch gestritten, dabei hat Sina Susi den Schwanz abgerissen!!!!!!!! Ich habe vielleicht geheult! Der Schwanz wurde angenäht und die Kuh ist bis heute heilig!
>
> Diese Meins-deins-Streitereien sind absolut typisch für Geschwister, also sieh einfach zu, dass sich das nicht zu sehr hochschaukelt. Kleine Geschwister lernen es schon irgendwann, spätestens wenn sie »groß« sind. ;-)

Bei kleinen Geschwistern ist es eigentlich ziemlich einfach, denn du brauchst deine Sachen nur gut genug wegzupacken, und zwar so, dass sie diese erst gar nicht in die Finger bekommen. Wenn du deinen iPod offen herumliegen lässt, kannst du dich nicht beschweren, wenn dein kleiner Bruder ihn mal »testet« ... Daher: Einfach alles, was deins ist, gut verstecken.

Wenn deine Geschwister ungefähr in deinem Alter sind, so wie es bei mir war, ist die Situation ein wenig anders. Aber auch hier gilt: Es gibt DEINS und MEINS. Und das darfst du ruhig auch so betonen. Jedoch gilt das auch für dich. So kannst du nicht verlangen, dass deine Schwester dir ihre Klamotten leiht, du sie aber nicht kurz mal mit deinem Handy telefonieren lässt. Auch hier kann ich dir wieder empfehlen: Handle mit ihnen: Wenn ich dein T-Shirt auf der Party tragen darf, dann kannst du mal für einen Nachmittag meinen iPod bekommen. Oder: Ich leihe dir meine CD und bekomme dafür die neue *Bravo* zum Lesen.

Und nach diesem Thema nun der angekündigte Tipp, der ein bisschen heikel ist, da er, wie man so schön sagt, Fingerspitzengefühl erfordert. Geschwister sind nämlich auch ein wunderbares Ablenkungsmanöver! Damit meine ich nicht, dass du – gerade als Ältere – Dinge, die du verbockt hast, den Kleineren in die Schuhe schieben sollst. Das ist gemein und hinterhältig. Aber du kannst die Zeit nutzen, in der deine Eltern sich gerade mit deinen Geschwistern auseinandersetzen, um zu beweisen, was du alleine schon alles leisten kannst und dass sie sich auf dich verlassen können. Glaube mir, in dem Augenblick, in dem du deinen Eltern ein positives Ergebnis präsentierst, werden sie vielleicht ganz kurz noch erwähnen, dass der Weg dahin nicht ganz so okay gewesen ist. Aber im Grunde sind sie dann einfach nur noch stolz, wenn du den Garten gemacht hast, auch wenn du eigentlich noch nicht den Rasenmäher benutzen solltest …

Du siehst, trotz Stress haben Geschwister auch ihre Vorteile. Ich kenne so viele Einzelkinder, die lieber nicht alleine groß geworden wären. Einerseits war ihnen oft langweilig, weil sie niemanden zum Spielen hatten, andererseits mussten sie alleine den vielen Ansprüchen ihrer Eltern gerecht werden. Da war keiner, mit dem man sich den Spüldienst teilen konnte. Kein anderer, der mal den Müll wegbrachte. Immer musste man alles selber machen, weil man eben das einzige Kind war.

Sarah: Wenn du Geschwister hast, lernst du von klein auf, zu teilen und Konflikte zu lösen, und das ist im Alter echt von Vorteil. Und egal wie sehr meine Schwester und ich uns in der Pubertät aneinander gerieben haben, ich will sie in meinem Leben niemals missen!!!! Wir haben uns immer geholfen und werden das auch immer tun!

Es sollte trotz aller Streitigkeiten und Schwierigkeiten mit deinen Geschwistern immer dein Ziel sein, eine ganz starke, liebevolle Bindung zu ihnen aufzubauen, dann hast du den oder die besten Freund(e) fürs Leben!

»Unsere Eltern finden ja an der Pubertät am schlimmsten, dass wir uns psychisch so arg verändern. Aber ganz ehrlich, für uns selber ist das nur halb so schlimm. Viel gruseliger ist, was unser Körper uns antut.«

Lebenswelt 2: Body & Soul

Wenn an den falschen Stellen Dellen wachsen

Mein Körper verändert sich

Das Leben ist nicht gerecht. Punkt! Während bei meiner Freundin Brüste wuchsen, sah ich immer noch aus wie ein Brett. Dafür hatte bei mir schon mit zehn Jahren die Periode eingesetzt und ich durfte artig alle vier Wochen in der Schwimmstunde den Bankdrücker geben. Dazu hatte ich einen Arsch bekommen, der dem eines Brauereipferdes immer ähnlicher wurde. Ach ja, die Pickel im Gesicht brauche ich wohl nicht zu erwähnen ...

Unsere Eltern finden ja an der Pubertät am schlimmsten, dass wir uns psychisch so krass verändern. Aber ganz ehrlich, für uns selber ist das nur halb so schlimm. Viel gruseliger ist, was unser Körper uns antut. Da wachsen Haare an Stellen, an denen sie echt unbrauchbar sind. Hüfte, Po und selbst unser Becken werden immer dicker oder breiter. Unser Gesicht sieht aus wie eine Kraterlandschaft und dann kommt plötzlich der Tag, an dem wir zum ersten Mal Blut in unserem Slip entdecken.

Wilma: Ich kann mich noch gut daran erinnern, wie entsetzt ich war, als bei mir zum ersten Mal die Regel einsetzte. Nicht weil ich damit nicht irgendwann gerechnet hatte, sondern der Zeitpunkt einfach so was von unpassend war. Wie jeden Sommer wollte ich nämlich wieder ins Jugendcamp an die Nordsee. Drei Wochen lang weg von zu Hause, zusammen mit der besten Freundin, und vor allem am Strand spielen und baden. Natürlich ging es auch darum, die Jungs aus dem Nebenblock näher kennenzulernen. Und nun das. So eine Scheiße … Nicht nur, dass ich das Schwimmen knicken konnte, was, wenn in der Nacht versehentlich ein wenig Blut neben die Binde und ins Bett ginge?! Oder vielleicht sogar während einer Wanderung die Binde überliefe?! Ich hatte ja keine Ahnung, wie viel Blut man so verlieren würde. Und Tampons wollte ich nicht benutzen, aus Angst, sie würden stecken bleiben. Außerdem wusste ich nicht, wie ich frühzeitig bemerken konnte, wann die Regel kam … Ich hatte echt so was von keine Ahnung! Heute lache ich über meine Befürchtungen von damals. Aber zu dem Zeitpunkt war ich total fertig.

Schuld an diesem ganzen Übel ist wieder einmal unser Gehirn. Irgendwann entscheidet es, dass wir nun mit dem Umbau zur Frau beginnen. Und was tut das blöde Ding, es lässt dem Hormon GnRH (Gonadotropin-Releasing Hormone) freie Bahn. Nicht nur der Name ist beschissen, es hat auch noch miese Auswirkungen. Das GnRH sorgt dafür, dass zwei weitere Hormone in immer größeren Mengen entstehen und sich in unserem gesamten Körper verteilen. Und dieses Duo ist für die Umstellung unseres Körpers verantwortlich. Es sorgt dafür, dass unsere Eierstöcke mit der Produktion beginnen –

bei Jungen werden die ersten Samen gebildet – und unsere Gebärmutter wächst. Und da die nun mehr Platz braucht, nehmen wir in der Körpermitte zu. Gleichzeitig bekommt unser Wachstum einen richtigen Kick. In zwei bis drei Jahren wachsen wir teilweise bis zu acht Zentimeter und leider die meisten von uns nicht nur in die Höhe.

Dieser ganze Hormonwirrwarr in unserem Körper sorgt leider auch dafür, dass wir Fettzellen bilden. Und zwar bevorzugt am Po und an den Hüften. Leider werden das auch unser Leben lang die Stellen bleiben, an denen sich die fiesen kleinen Fettzellen pudelwohl fühlen. Aber die Hormone sorgen auch dafür, dass unsere Brust wächst. Oder sie sollten zumindest dafür sorgen. Doch so verschieden unsere Körper sind, so unterschiedlich wachsen auch unsere Brüste. Jungen haben übrigens das gleiche Problem mit ihrem Penis. Was meinst du, wie oft die sich mit den anderen Jungs unter der Dusche vergleichen oder sogar zu Hause nachmessen, ob da nicht doch schon ein paar Millimeter mehr sind als letzte Woche.

Es ist übrigens keine Wahrnehmungsstörung von uns – während dieser Zeit wird unser Körper wirklich unförmig. Das hat damit zu tun, dass einfach nicht alle Körperteile gleich schnell und in gleichem Maße wachsen. Zuerst wachsen unsere Füße und Hände, dann folgen Brust, Schultern und

Hüfte. Und auch unser Gesicht gerät ein wenig in Schieflage. Die Knochen im Gesicht sind einfach schneller am Start als die unseres Schädels.

Wilma: Ich war noch nie wirklich klein. Aber mit etwa zwölf Jahren schoss ich richtig in die Höhe. Mir tat ständig nachts mein Körper weh, vor allem die Arme und Beine. Dazu kam, dass mein Kreislauf irgendwie nicht mit der neuen Körpergröße zurechtkam.

In der Nacht wachte ich schweißgebadet auf und mein Herz raste. Einmal war es so schlimm, dass ich dachte, ich müsste sterben. Mann, habe ich meine Mutter damals erschreckt und danach wohl ziemlich genervt. Immer wieder schrie ich: »Ich muss sterben. Bitte hole den Pfarrer. Und einen Arzt!!!!!! HILFE!!!!!!«

Meine Mutter hat dann mit dem Arzt telefoniert und der sagte, dass das ganz normal sei in meinem Alter und dass ich mich einfach wieder beruhigen müsse. Am besten die Handgelenke unter kaltes Wasser halten und dann würde sich auch mein Herzschlag wieder einpendeln. Und was soll ich sagen: Er hatte recht. Dennoch war ich in der Nacht echt bereit, dem Pfarrer alle meine Geheimnisse, oder wie er sagen würde: Sünden, zu verraten. Da hab ich noch mal Schwein gehabt – oder besser er. ;-)

Sarah: Es kann auch ganz anders laufen, nämlich dass man gar nicht wächst. Auch damit muss man klarkommen! Ich war schon immer die Kleinste, habe aber lange gehofft, dass sich das irgendwann ändern würde. Als ich dann so 13, 14 Jahre alt war, wunderte ich mich doch, warum ich einfach nicht wuchs. Weder meine Mama noch mein Papa sind klein und selbst meine »kleine« Schwester ist größer als ich. Ziemlich bescheuert.

Ich habe mich damals dann von einem Spezialisten untersuchen lassen und erfahren, dass ich anscheinend unter einer Hormonstörung litt und dass das mit Hormonen behandelt werden kann. Ich wäre dann aber nicht gleichmäßig gewachsen und außerdem war es schon ziemlich spät für eine Behandlung. Na prima!!! Ich habe mich dann einfach damit abgefunden, dass ich eben klein bin und bleiben werde. Da ich ja schon immer die Kleinste gewesen bin, war es mir irgendwann auch egal. Heute habe ich den Vorteil – wie Michael J. Fox (1,63 Meter) –, dass ich auch Rollen spielen kann, bei denen ich viel jünger als in Wahrheit bin.

Leider müssen wir mit der Unförmigkeit unseres Körpers eine Zeit lang leben. Bei manchen fällt es weniger auf, andere sehen aus und bewegen sich vor allem wie kleine Zombies. Mit Schminke und Kleidung lässt sich einiges kaschieren. Doch vieles, wie beispielsweise unser Gesicht, ist einfach immer sichtbar. Und das für alle.

Besonders schlimm ist in dieser Zeit auch die Sache mit den Pickeln. Sie entstehen durch einen Überschuss an männlichen Sexualhormonen, die die Talgdrüsen deiner Haut zu einer erhöhten Fettabsonderung anregen. Ich kann dich förmlich hören: MÄNNLICHE SEXUALHORMONE??! Ja, auch wenn du eine Frau bist, trägst du diese zu einem gewissen Teil in dir. Ebenso haben Jungs auch das weibliche Hormon Östrogen im Körper. Unser Glück ist aber, dass wir eben Mädchen sind und damit weniger von diesem Sexualhormon mit uns herumschleppen. Daher bekommen wir Mädchen auch weniger Pickel als Jungs. Ätsch!

Stress kann dafür sorgen, dass neue Pickel entstehen. Es ist daher nicht verwunderlich, dass genau vor dem ersten Date, vor einer Party oder auch vor Klausuren mehr von den Dingern in deinem Gesicht sprießen. Ein Heilmittel gibt es leider nicht. Und auch wenn die Werbung es dir verspricht, Pickel lassen sich nicht innerhalb von Stunden wegzaubern. Es sei denn, du trägst eine dicke Schicht Make-up auf und noch eine und noch eine und noch eine. Aber das sieht in der Regel weder schön aus, weil du zugekleistert bist, noch hilft es wirklich, denn die vielen Hügel im Gesicht sind ja dennoch da und sichtbar – auch wenn sie durch die Schminke eine andere Farbe erhalten haben.

> **Sarah:** Ich habe mir mal über Nacht kleine durchsichtige Pflaster auf die Pickel geklebt, die bewirken sollten, dass sie ganz schnell verschwinden. Totaler Scheiß! Nicht nur, dass ich damit, verpeilt wie ich war, fast zur Schule gerannt wäre, ich hatte danach tagelang Mega-Beulen im Gesicht, die echt wehtaten!

Gegen Pickel lässt sich leider nicht wirklich etwas tun. Weder Diäten noch Waschorgien oder Wundermittel helfen. Wichtig ist jedoch, dass du darauf achtest, seifenfreie und fettarme Pflegeprodukte zu benutzen. Die bekommst du in der Apotheke. Bei ganz schlimmen Pickeln kannst du auch zum Hautarzt gehen, der dir eine nur für dich bestimmte Paste zusammenmixt. Und auch wenn es schon tausendmal gesagt wurde: Pickel bitte niemals ausdrücken. Sie sind wie Wunden – wenn du sie immer wieder aufknibbelst, bluten sie immer wieder neu und hinterlassen vor allem am Ende eine Narbe. Um den Eiter oder Talg aus den Drüsen zu entfernen, solltest du ebenfalls

BODY & SOUL

zum Arzt gehen. Der besitzt die richtigen Geräte dafür und kann die Wunden auch sofort desinfizieren, um lebenslange Krater in deinem Gesicht zu vermeiden.

Unsere Eltern haben diese Umbau-Phase ihres Körpers natürlich auch erlebt, erinnern sich aber nicht mehr wirklich daran. Das ist auch ein Grund, warum es gerade in dieser Zeit zu vielen Missverständnissen und Streitereien kommt. Ganz oft fallen dann Sätze wie »Du hast wohl deine Launen?!« und »Stell dich nicht so an«. Sei deinen Eltern deshalb nicht böse, sie können sich wirklich einfach nicht mehr daran erinnern, dass sie selbst einmal in der gleichen Situation steckten und mit den Veränderungen des eigenen Körpers überfordert waren.

Auch hier hilft es wieder, wenn du mit ihnen redest. Denn auch wenn du vielleicht manches gerne tun würdest, zurzeit macht dir dein Körper einfach einen Strich durch die Rechnung. Der ganze Umbau erfordert natürlich extrem viel Kraft und dass täglich 24 Stunden lang Tausende von Hormonen in deinem Körper herumflitzen, macht es nicht besser. Das Ergebnis: Du bist ständig müde und kaputt und hängst einfach lieber zu Hause vor dem Fernseher oder Computer ab, als dass du im Haushalt helfen oder Sport machen möchtest.

Für Eltern kommt das natürlich als Faulheit rüber. Und wenn du dann noch anfängst, deinen unförmigen Körper und dein schiefes Gesicht unter Schminke, Kleidung und Schmuck zu verstecken, ist die Hölle los.

> **Wilma:** Von heute auf morgen bekam ich einen immer dickeren Hintern und breitere Hüften. Meine Freundinnen waren leider alle so Naturgräten. Also, was tun? Zeigen wollte ich meinen fetten Arsch auf keinen Fall. Das Ergebnis war, dass ich wie viele Jungs auf Baggy Pants umstieg, möglichst in Größe XXL und dann ganz tief gezogen, sodass keiner genau wusste, wo mein Hintern denn nun anfing. Am besten fand ich meine Jeanslatzhose, deren Latz ich immer einfach runterhängen ließ und der so noch mehr verdeckte. Meine Mutter hat damals jeden Morgen zu viel bekommen und es gab Hosen, die durfte ich nicht in der Schule tragen. Wenn ich mir heute die Bilder von damals anschaue, kann ich meine Mutter verstehen ...

Da deine Eltern ja Augen im Kopf haben und anscheinend auch alles sehen können, was sie sehen wollen, können sie nicht leugnen, dass du dich körperlich veränderst. Was da gerade in deinem Körper abgeht, wissen aber nur wenige. Versuche daher, ihnen in einem ruhigen Gespräch dein neues Wissen zu vermitteln. Wenn du beschreibst, was du fühlst und an dir selber wahrnimmst, werden auch ihre Erinnerungen wiederkommen. Vielleicht erzählen sie dir ja plötzlich von ihren Gefühlen während der Pubertät. Wenn du sie so weit bringen kannst, dann hast du quasi schon gewonnen. Denn dann sitzen sie mit dir in einem Boot.

Nicht, dass du mich falsch verstehst. Die Pubertät ist keine Ausrede, aber in deinem derzeitigen Leben eine echte Begründung für viele Dinge. Beginne das Gespräch am besten damit, dass du sagst: »Ich weiß doch selber nicht, was ich will. Es passiert so viel mit meinem Körper und in mir drin und in meinem Kopf, dass ich einfach manchmal durchdrehe.« Glaube mir, das wird deine Eltern beeindrucken. Und wenn du sie dann im Laufe des Gesprächs auch noch bittest, dich zu unterstützen, indem sie vielleicht über das ein oder andere hinwegsehen, wirst du auch damit auf offene Ohren stoßen. Ebenso kannst du sie bitten, dich auf Dinge aufmerksam zu machen, die du vielleicht nicht so wahrnimmst.

Irgendwann während dieser Zeit kommt dann auch der Tag, an dem du zum ersten Mal deine Regel bekommst. Anzeichen, wann es losgeht, gibt es leider nicht. Jedenfalls keine auffälligen. Daher trifft es dich oft unvorbereitet und meistens auch an einem ungünstigen Ort. Und ja, es ist obergruselig, wenn du in der großen Pause aufs Klo gehst und das Blut in deiner Unterhose entdeckst. Oder du am Nachmittag bei einer Freundin zu Besuch bist und es passiert dir dort. Nach dem ersten Schock bin ich damals einfach auf dem Pott sitzen geblieben und habe überlegt und überlegt und überlegt. Da ich aber nicht ewig dort hocken konnte, musste ich ja irgendwas tun. Also habe ich so viel Toilettenpapier wie möglich in meine Hose gestopft und bin ganz schnell nach Hause!

Also, was tun, wenn's läuft? Wenn es dir in der Schule passiert, dann falte am besten ein längeres Stück Klopapier und lege es als »Ersatzbinde« in dein Höschen. In der Regel ist die erste Menstruationsblutung noch nicht so stark, dass es durch deine Hose oder deinen Rock blutet. Wenn es doch passiert ist, binde am besten deine Jacke um deine Hüften und dann machst du dich auf den Weg zum Lehrerzimmer. Vielleicht gibt es eine Lehrerin, der du vertraust. Erzähle ihr, was passiert ist, und sage, dass du gerne nach Hause gehen möchtest. Keine Angst, die Menstruation ist etwas ganz Natürliches und nichts, wofür du dich schämen musst. Sicher gibt es gerade unter den Jungs viele, die darüber Witze reißen und blöde Namen dafür erfinden. Aber ohne »Draculas Fluch«, den »Besuch aus Rotenburg« oder die »Erdbeerwoche« könnte sich eine Frau nicht fortpflanzen und die Schreihälse mit der großen Klappe wären nicht mal auf die Welt gekommen.

Ich bin sicher, dass deine Lehrerin dich verstehen wird. Deinen Mitschülern kann sie sagen, dass es dir nicht gut ging und du deshalb nach Hause gegangen bist. Je nachdem, ob deine Mama zu Hause ist oder nicht, kannst du sie um Rat und Hilfe bitten oder eben erst einmal deine Unterhose und eventuell auch deine Hose oder deinen Rock aus- und frische Kleidung anziehen. Und dann benutzt du eine der Binden deiner Mutter. Dabei kannst du nichts verkehrt machen. Einfach Binde auspacken, Klebestreifen abziehen und dann in die Mitte deines Höschens kleben. Sollten es Flügelbinden sein, musst du den rechten und linken Teil einfach umklappen und festkleben. Fertig.

Wenn du bei einer Freundin zu Besuch bist und deine Regel setzt ein, kannst du Rat und Hilfe bei der Mutter deiner

Freundin suchen. Wenn du die nicht so richtig magst, kannst du ebenfalls eine »Ersatzbinde« basteln und dann nach Hause gehen. Deine Freundin wird das auf jeden Fall verstehen.

Mit dem Einsetzen der ersten Menstruation bist du nun übrigens auch in der Lage, Kinder zu bekommen. Mehr brauche ich dazu wohl nicht zu sagen, oder? ;-)

Lieber komme ich noch einmal auf den äußeren Umbau deines Körpers zurück, denn es gibt da noch ein paar Dinge, die während dieser Phase passieren und einen ziemlich aus der Bahn werfen. Dazu gehört, dass irgendwann plötzlich Haare in unserem Genitalbereich wachsen und unter unseren Achseln. Wenn ich daran zurückdenke, wird mir noch heute heiß und kalt. Denn wenn plötzlich an Stellen Haare sprießen, wo vorher glatte Kindergartenlandschaft war, dann ist die Kacke echt am Dampfen. Haare gehören auf den Kopf und über die Augen und das war es dann auch schon. Was sollen die da unten, an den Beinen oder unter den Armen?! Ist doch vollkommen unbrauchbar, das Zeug.

Kein Wunder, dass sich kaum einer damit zufriedengibt und die meisten stets bemüht sind, alle Haare zu beseitigen. Irgendwie ist es ja sogar schon mehr oder weniger Pflicht, sich unter den Armen, an den Beinen und sogar im Intimbereich zu rasieren – oder etwa nicht?! Wenn man sich im Schwimmbad oder am Strand umschaut, hat da kaum noch eine Büsche unter den Armen oder Haare, die aus dem Bikinislip herausblitzen.

Die Entscheidung, wie du mit deinem eigenen kleinen Urwald umgehst, liegt aber immer noch ganz allein bei dir. Du kannst ihn stehen lassen, trimmen oder ganz abrasieren. Wenn du dich für eine der beiden letzteren Varianten entscheidest, sei immer vorsichtig. Denn gerade im Intimbereich ist die Haut sehr, sehr empfindlich.

Beim Trimmen stutzt du die Haare mit einer kleinen Schere, am besten einer Nagelschere. Idealerweise tust du das unter der Dusche, da kannst du sie gleich in den Abfluss spülen. Du schneidest dabei alle langen Haare auf etwa einen halben bis einen Zentimeter zurück, sodass sie nicht wild aus deinem Höschen ragen oder unter dem T-Shirt hervorschauen. Trimmen eignet sich am besten für den Intimbereich. Unter den Achseln ist es schwierig, da du nur eine Hand zur Verfügung hast. Hier ist es einfacher, zu rasieren.

Wenn Trimmen dir nicht reicht und du dich rasieren möchtest, dann gilt auch hier zuerst einmal: VORSICHTIG!!! Mit der scharfen Klinge kannst du dich ziemlich verletzen. Und gerade

BODY & SOUL

unter den Armen, an den Beinen und in deinem Schritt ist die Haut sehr sensibel. Vielleicht hast du schon einmal deinen Vater gesehen, wenn er sich beim Rasieren im Gesicht oder am Hals geschnitten hat. Das blutet leider oft ziemlich heftig und lange. Wichtig ist, dass du deinen eigenen Rasierer benutzt, und zwar einen, der auch für die Rasur an den Beinen und unter den Achseln entwickelt wurde. Bitte benutze niemals heimlich den Rasierer deines Vaters, auch wenn es dir als einfachste Lösung erscheint, weil er doch eh im Badezimmer herumliegt! Außerdem solltest du bei jeder Rasur eine neue Klinge verwenden. Es ist nicht schlimm, wenn du vielleicht zweimal hintereinander dieselbe benutzt, aber dann ist sie stumpf und gehört entsorgt!

Am besten rasierst du dich nach dem Duschen oder beim Baden. Dann ist die Haut weicher und vor allem haben sich die Poren durch die Wärme geöffnet. Wenn du einen Nassrasierer benutzt, sprühe den Rasierschaum in deine Handflächen und massiere ihn ordentlich ein. An den Beinen kannst du dann mit langen Zügen Bahnen ziehen. Nach jeder solltest du den Rasierer unter dem Duschkopf, dem Wasserhahn oder im Badewasser ausspülen.

In deiner Intimzone und unter den Achseln kannst du kleinere Streichbewegungen machen. Achtung: Niemals zu fest - drücken, die Klingen sind so scharf, dass sie auch beim leichten Aufsetzen auf die Haut bereits alle Haare erwischen. Nach dem Rasieren solltest du die Haut beruhigen. Schmiere dich gut mit Feuchtigkeitscreme ein. Grundsätzlich gilt: Es reicht, wenn du alle zwei bis drei Tage einen Kahlschlag an den Beinen und unter den Achseln vornimmst, im Schambereich alle drei bis fünf Tage. Natürlich kannst du auch in einem Kosmetikstudio einen Termin machen und dir dort die Haare mit Wachs oder anderen Techniken entfernen lassen. Das lohnt sich vor allem dann, wenn du in den Urlaub fahren möchtest und dann den ganzen Tag über im Bikini oder Badeanzug herumläufst.

Doch wie gesagt, ob du dich rasieren möchtest oder deine Härchen einfach nur trimmen oder sogar gar nichts machst, ist DEINE Entscheidung. Sicher ist: Dieses ganze Haarzeug ist ziemlich verwirrend und dass überall steht, dass viele Männer es ekelig finden, macht es nicht einfacher. Darum noch einmal: Es ist ABSOLUT NORMAL, dass dir da unten, an den Beinen und unter den Achseln Haare wachsen. Denn Achsel- und Schambehaarung haben einen Sinn, auch wenn das unvorstellbar ist. In der Natur dienen sie der sexuellen Kommunikation, zeigen sie möglichen Partnern doch, dass du nun geschlechtsreif bist. Darüber hinaus – Achtung, es wird noch ein bisschen ekeliger – sondern sie Geruchsstoffe ab. Diese sind für uns zum Glück kaum wahrnehmbar, aber quasi lebensnotwendig. Denn sie spielen eine wichtige Rolle bei der Partnerwahl. An dem Spruch, dass man sich entweder gut oder schlecht riechen kann, ist nämlich wirklich was dran.

Dazu schnell ein kleiner Ausflug in den Biounterricht: Jeder Mensch hat seinen eigenen Duft, den in der Form kein anderer auf der Welt besitzt. Einzige Ausnahme sind Zwillinge. Schon Babys erkennen die Mama an ihrem Duft und können sie so von allen anderen Menschen unterscheiden. Auch Familienmitglieder erkennen sich unbewusst am Geruch. Das hat die Natur so eingefädelt, damit jeder weiß, wer zu seiner Familie gehört und somit nicht als Partner infrage kommt.

Wenn du älter wirst, signalisiert dein sich durch die neuen Hormone und eben auch durch die wachsenden Haare verändernder Duft einem Mann, dass du nun geschlechtsreif bist, oder besser, dass du Kinder bekommen kannst. Ebenso kannst du über den Duft des Mannes erkennen, ob er der »Richtige«

für dich ist, oder anders: ob seine Gene und sein Körper zu deinem passen. Wenn du sagst, dass dir etwas stinkt, meinst du, dass es nicht zu dir passt. Das gilt auch für Menschen, die weniger als Partner für dich infrage kommen. Sie kannst du einfach mal pauschal nicht riechen. ;-)

Du siehst, das mit dem Duft ist gar nichts Schlimmes. Jedenfalls nicht mit dem, der von deinem Körper abgesondert wird. Das größere Problem ist nämlich der Duft, der sich in der Kleidung festsetzt und da auch bleibt. Daher darfst du ruhig zu Hause im stillen Kämmerlein am Morgen einfach mal schnell den Dufttest machen und deine Nase an dein Shirt halten – das sieht keiner, brauchst du niemals zuzugeben und glaube mir, es machen viele Menschen. Wichtig ist, dass du immer darauf achtest, keine Kleidung mit vielen Stretch- und Plastikfasern zu tragen, die nimmt Schweiß nämlich schneller auf und verhindert, dass deine Haut atmen kann.

Beim Thema Duft fällt mir noch etwas ein, das auf jeden Fall zu den Tabu-Themen gehört, weil es einfach peinlich ist und man echt keinen dazu befragen möchte. Ich jedenfalls finde das so. Und damit du keinen fragen musst, auch mich nicht, denn ich finde es auch peinlich, sage ich dir kurz noch etwas zum Thema »Meine Scheide riecht und da kommt was Komisches raus«.

Weißgelblicher Ausfluss klingt nicht sehr lecker, ich weiß. Aber auch der ist total normal und wie alle Dinge, mit denen uns unser Körper überrascht, notwendig. Er dient dazu, dass sich dein Schatzkästchen (diesen Spitznamen finde ich ziemlich passend, da er beschreibt, dass deine Scheide dir gehört – du allein entscheidest, wer es öffnen darf) von alleine reinigt und jegliche Bakterien oder Pilze ganz schnell wieder rausgespült werden. So bleibt es gesund und frisch. Du musst dir das wie eine kleine, in deinen Körper eingebaute Reinigungsmaschine vorstellen, für die wir alle dankbar sein können, dass die da unten das mit sich selber ausmacht und dafür sorgt, dass wir weder Juckreiz, unangenehme Gerüche noch diverse fiese Krankheiten bekommen.

Leider ist es aber so, dass wir uns dennoch manchmal eine Krankheit einfangen. Das kann durch Wasser im Schwimmbad sein oder durch verdrecktes Toilettenpapier auf öffentlichen Klos. Oder einfach nur durch Hefepilzsporen – und die befinden sich überall, auch an Handtüchern, Obst und Gemüse. Daher: Wenn deine Scheide stark juckt oder brennt, dein Ausfluss unangenehm riecht oder eine grünliche Farbe annimmt, dann musst du zu einem Arzt gehen. SOFORT! Die Hoffnung, dass es von alleine weggeht oder dass du mit viel Duschgel und Wasser etwas ändern kannst, wird sich leider nicht erfüllen. Krankheiten müssen von Ärzten behandelt werden, das gilt auch für Geschlechtskrankheiten. Anlaufstelle ist in diesem Fall immer deine Frauenärztin oder dein Frauenarzt. Sie oder er kennt sich nicht nur am besten mit diesem Körperteil aus, sondern hat auch alle notwendigen Instrumente, um dir schnell zu helfen. Oft bekommst du Medikamente und dann bist du in wenigen Tagen wieder fit.

So, das war's zu diesem Thema. Wir alle kühlen schnell mal unseren roten Kopf und dann machen wir weiter ...

Kommen wir also nun zu dem Körperumbaupunkt überhaupt: Brüste. Wachsen sie zu früh oder zu spät, zu groß, zu klein, zu spitz, zu rund, zu hoch, zu tief, gefallen einem die Vorhöfe oder nicht, hat man kleine Brustwarzen oder große, Schlupfwarzen ... – zufrieden ist man nie! Und zu allem Überfluss tun Brüste während des Wachstums, egal ob sie nun stark oder wenig wachsen, auch noch ganz schön weh!

Ich nehme einfach mal an, dass du eine Idealvorstellung von einer Brust hast. Ich zumindest hatte sie, und zwar kam sie, genau wie bei dir, aus der Modewelt! Brüste sind rund, sie hängen nicht, haben mindestens die Größe B oder C und trotzdem schön kleine, wohlgeformte Vorhöfe und Nippel. Alles Quatsch. Denn Brüste lassen sich im wahren Leben nun einmal nicht im Wunschformat bestellen, jedenfalls nicht kostenlos! Jede Frau hat ihre ganz individuelle Brust. Genauso wie du ein individuelles Gesicht hast, blond oder brünett bist, Hände wie kein anderer hast und auch Zehen, die einzigartig sind, hast du auch DEINE eigene Brust. Hände, Füße, dein Gesicht und eben auch deine Brust entstehen aus dem Erbmaterial, das ein Mix aus dem von Mama und Papa ist.

»Was hat Papa denn mit meinen Brüsten zu tun?!« Ich kann deine Frage mal wieder hören. ;-) Aber natürlich ist die an dieser Stelle auch berechtigt! Es ist so, dass dein Dad dir natürlich auch Gene mitgibt, die in ihm nur ruhen, weil er eben ein Mann und keine Frau ist. Damit meine ich, dass er dir das weibliche Genmaterial seiner Familie schenkt. Daher kannst du dir einfach mal die Brüste deiner Tanten oder auf Bildern die deiner Oma anschauen und wenn die alle schön rund und voll sind und dann auch noch deine Mama einen schönen Busen hat, sind deine Aussichten ziemlich gut. ;-)

Brüste wachsen langsam und die Entwicklung beginnt etwa zwischen dem neunten und elften Lebensjahr. Zuerst heben sich die Vorhöfe – also der Bereich um deine Brustwarzen – etwas. Deine Brust bleibt zu diesem Zeitpunkt aber noch flach. In der nächsten Phase, die bei manchen Mädchen früher, bei anderen etwas später einsetzt, beginnen deine Milchdrüsen zu wachsen und ein wenig Fett lagert sich in deinen Brüsten ein. Das sorgt dafür, dass deine Brüste etwas größer werden, oder besser: sich ausdehnen. Diese Dehnung ist auch der Grund, warum deine Brüste jetzt so empfindlich sind und beim Laufen, beim Sport oder auch nur beim Sitzen und Liegen wehtun können. Du brauchst daher keine Angst zu haben, dass da etwas schiefläuft oder deine Brüste komisch werden. Diese Schmerzen sind total normal und erinnern dich einfach nur ständig daran, dass du endlich Brüste bekommst! Es ist übrigens absoluter Bullshit, dass irgendwelche speziellen Lebensmittel, Salben, Cremes und besondere Schlafpositionen und Massagen der Brust beim Wachsen helfen. Da könnte ich auch behaupten, dass deine blonden Haare rot werden, wenn du genug Paprika isst, oder deine Beine krumm werden von zu vielen Bananen. Was jedoch stimmt und wozu ich dir später noch mehr erzählen werde:

Wenn du während der Pubertät zu wenig isst, eine Diät machst und ständig hungerst, wirkt sich das eventuell auf dein Brustwachstum aus. Dein Körper findet es nämlich nicht so wichtig, dass du da vorne Wölbungen hast, und das wenige Fett und die wenige Energie, die du ihm zuführst, steckt er dann in andere Teile deines Bodys und spart bei den Brüsten.

Während deine Brust wächst, wird der sogenannte Warzenvorhof noch ein bisschen dunkler und manchmal größer.

Normalerweise ist mit 19 bis 21 Jahren dein Busen fertig. Wenn du also im Augenblick die absolute Krise bekommst, wenn du dir deine Oberweite oder eben die noch nicht vorhandenen Wölbungen anschaust, dann drehe nicht gleich am Rad. Das kannst du später immer noch tun!!! (Scherz) Aber im Ernst: Wenn du derzeit voll unzufrieden mit deinen Brüsten bist, denke einfach daran, dass die noch lange nicht fertig sind!

LEBENSWELT 2

Egal wann und wie deine Brust wächst, ich kann dir nur empfehlen, dir schon früh deinen ersten BH zu kaufen. Am besten
in einem Fachgeschäft, da kann man dich auch optimal beraten, denn kaum eine Frau kennt ihre BH-Größe wirklich, die
meisten kaufen rein nach Gefühl.

> **Wilma:** Ich muss ja ehrlich sein: Ich habe lange BHs nach
> Aussehen und auf Verdacht gekauft. Ganz nach dem Motto:
> »Was ist die Standardgröße? 75B? Dann wird mir das schon
> passen.« Als ich dann aber das Glück hatte, mich einmal
> in New York von den Damen bei Victoria's Secret beraten
> zu lassen, war ich erstaunt, dass ich doch eher 70B bis C
> brauche. Und was soll ich sagen, es fühlt sich echt anders
> an, wenn man den optimalen BH gefunden hat.
>
> Klar, du kannst nicht mal eben nach New York City fliegen
> (ich habe ja auch 28 Jahre drauf gewartet), aber es gibt
> mittlerweile in jeder Stadt ein echt gutes Dessousgeschäft.
> Und die Damen dort kennen sich echt aus. ;-)

Ein guter BH verhindert, dass dein Brustgewebe schnell er-
schlafft und deine Brüste dadurch anfangen zu hängen. Ein zu
kleiner kann dir ins Fleisch schneiden, ein zu großer hat keinen
Stützeffekt. Ein weiterer Vorteil eines guten BHs ist, dass er die
dunkleren Vorhöfe oder harten Nippel abdeckt, die sich sonst
eventuell unter deinem T-Shirt abzeichnen könnten. Das kann
nämlich ganz schön peinlich sein, wenn die sich durch dein
T-Shirt drücken, nur weil dir kalt ist.

Brüste sind echt ein Thema für sich und ich könnte dir noch
eine ganze Menge dazu sagen. Um es kurz zu machen, findest
du hier noch einmal eine kleine Übersicht darüber, was dir mit
deinem Busen so alles passieren kann:

SITUATION & WARUM, WAS TUN?

Deine Brüste sind unterschiedlich groß: Das ist ganz normal. Brüste sind bei niemandem gleich groß. Wenn du einen BH trägst, fällt es nicht auf. Deinem Freund wahrscheinlich sowieso nicht, sondern nur dir. Lass deinen Brüsten einfach Zeit, sich vollständig zu entwickeln.

Deine Brüste sind zu groß und hängen: Wenn deine Brüste sehr groß sind und jetzt schon zum Hängen neigen, dann solltest du unbedingt in ein Unterwäschegeschäft gehen und dir einen für deine Brüste passenden und optimal stützenden BH kaufen. Eine gerade Haltung beugt dem Hängen übrigens vor.

Deine Brüste sind zu klein: Abwarten und pushen ist hier die Devise. Ich weiß, dass du das jetzt sicher nicht so hilfreich findest, aber ich kann dir leider wirklich keinen besseren Rat geben. Vielleicht wachsen sie einfach später. Wie schon erwähnt: Orientiere dich einfach mal an den weiblichen Mitgliedern deiner Familie!

Deine Brüste tun weh und sind oft wund: Nippel sind sehr empfindlich, deswegen können sie wund werden, wenn du ein sehr raues Oberteil und keinen BH trägst. Ein einfacher BH kann da schon Abhilfe schaffen. :-) Auch dass Brüste im Wachstum wehtun, ist ganz normal. Wenn du aber das Gefühl hast, du hältst das nicht aus, dann suche bitte einen Frauenarzt auf.

Zufrieden sind übrigens nur ganz, ganz wenige Frauen mit ihrem Busen, im Grunde haben wir alle ein wenig daran herumzumäkeln. Aber unter uns: Wie viele Menschen bekommen letztendlich eigentlich einen Blick auf die unverhüllte Wahrheit? Erstens sind das nicht viele, zweitens sind es vor allem nur Menschen, denen du nahestehst oder die eben in ihrem Beruf jeden Tag zig Brüste entgegengestreckt bekommen, wie deine Frauenärztin oder dein Frauenarzt. Ansonsten kannst du mit deinen Klamotten und einem passenden BH ziemlich tricksen. Und wenn du bei deinem ersten Freund Hemmungen haben solltest, ist es vollkommen okay, wenn du dein T-Shirt erst einmal anbehältst oder wenn ihr eure ersten intimen Erfahrungen im Dunkeln macht.

echt WAhR: SchoKoLade hiLFt bEiM Wachsen – Und das Nicht NUR in diE BReite

Mangelernährung und Diäten
in der Wachstumszeit haben Folgen

Dieser ganze Umbau unseres Körpers ist eben kein Wunschkonzert. Und dass er gerade bei uns Mädchen an den wirklich falschen Stellen passiert, ist leider nicht zu verhindern. Zumindest, wenn wir weiterhin normal essen. Doch der Umstand, dass man gut aussehen möchte und dass hässliche Mädchen nun einmal weniger Chancen bei Jungen haben und auch weniger in der Clique akzeptiert werden, erzeugt einen so großen Druck, dass viele von uns irgendwann versuchen, dieses komische Wachsen an den falschen Stellen zu verhindern.

Laut Statistik machen zwei von drei Mädchen ihre erste Diät während der Pubertät. Plötzlich wird auf das Frühstück verzichtet, statt Cola wird Cola light getrunken und wenn es möglich ist, halten sie sich von Familienfeiern, auf denen es viel zu essen gibt, fern. Ständig wird ab dann das Gewicht kontrolliert und wenn die Waage mehr als am Vortag anzeigt, ist der ganze Tag im Arsch.

Wilma: Ich könnte dir an dieser Stelle eine Geschichte erzählen, die ein eigenes Buch füllen würde. Daher werde ich mich auf die Kurzform beschränken. Mir geht es nur darum, dass du einen Eindruck davon bekommst, wie gefährlich, traurig und einsam machend eine Essstörung ist. Ich habe es am eigenen Leib erfahren. Ich war magersüchtig.

Ich war nie wirklich dick – jedenfalls behaupten das alle anderen. Aber ich fühlte mich mit meinen 1,70 Meter und fast 70 Kilo fett wie eine Tonne.

Dazu kam, dass alle meine Freundinnen bereits einen Freund hatten. Ich jedoch war Single und weit und breit war auch kein passender Kandidat in Sicht. Nicht, dass ich keinen toll fand. Das Problem war, dass die mich alle nicht toll fanden. Den Grund dafür hatte ich schnell herausgefunden: Ich war hässlich und vor allem war ich zu dick. Um mir selber einen Anreiz zu geben, etwas an mir zu verändern, wettete ich mit meiner Mutter, wer es länger schaffen würde, in der Fastenzeit keine Süßigkeiten zu essen. Ich gewann die Wette und als Nebeneffekt hatte ich in diesen sechs Wochen sogar drei Kilo verloren.

Tja, und damit ging eine fünf Jahre lange Leidensgeschichte los. Erst waren es drei Kilo, dann fünf und irgendwann zehn. Ich aß immer weniger, schmiss auf dem Weg zur Schule das Pausenbrot in den Müll und abends behauptete ich zu Hause, dass ich bereits bei meiner Freundin was gegessen hätte. Mit der Zeit zählte nicht mehr mein Aussehen, mein Leben hing von der Zahl auf der Waage ab. Und die musste weiter nach unten, jeden Tag musste sie weiter nach unten ... runter ... weniger ... und noch weniger ... Natürlich blieb es irgendwann keinem mehr verborgen, dass ich immer dünner wurde und immer weniger aß. Mich interessierte das aber wenig. Ich war für mich selber eine Heldin, denn ich hatte mein Gewicht und meinen Körper im Griff – und alle, die sich über meinen Gewichtsverlust äußerten, waren nur neidisch. Angeblich machten sie sich Sorgen – tja, die Frage war nur: Warum? Sicher nicht um mich, sondern doch wohl eher um sich, weil sie eben nicht so dünn waren wie ich und eben keine Kontrolle über ihr Essverhalten hatten. Weicheier!!! Wenn ich am Abend ins Bett ging, mein Magen sich vor Hunger zusammenkrampfte und ich wusste, dass ich wieder einen Tag OHNE Essen hinter mich gebracht hatte, dann war ich stolz auf mich.

Egal wer etwas sagte, egal was er sagte – ich hungerte weiter ... Und mit jedem verlorenen Kilo nahm ich weniger am realen Leben teil. Zu Partys ging ich schon lange nicht mehr, da war einfach die Gefahr, dass ich mit Essen in Kontakt kam, zu groß. Und auch mit meinen Freundinnen traf ich mich kaum noch – die wollten doch auch nur, dass ich was aß. Also ließ ich das mit den Treffen am Nachmittag und mit der Zeit ließen sie mich in Ruhe und fragten gar nicht mehr, ob ich etwas mit ihnen machen wollte.

Es folgte der typische Ablauf, den man als minderjährige Magersüchtige durchmacht. Irgendwann wissen sich deine Eltern nicht mehr zu helfen und suchen Rat beim Arzt. Der weist dich dann in eine Klinik ein oder zwingt dir eine Therapie auf. Meine Fresse, was habe ich damals für komische Menschen kennenlernen müssen. Allein die sechs Wochen in der Klinik haben mich irre werden lassen. Da saß ich plötzlich zwischen Menschen, die meiner Meinung nach wirklich einen an der Klatsche hatten, und sollte von meinem Leben erzählen und warum ich mit dem Essen aufgehört hatte. Als ich mich weigerte, eine sogenannte Familienaufstellung zu machen, bei der andere Freaks meine Mama und Co. darstellen sollten, sperrte man mich in mein Zimmer ein. Da musste ich eh die meiste Zeit des Tages verbringen. Laut Vertrag, den ich bei meiner Einweisung hatte unterschreiben müssen, musste ich jeden Tag mindestens 100 Gramm zunehmen. Tat ich es nicht, durfte ich nicht aus meinem Zimmer – außer ich hatte Therapiestunde. Nach sechs Wochen hatte ich weitere vier Kilo verloren und litt außerdem an zig anderen Störungen. Zum Glück hatten meine Eltern ein Einsehen und holten mich mit Hilfe meines Hausarztes aus diesem Irrenhaus heraus. Zurück in der Schule wurde ich von vielen gemieden, war ich doch nun die, die schon einmal in der Klapse gesessen hatte. Egal, ich hatte eh keine Kraft, mich aufzuregen. Musste ich doch neben der Schule alle anderen Aufgaben bewältigen, die ich mir so auflastete.

Je voller ich meinen Tag packte, umso mehr lenkte ich mich selber von meiner Krankheit ab – und ich war nur selten lange an einem Ort. So konnte mich auch keiner überwachen. Mich nicht und vor allem mein Essverhalten nicht.

Ich glaube, ich hätte immer so weitermachen können. Und irgendwann wäre ich dann erschöpft zusammengebrochen und nicht wieder aufgestanden. Oder ich wäre einfach im Schlaf gestorben. Ja, du hast richtig gelesen. Ich wäre gestorben. Denn mein Körper war am Ende und hätte es sicher nicht mehr lange so gemacht.

Doch ich hatte Glück, ich hatte wirklich Glück. Denn ich bekam den berühmten Arschtritt, der mir die Augen öff-

BODY & SOUL

nete und mich begreifen ließ, was ich da tat. Während einer Jugendreise nach Griechenland klappte ich aufgrund von Wasser- und Nahrungsmangel zusammen. Der Arzt, den sie riefen, konnte mit einer Hand um meinen Oberschenkel fassen!!!! Daraufhin sagte er einen einzigen Satz, den ich jedoch nicht verstand, da er nur griechisch sprach. Aber die kreidebleiche Betreuerin übersetzte ihn für mich: »Wenn du jetzt, und zwar jetzt sofort, nicht nach Hause fliegst und dich umgehend in ärztliche Betreuung begibst, bist du morgen oder übermorgen TOT.«

In dem Augenblick wurde mir zum ersten Mal bewusst, dass ich sterben würde. Und zwar nicht irgendwann, sondern ziemlich bald. Dabei war ich doch gerade erst 17 Jahre alt ... Aber ich wog eben nur noch so viel wie ein neun oder zehn Jahre altes Mädchen, die Waage zeigte 37 Kilo ... Doch zum Glück hat meine Geschichte ein Happy End, das ich dir auf den nächsten Seiten erzählen werde.

Magersucht ist ein Teufelskreis, ebenso wie ihre »Schwestern«, die Bulimie und die Fettleibigkeit. Nicht nur, dass es verdammt schwierig ist, da wieder rauszukommen, sie können dir dein ganzes Leben kaputt machen. Doch während man mittendrin in dieser Krankheit – ja, es sind ernst zu nehmende Krankheiten! – steckt, denkt man nicht darüber nach, dass die niedrige oder zu hohe Zahl da auf dem Display vielleicht einmal der Grund sein wird, warum man keine Kinder bekommen kann!!!!! NIEMALS!!!!! Oder warum mit zunehmendem Alter deine Knochen aufgrund von Mangelerscheinungen oder zu großem Übergewicht immer brüchiger werden und du irgendwann einen ROLLSTUHL brauchst!!!!!! Auch über deine Zähne machst du dir wenig Gedanken. Gerade Mädchen, die während der Pubertät an Bulimie leiden, haben meistens ganz kaputte Zähne und bekommen schon mit 20 Jahren erste Implantate. Dann aber auch nur, wenn sie sich diese leisten können. Manche kosten mehrere 1000 Euro und die werden nicht von der Krankenkasse übernommen! Wer das Geld nicht hat, muss mit kaputten Zähnen herumlaufen – und wie unschön, ekelhaft und beschissen das ist, kannst du dir ausmalen.

Bulimie hat noch einen anderen fiesen Effekt, den man sicher nicht haben will. Durch das häufige Erbrechen produzieren die Ohrspeicheldrüsen viel mehr Speichel als normalerweise. Das führt dazu, dass sich die Drüsen stark vergrößern und du totale Hamsterbacken bekommst. Die gehen niemals wieder weg und sorgen dafür, dass du auf ewig ein Mondgesicht haben und immer mopsig im Gesicht aussehen wirst.

Warum sage ich dir das alles? Ganz einfach: Wer während der Pubertät hungert, bringt seinen ganzen Körper durcheinander – und das nicht nur für eine kurze Phase, sondern für das ganze Leben. Vielleicht hast du schon einmal das Wort »Stoffwechsel« gehört. Eventuell habt ihr sogar schon im Biounterricht darüber gesprochen. Der Stoffwechsel ist dafür verantwortlich, dass dein Körper die Dinge, die du ihm gibst, an die richtigen Stellen leitet und dort gegen andere eintauscht. In der Lunge kommt zum Beispiel Sauerstoff an und wird dort, um es ganz einfach auszudrücken, gegen Kohlendioxid, das du ausatmest, ausgetauscht. Das Gleiche passiert mit der Nahrung. Alles, was du isst, wird umgewandelt. Damit dein Körper alle nötigen Stoffe herstellen kann, braucht er eine Vielzahl an Dingen, die du ihm geben musst. Und hier wirken sich Diät oder Hungern negativ aus. Wenn du nur bestimmte Lebensmittel isst und auf ganz viele andere verzichtest, kann dein Körper bestimmte Stoffe nicht herstellen. Irgendwann fehlen die dann und bestimmte

Funktionen sind nicht mehr möglich. Noch schlimmer ist es natürlich, wenn du deinem Körper gar keine Stoffe lieferst, die er umwandeln und aus denen er Kraft schöpfen kann.

Das Ergebnis ist, dass die »Wechselstellen« aufgrund von Nichtbenutzung ihren Dienst langsam einstellen. Das ist wie ein Fahrrad, das du nicht benutzt. Lässt du es ein halbes Jahr lang einfach in der Garage stehen, setzt das Zahnrad langsam Rost an und das Treten wird schwieriger. Lässt du es ein Jahr lang stehen, geht beim nächsten Treten vielleicht sogar die Kette kaputt. Und wenn du es noch länger einfach unbenutzt lässt, kannst du es irgendwann gleich auf den Schrottplatz bringen. Und genau das passiert auch in deinem und mit deinem Körper. Wenn du eine lange Zeit auf bestimmte Stoffe verzichtest, ist er irgendwann nicht mehr in der Lage, diese zu verarbeiten oder eben umzuwandeln. Oder aber er lernt es erst gar nicht, wenn du einigen Lebensmitteln komplett abschwörst. Kommst du dann doch auf die Idee – aus welchen Gründen auch immer –, diese Stoffe (wieder) zu essen, werden sie an anderen Stellen, die ihre Verarbeitung nicht so gut oder gar nicht kennen, umgewandelt. Jedoch nie so, wie sie sollten. Das Ergebnis ist, dass Reste bleiben, die sich in deinem Körper ablagern, gerne als Fettdepot.

Was bedeutet das aber nun für deine Ernährung? Lass es mich noch einmal schnell zusammenfassen: Verzichtest du auf bestimmte Lebensmittel, weil du glaubst, dass sie dick machen – diesen Grund unterstelle ich dir einfach mal frech ;-) –, dann verlernt dein Körper, wie er mit ihnen umgehen muss. Ebenso legt er viele »Wechselstellen« lahm, wenn sie nicht benutzt werden – was beim Hungern ja zwangsläufig passiert. Wenn du das über einen kurzen Zeitraum tust, ist das nicht so schlimm. Hältst du aber lange Diät, ernährst dich nur von ein paar bestimmten Lebensmitteln oder verzichtest dauerhaft auf bestimmte Dinge, dann ist das fatal.

Sarah: Ich kann Wilma nur zustimmen. Wenn man mit dem ganzen Mist erst einmal anfängt, wird es immer schwieriger, irgendwann wieder normal zu essen. Du darfst nicht vergessen, dass du in der Pubertät bist. Das bedeutet: Jetzt lernen dein Körper und dein Kopf. Und alles, was du dir jetzt angewöhnst, kannst du später nur sehr schwer wieder loswerden. Wenn du deinen Stoffwechsel durch falsche Ernährung so früh schon lahmlegst, kannst du nie Schokolade ohne schlechtes Gewissen essen. Und wenn nicht jetzt, wann willst du es dann tun??? Ich meine, nach all dem, was du jetzt schon über Hormone und so weißt, ist dir sicher klar, dass dein Körper sehr viel Energie verbraucht. Du bist also ein kleines Kraftwerk auf zwei Beinen und kannst gerade jetzt fast alles essen, was du willst. Als Kind hast du ja auch nicht auf Schokolade verzichtet, weil die eventuell dick machen könnte. Natürlich meine ich damit nicht, dass du nun 24 Stunden am Tag Pizza, Chips, Eis und Kekse in dich reinschaufeln kannst, ohne dass dies Auswirkungen auf deinen Körper hat. Aber du bist ein so großartiger Futterverwerter, dass selbst Fast Food in Maßen bei dir keine unerwünschten Kilos entstehen lässt. Am gesündesten ist es, wenn du auf deinen Körper hörst. Er sagt dir schon, worauf er Lust hat. Ich kann dir wirklich einfach nur noch mal sagen: Versaue dir dein späteres Leben nicht mit Diäten. Ab Mitte 30 wird dein Stoffwechsel langsamer, bis dahin genieß das Leben und vor allem seine leckeren Seiten! Und danach schaust du einfach, dass du dich gesund ernährst und immer ein wenig Sport treibst!

Wenn du dich mit dem Essen beschäftigst, dann liest du überall von ausgewogener Ernährung. Was aber ist damit gemeint? Auch das möchte ich dir kurz erklären. Wenn's dich nicht interessiert, blättere einfach weiter.

Ausgewogene Ernährung bedeutet Folgendes: Alle Lebensmittel werden von unserem Körper unterschiedlich genutzt. Einige sind so gut, dass er alle ihre Inhaltsstoffe verwerten kann. Andere dagegen sind für ihn schwerer zu verarbeiten und er kann nicht alles gebrauchen – ähnlich wie dir schmeckt ihm eben auch nicht alles. Daher lässt er manches einfach übrig und scheidet es wieder aus. Um nicht zu viele Reste und damit Überflüssiges im Körper zu haben, sollte unsere Ernährung daher vorwiegend aus den Lebensmitteln bestehen, die er sehr gut und fast vollständig nutzen kann. Dazu zählen Getreideprodukte, Kartoffeln, Gemüse, Obst und Milchprodukte. Der größte Teil der Dinge, die du isst, sollte also aus diesen Produktgruppen kommen. Nicht immer, aber regelmäßig möchten deine inneren »Wechselstuben« Fleisch, Fisch und Eier haben. Das muss nicht täglich sein, aber so zwei- bis dreimal pro Woche wäre super. Und um die Mischung komplett zu machen, braucht der Körper auch Süßigkeiten. JAAAA – er braucht sie!!!!! Er kann sie zwar nicht so wunderbar gut verwerten und du solltest nicht jeden Tag in großen Mengen Süßkram in dich reinstopfen. Damit dein Stoffwechsel jedoch 100-prozentig funktioniert, braucht er auch manchmal Schokolade, Kekse, Kuchen und Eis.

Wenn du dich also an diese Mischung hältst und immer dann mit dem Essen aufhörst, wenn du das Gefühl hast, satt zu sein, kannst du ohne Sorge essen! Du solltest eben nur darauf achten, dass du am meisten von den Dingen schlemmst, die dein Körper am allerliebsten hat und die er vollständig verwerten kann. Denn wo keine Reste bleiben, kann auch nichts ansetzen! Eine ganz einfache Rechnung ...

Essgestörte Mädchen bekommen oft gesagt: »Iss doch endlich mal normal!« Die meisten kommentieren das mit: »Was ist denn normal?!«

Und damit haben sie sogar recht. Denn normal gibt es nämlich nicht. Jedenfalls nicht pauschal. So verschieden unsere Körper und wir als Menschen sind, so unterschiedlich müssen wir uns auch ernähren. Männer haben zum Beispiel mehr Muskeln, wir Frauen mehr Fett. Ich weiß auch nicht, was Gott sich dabei gedacht hat. Ich finde, das ist eine bodenlose Frechheit. Aber so ist es leider nun mal. Mehr Muskeln bedeuten, dass der Körper am Tag auch mehr Kalorien verbraucht. Daher müssen Kerle einfach mehr essen als wir. Es gibt aber Mädchen, die können essen und essen und essen und nehmen nicht zu. Bei denen ist der Stoffwechsel einfach auf Turbo geschaltet und lässt sich auch nicht herunterdrehen. Manchmal ist daran die Schilddrüse schuld. Du denkst vielleicht gerade: Was meinst du mit schuld?! Wo kann ich das bestellen, ich will das auch haben!!!!

Glaube mir, das willst du nicht. Denn eine Überfunktion der Schilddrüse ist eine hinterhältige Krankheit, die weitere Krankheiten auslöst. Dazu gehören Herzrhythmusstörungen, Wärme- und Lichtempfindlichkeit sowie Kreislaufstörungen. Meistens müssen Betroffene dagegen Medikamente nehmen, aber manchmal muss die Schilddrüse sogar operiert und entfernt werden. Danach heißt es dann, das ganze Leben lang Medikamente nehmen zu müssen, die die Funktion der Schilddrüse übernehmen! Und sorry, wenn du nun sagst, du willst das immer noch, dann bist du schon krank, und zwar im Hirn ...

Normal essen muss daher einfach jeder für sich selber definieren. Klar ist: Wer gar nichts isst, ernährt sich nicht normal. Und wer den ganzen Tag lang Essen in sich hineinschiebt, der isst auch nicht normal.

> **Wilma:** Mit 37 Kilo begann ich, der Magersucht den Kampf anzusagen. Denn ich wollte erwachsen sein, ich wollte auch einmal einen Mann haben, ich wollte Geld verdienen, ich wollte Kinder, ich wollte LEBEN. Aber nun wollte ICH es und nicht mehr nur die Menschen um mich herum. ICH WOLLTE GESUND WERDEN. Es war traurig, dass ich fast hatte sterben müssen, um das zu begreifen. Und noch war ich lange nicht über den Berg. Es dauerte noch drei Jahre, bis ich wieder

einigermaßen normal aussah und nicht jeder schon aus der Ferne erkennen konnte, dass ich mit dem Essen ein Problem hatte. Über zwei Jahre lang ging ich einmal in der Woche zur Therapie. Dort lernte ich, dass ich viel mehr war als nur mein Äußeres. Ich begriff, dass meine inneren Werte viel, viel wichtiger waren als alles andere. Ich lernte, mich selber zu akzeptieren, und begann, Dinge an mir gut zu finden. Ich nahm meine Fehler an und sah sie als Teil von mir. Es war ein langer Weg, den ich oft allein ging, denn viele Freunde und Bekannte hatte ich durch meinen Rückzug aus dem Leben verloren. Andere wussten nicht, wie sie mit mir umgehen sollten, und vermieden daher den Kontakt. Ich weinte viel und es gab Momente, in denen ich in alte Verhaltensmuster zurückfiel.

Aber irgendwie schaffte ich neben der Arbeit an mir selber auch noch mein Abitur und bekam einen Praktikums-platz in einer anderen Stadt. Und dort bekam ich meine Magersucht komplett in den Griff. Denn ich merkte schnell, dass ich mit zu wenig Gewicht nicht die Kraft hatte, einen Arbeitsalltag zu meistern. Da ich das aber wollte, weil es Grundlage für alle meine weiteren Wünsche (eigene Woh-nung, Mann, Kinder, regelmäßiges Einkommen) war, aß ich wieder mehr und nahm kontinuierlich zu. Das war nicht einfach zu akzeptieren, aber zum Glück gewann mein Kopf und damit mein Verstand in diesen Situationen immer öfter gegen meine Gefühle.

Heute bin ich gesund, glücklich und zufrieden. Ich bin immer noch schlank, denn ich ernähre mich gesund und treibe regelmäßig Sport. Aber ich esse endlich wieder, ohne Kalorien zu zählen, und ich liebe Kokos-Eis, Caramel-Latte von Starbucks und vor allem jeglichen Kuchen, in dem

BODY & SOUL

Zimt und Äpfel sind! Aber manchmal schaue ich immer
noch traurig zurück, denn ich habe mir fünf wunderbare
Jahre meines Lebens selber geklaut. Die Zeit zwischen dem
16. und 21. Jahr habe ich nicht gelebt ...

Wenn du am Tag viel in Bewegung bist, verbrauchst du unheimlich viele Kalorien. Dann musst du auch mehr essen. Mal
angenommen, du reitest sehr viel, spielst Fußball oder betreibst
irgendeine andere anstrengende Sportart, dann musst du
natürlich auch dementsprechend Kraft in Form von Nahrung
aufnehmen. Dein Körper braucht die Energie, sonst kannst du
Wachstumsstörungen bekommen oder dein Körper entwickelt
sich nicht vollständig und vernachlässigt einfach mal einige
Stellen oder stoppt deren Entwicklung. Eine Stelle, bei der er
relativ schnell ansetzt und einfach mit der Entwicklung aufhört, sind deine Brüste! Es kann passieren, dass Mädchen,
die während der Pubertät unbedingt eine Crashdiät machen
mussten, nie wirklich einen Busen bekommen. Im schlimmsten
Fall bleiben sie flach wie ein Brett. Oder auch der Po wächst
nicht mehr und du hast auf ewig einen Flacharsch ... All das
kann passieren und begleitet dich dann dein ganzes Leben lang.
Du wirst unzufrieden mit deinem Körper und strahlst das auch
aus. Du bekommst eine echt miese Aura und garantiert wird
kein guter Typ mit einer Frau zusammen sein wollen, die einfach mal eine Miesmuschel ist. Der möchte lieber eine ent-
spannte, lustige Frau, mit der er lachen und kochen, leben und
eben auch essen kann.

Davon mal abgesehen ist so eine Wachstumsstörung in der
Regel irreparabel. Daher: Überlege dreimal, ob du eine Diät
machst oder besser darauf achtest, viele gesunde Sachen zu
essen. Magersucht, Bulimie und auch Fettleibigkeit sind nicht

LEBENSWELT 2

cool – sie machen einsam, traurig und können ganz schlimm enden, denn nicht jeder schafft es. Ebenso begleiten sie einen leider oft ein Leben lang, denn sie sind wie jede andere Sucht, die man zwar überwinden kann, aber ein Rest an Gefahr, irgendwann rückfällig zu werden, ist immer gegeben.

Eine andere Art, seinem Körper und seiner Seele wehzutun, ist die Selbstverletzung. Das hat zwar nichts mit deiner Ernährung zu tun, aber ich finde, es passt an dieser Stelle ganz gut, dir auch einmal von dieser schlimmen Störung des eigenen Selbst zu erzählen. Denn auch dabei geht es darum, Macht über sich selbst auszuüben. Ebenso hilft das Ritzen oder eine andere psychische Krankheit, bei der du dir selber Verletzungen zufügst, dich zu betäuben.

Fragt man Jugendliche, die sich mit Rasierklingen und Messern oft zentimetertief in die eigene Haut schneiden, warum sie das tun, kommt immer die gleiche Antwort: »Weil es mir hilft, Stress abzubauen und meinen seelischen Schmerz nicht zu fühlen.«

In der Pubertät stehen wir Mädels unter einem tierischen Druck. Wir wollen gut aussehen, müssen gut in der Schule sein, wollen zu Hause keinen Stress und es gibt noch so viele andere Probleme. Das alles zu bewältigen ist so gut wie unmöglich.

Bei einigen ist die Spannung so unheimlich groß, dass sie ein Ventil brauchen. Um die Spannung irgendwie loszuwerden, ritzen sie sich daher tief ins eigene Fleisch. Leider denken nur ganz wenige daran, wie das Ritzen im Nachhinein ihr Leben beeinflusst. In dem Moment spielt das für sie keine Rolle.

Doch es wird garantiert ein Danach geben! Immer! Denn auch aus diesem Tief kommt man irgendwie raus! Das Mega-Problem ist, dass man die Narben ein Leben lang mit sich herumträgt. Und Jahre, Jahrzehnte später noch sehen alle

Menschen, dass du vor Ewigkeiten mal ein Problem hattest! Das ist, als hätte ein Ex-Alkoholiker ALKOHOL auf der Stirn stehen oder jeder, der eine Therapie macht, eine blinkende Lampe auf dem Kopf.

Also, wenn du zu viel Druck in dir spürst und keine Ahnung mehr hast, wohin mit der Spannung, suche dir bitte ein anderes Ventil. Ritzen hilft nicht – langfristig nicht und kurzfristig ist es auch keine Lösung. Mache Sport, schreie täglich einmal dein Spiegelbild an, kaufe dir einen Boxsack oder renne wie eine Bescheuerte durch den Park. Es gibt tausend andere Möglichkeiten, mit Stress und Spannungen umzugehen. So viele, dass du jeden Tag eine andere ausprobieren kannst!

Die Narben werden außerdem nicht nur dein Privatleben beeinflussen, auch im Job kann es dir mit solchen auffälligen Stigmata passieren, dass du schnell einen Stempel aufgedrückt bekommst. Frei nach dem Motto: »Die hat einen an der Waffel, SOOOOO eine brauchen wir sicher nicht!!!«

Wilma: Während meiner Zeit in der Klinik hatten wir auch Mädchen in der Gruppe, die sich ritzten. Es war komisch für mich, zu sehen, wie sich andere so offensichtlich wehtaten, nur um den seelischen Schmerz nicht mehr fühlen zu müssen. Dabei machte ich ja im Grunde nichts anderes. Nur war mein Schmerz ein anderer. Mit einer von ihnen habe ich lange geredet und immer wieder über ihre Schmerzen gesprochen. Sie sagte, sie fühle sich hilflos und gleichzeitig voller Macht, da sie selber so viel Schmerz verursachen konnte. Ich fand das echt krank – und das ist es eben auch. Wie meine Magersucht ist auch Ritzen beziehungsweise Selbstverletzung eine Krankheit, die behandelt gehört.

Wie bei Essstörungen hat jeder seinen eigenen Grund, sich selber etwas anzutun. Solltest du auch diesen Wunsch haben oder dir bereits regelmäßig selber Wunden zufügen, dann lasse dir bitte ganz schnell helfen. Du bist ein toller Mensch, der das Leben verdient hat, und keiner darf dir wehtun. Auch du selber nicht!!!! Du bist nicht allein und es gibt viele Menschen, die für dich da sein möchten. Daher mein Appell an dich: Scheißegal wie viele Mädchen das um dich herum machen und ob das angesagt ist oder sonst irgendwas. DAS IST NICHT NORMAL!

Und auch nicht gut. In einer Therapie lernst du, anders und vor allem gesünder mit Stress oder Druck umzugehen. Und selbst wenn wir unseren Körper gerade so hassen, darfst du ihn nicht kaputt machen.

Am Ende des Buches findest du daher auch einige Adressen und Telefonnummern, bei denen du Hilfe findest, wenn du dich selber verletzt!

Sechs Kilo in zehn Minuten mit der Photoshop-Diät

Wie die Medien- und Werbewelt
perfekte Körper zaubert

Was ist eigentlich normal und was schön? Und wie sollen wir eigentlich aussehen? Im Grunde vergleichen wir uns doch gerade während der Pubertät ständig mit anderen. Und zwar nicht nur mit den Mädchen aus unserer Klasse oder aus dem Ballettunterricht, sondern vor allem mit Stars, Promis, Models und den Mädchen auf Werbeplakaten und im Fernsehen. Wenn wir älter werden, hören wir übrigens auch nicht damit auf. ;-) Da sind es dann die Kolleginnen und Freundinnen und oftmals immer noch der ein oder andere Promi. Doch wir werden entspannter, die meisten von uns jedenfalls.

Wilma: Vorbilder. Ich kann mich daran erinnern, dass es während meiner Pubertätszeit eine riesige Diskussion darum gab, dass Barbie zu dünn sei. Ohne Scheiß, darüber wurde wirklich diskutiert und abgestimmt. Und das Ergebnis: Barbie wurde ein bisschen fülliger. Und sie bekam eine Schwester: Emme. Lebendiges Vorbild dafür war das amerikanische Plus-Size-Model (was für ein bescheuertes Wort) Melissa Miller. Nach zwei Jahren aber wurde wieder die »alte« Barbie in die Regale gestellt – die anderen wollte keiner kaufen. Den größten Skandal um Barbie gab es übrigens bereits 1965 – also fast schon in der Urzeit. Da gab es nämlich eine Puppe inklusive Buch »Wie man dünner wird«. Der Tipp, »nicht zu essen«, sorgte wochenlang für Aufregung. Und das zu Recht!!!

Aber zurück zu den Frauen, die wir uns als Vorbilder nehmen. Jeden Tag werden wir im Fernsehen, in Magazinen und auf Werbeplakaten mit wunderschönen Frauen beglückt. Die sehen alle so unverschämt gut aus, dass es fast nicht zu glauben ist. Das kann doch gar nicht die Realität sein!

Sarah: Jeder Mensch hat Makel, ob Schauspieler, Sänger oder Model. Aber genau das macht einen ja zu etwas Besonderem. Auch Schauspieler und andere Prominente mäkeln an sich herum, genauso wie du. Oft tun sie es vielleicht noch mehr, weil sie immer unter dem Druck der Öffentlichkeit und des heute herrschenden Perfektionismus stehen. Du nimmst das nur nicht so wahr, weil jedes Bild, das von Prominenten gedruckt wird, ohne Ende bearbeitet wurde.

Ich werde nie vergessen, wie sehr ich mich auf mein erstes Titelbild auf einer Fernsehzeitschrift gefreut hatte. Doch als ich das Magazin dann in den Händen hielt, habe ich mich darauf überhaupt nicht mehr erkannt!!!! Die Person, die mir entgegenlächelte, war nicht ICH. Ich hatte weder einen Leberfleck im Gesicht noch diese Kopfform, die da zu sehen war. Und glaube mir, das Bild sah echt nicht toll aus, es wurde nicht mal positiv verändert!!! Selbst meine Mutter hat mich darauf nicht erkannt.

Ich kenne einige Kolleginnen, denen es genauso geht. Also mache dir klar, wenn du gerne wie eine bestimmte Schauspielerin oder wie ein Model auf so einer Glamour-Zeitschrift aussehen möchtest, dass du da einem Ideal nacheiferst, das es so gar nicht gibt. Mache dich daher nicht fertig, wenn du keine Wespentaille, keinen Miniknackarsch oder Riesenbrüste hast. Die haben das nämlich auch nicht!!!

Sicher, einige Menschen haben total Glück mit ihrem Aussehen. Da stimme ich dir total zu. Und natürlich ist es für ein schönes Mädchen einfacher, Model, Sängerin oder Schauspielerin zu werden. Schöne Menschen haben es grundsätzlich im Leben einfacher – ich müsste lügen, und das will ich ja nicht, wenn ich behaupten würde, dass es nicht so wäre. Doch was schön ist, kann zum Glück immer noch jeder selber für sich bestimmen. Die Schönheit, die uns aus Magazinen und vom Bildschirm entgegenstrahlt, ist aber eben nicht immer natürlich. Denn so sieht kaum eine Frau im realen Leben aus –

auch nicht das Model, die Sängerin oder Schauspielerin selber, die auf dem Foto ist. Du kannst davon ausgehen, dass jedes Bild, das du in so einer Glamour- oder Star-Zeitschrift siehst, bearbeitet wurde. Das Geheimnis dahinter: Photoshop.

Für alle, die dieses Wort noch nie gehört haben: Photoshop ist ein Programm für den Computer, mit dem Fotos bearbeitet werden können. Es ist teilweise unglaublich, wie einige Grafiker damit umgehen können. Da werden graue Himmel zu blauen, da wird der Kopf eines Stars auf den Körper eines anderen gebastelt, da werden Sommersprossen und Muttermale weggepinselt und vor allem wird da kräftig bei den Figuren und Proportionen geschummelt. Die Schauspielerin Claire Danes (spielte mit Leo DiCaprio in *Romeo und Julia*) sagte zum Beispiel einmal über eine solche Nachbearbeitung: »Ich habe Brüste bekommen, die ich im Leben nie hatte.«

Schau dir mal die Bilder auf Plakaten ganz genau an. Ich mache mir immer den Spaß, die Muttermale der Frauen zu suchen. Wenn ich keine entdecke, ist klar, da hat ein Grafiker ganze Arbeit geleistet. Denn einen Menschen ohne Muttermale gibt es einfach nicht. Die sind dann mit dem sogenannten »Stempelwerkzeug« wegretuschiert worden.

Je mehr geschummelt wird, desto größer ist natürlich die

Fehlerquote. Im Internet gibt es extra Seiten, auf denen die schlimmsten Fehler gezeigt werden. Da siehst du Frauen mit drei Armen, einem Riesenkopf auf einem kleinen Körper oder Menschen, die nur noch ein Bein haben. Viele Zeitschriften nehmen sich selber hoch, indem sie das echte Bild neben das bearbeitete stellen. Gib doch mal in einer ruhigen Minute »Schummeln mit Photoshop« bei Google ein. Dann weißt du, was ich meine. Noch besser, du machst es zusammen mit einer Freundin. Ich garantiere euch einen lustigen Nachmittag. :-) Mein Internet-Tipp: www.photoshopdisasters.com.

Wilma: Ich habe einige Jahre lang als Redakteurin für verschiedene Magazine gearbeitet. Da kam es auch immer mal wieder vor, dass ich zu einem Interview mit einem echten Star musste. Das war ziemlich spannend. Aber ganz oft ist es mir passiert, dass ich ziemlich überrascht war, wie klein und oft auch unscheinbar und eben komplett anders die im wahren Leben aussahen. Bevor wir dann am Ende des Interviews Bilder machen durften, wurden sie geschminkt – und ich kann euch sagen: Das dauert ewig!!!! Und danach habe ich sie kaum wiedererkannt.

Es ist teilweise einfach unglaublich, wie sehr Menschen künstlich verändert werden. Selbst das berühmte Michelin-Männchen wurde im Laufe der Zeit immer dünner, damit es den Ansprüchen der Gesellschaft gerecht werden konnte. Sich Menschen aus Magazinen und Models aus der Werbung zum Vorbild zu nehmen, ist daher absoluter Bullshit. Punkt.

Titten für den Übergang

Das passt! – Wie ich meinen Körper mit Klamotten positiv betone

Es klingt für dich sicher total bescheuert, aber glaube mir, bequem und gemütlich macht sexy! Ich finde, es gibt nichts Peinlicheres, als zu sehen, dass sich Mädchen und Frauen in ihrer Kleidung oder in ihren zu hohen Schuhen nicht wohlfühlen. Oder noch schlimmer: dass sie auf Letzteren nicht mal laufen können. Sicher, es gibt eingefleischte Modepüppchen, die immer topgestylt, geschminkt, in einer hautengen Jeans und auf meterhohen Absätzen herumstolzieren und sich dabei sehr wohlfühlen. Die können, das muss ich ohne Neid anerkennen, auch auf 15-Zentimeter-Absätzen laufen wie wir in Turnschuhen. Leider würden sie aber auch nie ohne dieses Outfit vor die Tür gehen. Solche Frauen finden Männer zwar auf den ersten Blick schön, aber bereits beim zweiten stempeln sie sie als Tussis und sehr künstlich ab. Zu Hause möchte übrigens kein normaler Mann so eine Frau haben, das hat meine persönliche Umfrage unter männlichen Freunden und Bekannten ergeben. Die ist zwar nicht, wie man so schön sagt, repräsentativ, aber nicht einer von ihnen hat sich für eine solche Frau ausgesprochen! Davon mal abgesehen machen zu hohe Absätze, wenn du sie zu häufig trägst, deinen Rücken, deine Füße und deine Knie kaputt; vielleicht brauchst du dann schon mit 30 deine erste Knie-OP. Da frage ich mich echt, ob es sich lohnt.

> **Sarah:** Meine männlichen Schauspielkollegen sind den ganzen Tag über von gestylten und geschminkten Frauen umgeben. Einige finden das super und stehen da voll drauf. Der größte Teil jedoch findet natürliche Mädels viel, viel, viiiiiiel besser und würde niemals eine Freundin haben wollen, die jeden Morgen in den Schminkkasten fällt. Zu Hause wollen sie eine Frau, mit der sie Pferde stehlen können, die mit ihnen zusammen lacht, mit der sie zusammen am Abend Eis aus der Schachtel löffeln können. Die haben keine Lust, am Abend, nachdem sie selber endlich die Schminke vom Tag losgeworden sind, auch noch die von ihrer Freundin abkratzen zu müssen. Glaube mir!

Dazu sind diese ganzen Styling-Queens meistens auch ziemlich unnahbar – oder sie tun zumindest so. Gehört anscheinend zum Image ... Aber mal ehrlich: Willst du wirklich so sein? Etwas für den ersten Blick und dann nichts mehr?! Anschauen: ja, reden: nein danke! Willst du wirklich mehr Zeit vor einem Spiegel und im Shopping-Center verbringen als mit Dingen, die dich weiterbringen oder deinen Träumen näher? Fakt ist, wenn du dich mehr mit deinem Aussehen als mit allem anderen beschäftigst, kommst du nicht wirklich weit. Und irgendwann bist du dazu verdammt, dir zwar topgestylt, aber mit einem schlechten Schulabschluss einen reichen Typen angeln zu müssen, der dich nur wegen deines Aussehens mag! Und der tauscht dich dann nach ein paar Jahren gegen eine neue Modepuppe aus. Gratulation!

Ich ziehe mich sicher auch gerne schön an, wenn es passt. Auf einer Party würde ich auch nicht in Turnschuhen und Schlabberpulli erscheinen. Aber ebenso gerne trage ich einfach mal meine kaputten Jeans, die ausgelatschten Puma-Schuhe und meinen Kapuzenpulli. Besonders zu Hause laufe ich immer rum wie ein Schlumpf. Ist doch viel bequemer und ich nutze meine »guten Sachen« nicht so schnell ab. Letztendlich ist alles, was ich anziehe, nur eine Verpackung. Und wenn der Inhalt nicht stimmt, dann ist auch die nichts wert. Daher konzentriere ich mich lieber darauf, ich selber zu sein und meine Ziele zu verfolgen.

> **Sarah:** Wenn ich den ganzen Tag über auf Achse bin, bin ich die Letzte, die sich unbequeme und zu hohe Schuhe anzieht. Und das, obwohl ich so klein bin. Wenn ich viel zu tun habe, muss es eben praktisch sein – wie man immer so schön sagt. Das heißt nicht, dass ich mit einer Jogginghose durch Berlin renne. Aber ich habe nichts davon, wenn ich beispielsweise einen Autounfall baue, nur weil ich mit meinen Absätzen am Pedal hängen bleibe. Und im Krankenhaus wäre ich die Pumps sicher auch als Erstes los …

LEBENSWELT 2

Die meisten Männer – nicht nur Schauspieler – stehen auf Natürlichkeit. Als ich so alt war wie du, habe ich mir geschworen, mich niemals doll zu schminken. Ein Grund war: Ich wollte nicht irgendwann einmal neben meinem Freund aufwachen und das Gefühl haben, ich müsse mich schnell ins Bad zum Schminken verziehen, damit der Arme sich nicht erschreckt, weil er plötzlich eine fremde Frau neben sich im Bett entdeckt. Außerdem hat echt kein Typ wirklich Bock darauf, jeden Tag seine Bettwäsche zu waschen, weil du deine Kriegsbemalung daran abwischst. Dazu kommt, dass deine Haut in der Pubertät durch die ganzen Hormone eh schon im Ausnahmezustand ist. Wenn du dann auch noch jeden Tag die Drüsen mit Schminke verstopfst, kannst du bald eine Pickelzucht aufmachen.

> **Sarah:** Ich habe erst beim Film gelernt, wie man sich schminkt. Aber eine Meisterin bin ich bis heute nicht. ;-) Dazu kommt, dass meine Haut mir auch einfach echt dankbar ist, wenn sie mal nicht bepinselt wird. Film- und Theaterschminke ist nämlich noch einmal was ganz anderes. Damit es im Licht der Kamera oder Scheinwerfer wirklich wirkt, ist meistens eine Extraschicht notwendig. Und je nachdem, wie lange du drehst, wird auch am Set immer noch mal nachgebessert. Am Ende eines solchen Tages bist du dann einfach nur noch froh, wenn der ganze Mist unter der Dusche im Abfluss verschwindet.

Folgendes möchte ich dir mit auf den Weg geben: Übertreibe es nicht bei Make-up und Klamotten. Ich bin schon immer eine echte Verfechterin von »Weniger ist mehr« gewesen. Damit meine ich nicht, dass du darauf verzichten sollst, die schönen Dinge in deinem Gesicht durch dezentes Make-up zu betonen.

Aber wenn du alles vollkleisterst, fällt gar nichts mehr auf oder du bist der »bunte Hund«, über den alle lachen.

Gleiches gilt für übertriebene Klamotten oder Kleidungsstücke, die einfach nicht passen. Stell dir mal vor, es ist Sommer, du hast dein erstes Date mit einem übersüßen Typen und trägst so ein Oberteil ohne Träger. Doch da es dir nicht wirklich passt, rutscht es die ganze Zeit und du bist nur damit beschäftigt, es über deinem Busen zu halten. Dafür drückst du deine Arme ganz fest seitlich an deinen Oberkörper. Ist doch total scheiße und du siehst ziemlich panne aus, wenn ich das mal sagen darf. Oder du zupfst die ganze Zeit daran herum und der Typ kriegt den Eindruck, dass du eine echte Tussi bist und dich mehr für deine Kleidung als für ihn interessierst.

Verstehst du, was ich meine? Überlege immer vorher, was am besten in deinen Alltag oder zur Situation passt! Wenn du zum Beispiel zum Zahnarzt gehst, brauchst du dich vorher nicht aufzubrezeln. Selbst dann nicht, wenn der Zahnarzt eine echte Schnitte ist, der ist nämlich eh zu alt. ;-) Schlaf lieber länger oder tue was anderes, was noch auf deinem Plan steht. Wenn du etwas für dein Aussehen tun möchtest, mache ein bisschen Sport. Oder räume noch schnell dein Zimmer auf. Mama und Papa werden das großartig finden.

Männer sehen, ob du dich wohlfühlst oder nicht. Merken sie, dass du bereits bei deinen Klamotten schummelst oder etwas darstellen möchtest, was du nicht bist, sind die richtig Guten – eben die, die auch als Partner in Betracht kommen – schneller weg, als du gucken kannst.

Was soll man nun aber tun, wenn der eigene Körper eben (noch) nicht in seiner besten Form ist? Oder wenn an einigen Stellen noch wichtige Dinge fehlen? Auf den Punkt gebracht: Was mache ich, wenn meine Brüste noch nicht wachsen oder ich im Vergleich zum Rest meines Körpers einen echt fetten Hintern habe?!

Auch bei Push-up und Co. gilt: Übertreibe nicht!!! Lass auch hier bitte wieder deiner Fantasie freien Lauf und stell dir vor, dass du dir Unmengen von Zeugs in den BH gestopft hast, und wenn es dann zum ersten Mal bei dir und deinem Freund zur Sache geht, er mit seinen teilweise noch tollpatschigen Handbewegungen an dir herumfummelt und dann fallen Riesenschnitzel aus dem BH und aus deiner angeblichen C-Größe wird ganz schnell das vorhandene A ...

Wilma: Ich hatte Glück mit meinem Busen. Der wuchs relativ schnell und pendelte sich dann irgendwo zwischen B und C ein. Alle meine Freundinnen waren schon neidisch, denn bei ihnen blieb es lange bei A oder einer ganz kleinen B. Dafür waren sie eben auch dünn, hatten ewig lange Beine und einen ganz flachen Bauch. Bei mir war nämlich nicht nur der Busen, sondern auch der Po und die Hüfte und die Oberschenkel und alles andere gewachsen. Das Fett, was eben meinen Busen formte, war nun einmal im ganzen Körper unterwegs. Was ich damit sagen möchte: Jeder Körper ist unterschiedlich, aber in der Regel hat er nach der Pubertät schon einheitliche Proportionen. Mehr Busen bedeutet eben oft auch mehr Po und mehr Bein – und schlanke Beine und wenig Bauch eben meist ein bisschen weniger Brust.

Wenn man noch nicht voll ausgereifte oder eben ein wenig kleinere Brüste hat, ist ein Wonderbra oder Push-up-BH eine super (Übergangs-)Lösung. Aber wer damit aus einer A- eine C- oder D-Größe zaubern möchte, sieht einfach nur idiotisch aus. Ich persönlich finde es auch überhaupt nicht schön, wenn eine 13-Jährige, die schon ordentlich Busen hat, ihre Brüste mit einem Push-up bis zum Kinn hochschnürt. Ich bin sicher noch nicht so alt, als dass du mich als »spießige Olle« bezeichnen kannst, aber wenn ein junges Mädchen mit einem so fetten Dekolleté herumläuft, dass selbst ich als Frau nicht mehr weggucken kann und die ganze Zeit Angst habe, dass die Dinger gleich rausspringen, setzt bei mir Fremdschämen ein.

Vielleicht magst du dich dann weiblicher fühlen, aber du sendest damit ganz schön direkte und vor allem falsche Signale an die Männerwelt. Wenn du es machst, um bessere Karten bei den Typen zu haben und so schneller einen Freund zu bekommen, dann kann ich dir nur sagen: Da liegst du so was von daneben!!!! Du findest vielleicht schneller einen Typen, der dich eben einfach nur einmal flachlegen möchte, aber sicher niemanden, mit dem du lachen und Spaß haben kannst und der mit dir zusammen das erste Mal zu etwas Besonderem macht.

Aus diesem Grund haben unsere Mütter übrigens auch was dagegen, wenn wir mit viel zu kurzen Röcken und hautengen Oberteilen in die Schule gehen wollen oder wenn wir so herumlaufen, wenn wir mit der Clique unterwegs sind. Es ist nämlich nicht so, dass sie uns damit was Böses wollen. Ganz im Gegenteil, sie haben Angst um uns. Angst davor, dass wir damit die falschen Männer heiß machen und eventuell Vergewaltiger aufreißen. Ich kann dich hören, wie du gerade sagst: »Das will ich doch gar nicht.« Das glaube ich dir auch, denn das will niemand. Aber du hast nun mal keinen Einfluss auf die Gedanken und Taten anderer Menschen und je mehr Reize du aussendest, desto eher springen Kerle darauf an. Leider meistens die falschen.

Du hörst das sicher nicht gerne und auch ich habe meiner Mama sehr, sehr oft gesagt, dass sie sich in meine Klamottenwahl nicht einzumischen hat. Und dann bin ich stolz davonmarschiert, denn ich hatte mir mal wieder nichts sagen lassen. Tja, und was soll ich sagen: Ich zog wirklich nur bescheuerte Typen an, wenn ich so rumlief. Alles absolute Vollspacken. Dazu kam, dass meine Lehrer mir einfach pauschal schlechtere Noten verpassten, besonders die Frauen, wenn ich überstylt in der Schule erschien. Papa war natürlich auch gegen mein Outfit. Aber der hatte einfach Angst, dass IRGENDEIN Typ ein Auge auf mich werfen könnte. ;-)

Generell gilt: Beim Styling lässt sich ziemlich viel Mist bauen.

Sarah: Ich habe mir mit 14 meine Haare völlig versaut. Nur um meinen Vater zu ärgern, habe ich mir Dreads machen

lassen! So was von bescheuert, aber damals fand ich es cool, weil die Dinger abstanden und ich im Schatten aussah wie eine Sonne. So wurde ich von allen auch genannt: kleine Sonne, Zecke, Fruchtzwerg und so weiter.

Da meine Dreads nicht stinken sollten, habe ich mir die Dinger alle zwei Tage gewaschen. Du kannst dir nicht vorstellen, wie schwer die dann waren und wie lange es dauerte, bis die trocken waren. Als ich sie nach einem Jahr wieder raus haben wollte, hatte ich natürlich keinen Bock auf eine Igelfrisur. Daher hat Sina versucht, alle aufzuknibbeln. Dabei hat sie mir meine Haare buchstäblich rausreißen müssen!!! Später hat sie mal zugegeben, dass ihr das damals in der pubertären Schwesterärgerphase einen gewissen Genuss bereitet hat. ZWEI TAGE LANG HAT DAS GANZE GEDAUERT. Mein Kopf tut heute noch weh, wenn ich daran denke.

Übrig war am Ende auf meinem Kopf ein Mix aus 3 bis 30 Zentimeter langen Haaren, der aussah wie ein Wischmopp. Beim Friseur bekam ich dann die Wahrheit ziemlich unschön auf den Tisch gepackt: Nichts mehr zu retten, die müssen ab!!!

Kannst du dir das vorstellen? Erst diese Tortur und dann wollten die mir trotzdem die Haare kurz schneiden!!!! Nach langer Diskussion ist die Friseurin mit einer RASIERKLINGE durch meine Haare gegangen und am Ende hatte ich eine Prinz-Eisenherz-Frisur!!!! Das war nun nicht total kurz, sah aber so was von bescheuert aus. Und als wenn das nicht genug gewesen wäre, hörte damit mein Frisurendesaster noch lange nicht auf. Wegen eines Drehs hatte ich kurz darauf pinkrote Haare, dann wieder blond, dann braun, wieder blond und dann wegen meiner Rolle in *GZSZ* schwarz.

> Puh, nach meinem Ausstieg bei *GZSZ* wusste ich nicht mal mehr, was meine natürliche Haarfarbe war. Als Kind war ich brünett gewesen, doch mittlerweile war ich dunkelblond geworden. Aber ich hatte acht Jahre lang meine Haare gar nicht im Originalzustand gesehen!
>
> Worauf ich hinauswill: Denke lieber vorher nach, bevor du etwas mit deinen Haaren machst. Das kann echt dumm enden oder ein endloses Desaster werden!

Heute weiß ich, dass es einfach zur Pubertät dazugehört, manchmal völlig schräg, verschossen und peinlich herumzurennen. Wir sind so mit unserem Körper und dem ganzen Kopfkino beschäftigt, dass wir optisch nicht immer voll den Durchblick haben. Wenn wir dann noch irgendwelchen Idealen nacheifern, denen wir aber nicht im Entferntesten ähnlich sehen, kann unser Outfit nur in die Hose gehen. Dass ein Model mit überlangen Beinen und großen Brüsten in 'nem Babydoll gut aussieht, ist klar. Aber ein kleiner Mensch sieht damit einfach nur bescheuert aus. Er hat keine Brüste, dafür aber einen dicken Bauch und kurze Beine. Natürlich ist es absolut okay, bestimmten Modetrends zu folgen, doch solltest du immer schauen, ob es zu dir passt.

Bist du zum Beispiel klein, solltest du dich optisch nicht noch kürzer machen. Ein No-Go sind Oberteile, die dir fast bis zu den Knien reichen. Wenn du dazu auch noch flache Stiefel anziehst, staucht das deinen Körper enorm. Ganz schlimm finde ich auch Ballerinas. Die sind voll in, ich weiß, aber ich finde sie für kleine Menschen (für große eigentlich auch) überhaupt nicht sexy. Ich kenne übrigens keinen Jungen, der die Treter geil findet. Du kriegst nicht nur Plattfüße mit den Dingern, du siehst dazu auch noch aus, als hättest du riesengroße Flunderfüße – wie der Fisch, der zwar lecker ist, aber einfach potthässlich. Außerdem machen dich diese Schuhe nicht gerade schlank und groß, sondern eher klein und fett.

Wenn du zu den langen, schmalen Gestalten gehörst, lass dir ja niemals einreden, dass du ALLES tragen kannst. Es gibt so viele Dinge, die an schlanken beziehungsweise dünnen Menschen einfach nur bescheuert aussehen. Dazu gehören in erster Linie Kleider ohne Taille. Die hängen nämlich an einem wie Säcke. Ebenso sind zu kurze T-Shirts oder Pullover einfach der totale Mist und auch Jeanshosen, die einen noch platteren Po machen, als man vielleicht eh schon hat.

Dass ich viele Modesünden während meiner Pubertät mitgenommen habe, ist dir sicher schon aufgefallen. Keine Ahnung, was mich da geritten hat, aber es war wohl so, dass ich pauschal gegen alles und jeden sein und mich eben total von allen anderen abgrenzen wollte.

> **Sarah:** Lass bitte niemals irgendwelche Idioten dein Styling negativ beeinflussen!! So ein Blödmann, von dem du später noch lesen wirst, hat in der siebten Klasse zu mir gesagt, dass meine Augenbrauen sicher irgendwann zusammenwachsen würden, so wie die aussähen! Das war natürlich kein bisschen wahr!!! Doch ich war so blöd und habe mich echt vor den Spiegel gestellt und an meinen Augenbrauen rumgezupft!!! Seitdem sind meine Haare an der linken Augenbraue nie wieder nachgewachsen!
>
> Also: Falls du auf ähnlich dumme Ideen kommen solltest und dir deine Haare für die Ewigkeit entfernen willst, frage lieber vorher mal 'ne Freundin, ob die das auch so sieht. Ich werde heute ständig von Maskenbildnerinnen gefragt, wo meine Haare hin sind. Echt total blöd.

Besonders heikel ist aber immer noch die Sache mit den Kopfhaaren. Da kannst du echt die miesesten Nummern bewerkstelligen. Um dich vor einigen zu warnen, besonders hinsichtlich der Wahl von Färbungen und Tönungen, folgen nun ein paar Tipps:

- Sich die Haare blond zu färben ist absolut okay, solange es nicht wasserstoffblond ist. Das sieht echt nicht gut aus, außerdem brechen deine Haare ab. Die Chemiekeule sorgt dafür, dass sie trocken und spröde werden und dann ausfallen!!!! Besser ist es, wenn du dir blonde Strähnen machen lässt, die einfach gesünder für die Haare sind und dazu noch natürlicher aussehen.

- Achte immer darauf, dass deine gewählte Haarfarbe auch zu deinen Augen und zu deinem Typ passt. Rot sieht bei sommersprossigen Mäuschen und blauen oder grünen Augen gut aus. Bei dunklen Hauttypen und Menschen mit braunen Augen geht Rot aber gar nicht. Natürlich kommt es auch immer sehr auf das Rot an. Ein Feuerwehr- oder Pumucklrot ist eher schwierig und ruft die Modepolizei auf den Plan.

- Schwarze Haare passen hammergeil zu blauen Augen! Die bekommen so nämlich noch mehr Ausdruck. Bei der Wahl des richtigen Tons gilt: Niemals Blauschwarz, das wirkt unnatürlich und kalt. Gut dagegen ist ein Braun- oder Rotschwarz.

- Tja, und was soll ich dir zum Thema Regenbogenfarben sagen? Die Wahrheit, die Eltern aber sicher nie verstehen werden: Das ist genau das Richtige für die Pubertät, denn wenn nicht jetzt, wann dann?! Als Omi oder noch schlimmer als Mutti kannst du nicht mehr ausprobieren, wie du mit lila, blauen oder bunten Haaren aussiehst. Nur von Grün rate ich dir ab, das sieht immer aus wie Schimmel!

- Generell gilt: Wenn möglich, nur selten fönen. Gerade bei langen Haaren ist eine Spülung nach jedem Waschen ein absolutes Muss und alle paar Tage eine Kur. Lange Haare sind echt toll, wenn sie aber unten total splissig sind, muss leider ein Teil ab. Lieber einmal fünf Zentimeter weg als dann irgendwann die ganze Mähne!!! Spliss frisst sich nämlich immer weiter nach oben.

- Extensions können helfen, wenn man ganz dünne oder sehr kurze Haare hat und lieber dicke oder lange hätte. ABER: Die Dinger sollten niemals aus Kunsthaar sein. Das sieht nämlich bescheuert aus – und auch, wenn man die Knüpfstellen überall sieht. Leider kosten richtig gute Extensions ein Vermögen und schädigen deine echten Haare. Investiere daher lieber ein bisschen Zeit in eigene lange Haare oder einmal in einen Top-Friseur, der dir bei »Problemhaaren« (zu dünn, zu kraus, zu trocken, zu »weiß nicht was alles«) effektive Tipps geben kann.
- Außerdem ist es eh komisch, wenn ein Typ in deine Haare fasst und fragt: »Was hast 'n da?«

Qualmen, saufen & Einen durchziehen

Erste Erfahrungen mit Drogen

»Keine Macht den Drogen.« Während meiner Schulzeit klebte dieser Slogan überall. Die Kampagne wurde 1990 ins Leben gerufen und an allen Schulen fanden Aufklärungsbesuche statt, bei denen uns gesagt wurde, wie gefährlich Rauchen, Drogen und Alkohol sind und was sie in unserem Körper anrichten können. Und vor allem, dass wir sie gar nicht brauchen würden, um Spaß und Freude am und im Leben zu haben.

Artig saßen wir alle in unseren Schulbänken und machten freundliche Gesichter. Dabei gingen die Ausführungen des Typen da vorne zum einen Ohr rein und zum anderen wieder raus. Wir waren doch weder Alkoholiker noch Kettenraucher und erst recht keine Junkies!!!

Ja, wir wissen natürlich, dass Alkohol auch eine Droge ist, und ja, wir wissen, dass er nicht gesund ist. Aber ganz ehrlich, ausprobieren wollen wir ihn dennoch. Und zwar selber. Das ist ein bisschen wie mit der heißen Herdplatte. Davor haben uns unsere Eltern auch bewahren wollen, aber um zu kapieren, wie das Gefühl ist, wenn man sich die Pfoten verbrennt, mussten wir es erst selber erleben.

Wilma: Wie Alkohol wirken kann, musste ich ziemlich unschön erfahren. Ich war 16 Jahre alt und wir feierten Silvester bei einer Freundin. Da wir auch dort schlafen durften, konnte ich Sekt trinken, ohne darüber nachdenken zu müssen, dass meine Eltern meine Fahne beim Abholen riechen würden. Was soll ich sagen – ich tat es auch. Und leider ein bisschen zu viel, ein bisschen sehr zu viel ... Ach Scheiße, einfach ZU VIEL. Ich war bereits vor Mitternacht so betrunken, dass ich kaum noch gerade gehen konnte. Aber alleine bei meiner Freundin lassen wollten mich die anderen auch nicht. Also wurde ich links und rechts untergehakt und mit auf die Straße geschleppt. Tja, und dann ging der Spießrutenlauf los. Die Eltern meiner Freundin und auch die anderen Erwachsenen durften natürlich nichts von meinem Rausch erfahren, hätten sie doch sofort meine Eltern angerufen, damit die mich abholen kommen. Also wurde ich von meinen Freundinnen von hinten festgehalten, sodass ich artig allen die Hand schütteln konnte. Shit, ging es mir dreckig, aber irgendwie überlebte ich die halbe Stunde. Danach wurde ich direkt ins Bett gebracht. Übergeben habe ich mich in dieser Nacht nicht, aber sterben hätte ich dennoch gewollt.

Ich weiß nicht, ob du schon einmal Alkohol getrunken hast und damit das Gefühl bereits kennst, wenn plötzlich alles irgendwie leichter, einfacher und lustiger erscheint. Ich müsste auch an dieser Stelle wieder lügen, wenn ich sagen würde, Alkohol macht das Leben nicht ein wenig entspannter. Zumindest für ein paar Stunden oder Augenblicke hat man das Gefühl, dass alles leichter geht. Plötzlich traut man sich Dinge, die man vorher nicht einmal in Betracht gezogen hätte. Plötzlich sind schlechte Noten und auch das nervige Elternhaus ganz weit weg. Da hinterfragt man dann auch nicht mehr, warum das so ist. Es ist eben so. Wenigstens für diesen einen Augenblick ...

Alkohol ist die Droge, unter deren Einfluss wir Halb-Erwachsenen am meisten Mist bauen, und auch die, von der einige – und es werden immer mehr – während des Wachsens abhängig werden. Vielleicht wirst du nun sagen: »Süchtig, das kann mir niemals passieren. NIEMALS.« Das Problem mit Alk ist, er ist so einfach zu bekommen. Kaum eine Kassiererin oder ein Kassierer im Supermarkt oder Kiosk fragt nach dem Ausweis. Und wenn es einmal Probleme gibt, kennt doch jeder von uns einen 18-Jährigen, der für uns den Einkäufer gibt. Gegen welchen Gefallen auch immer.

Manchmal sind es sogar unsere eigenen Eltern, in deren Beisein wir zum ersten Mal mit Alkohol in Kontakt kommen. Oft lassen sie einen auf Familienfeiern, an Silvester oder zu Geburtstagen am Glas nippen oder drücken dir dein erstes Bier in die Hand. Ich jedenfalls muss ehrlich zugeben, dass ich meinen ersten Schluck lange vor dem Alter probiert habe, in dem ich es eigentlich hätte tun dürfen; offiziell ist dies nämlich mit 16 Jahren.

Ein weiterer Vorteil, so sagen viele junge Menschen, am Alkohol sei, dass er neben der Lockerheit vor allem für einige Stunden alles andere, was uns in dieser Zeit so unheimlich auf den Keks geht, vergessen macht. Manche saufen sich ganz bewusst am Wochenende ins Koma. 2009 waren 26.000 (!!!!!) Jugendliche wegen zu hohem Alkoholkonsum in Deutschland im Krankenhaus. 26.000, das bedeutet jeden Tag etwa 71!!!

Warum tun junge Menschen das? Bei einer solchen Zahl ist die Frage, die in der Regel von Erwachsenen gestellt wird, sicher erlaubt. Ich muss ehrlich sein, ich weiß es nicht. Bewusst und mit Absicht habe ich mich noch nie in einen Vollrausch getrunken. Aber auch, dass ich es nicht wollte, wenn es mal passiert ist, macht es nicht besser. Die Antwort auf die Frage »Warum?« geben viele junge Menschen sogar ganz bereitwillig: »Weil es cool ist«, »Weil es alle tun«, »Weil man in Stimmung kommt«, »Weil der, der am meisten verträgt, ein King ist«. Weil, weil, weil ... Nur eine Begründung habe ich bislang noch nie gehört oder gelesen: »Weil der Alkohol so gut schmeckt.«

Harter Alkohol wie Wodka, Whisky oder Jägermeister wird mit allem Möglichen gemischt, damit er überhaupt genießbar ist. Gleiches passiert mit Bier und Prosecco. Die Industrie hat darauf natürlich reagiert und stellt das Zeug schon fertig gemixt ins Regal. Alkopops und Mischgetränke sind der absolute

Renner, weil sie eben nicht nach purem Alkohol schmecken, sondern nach Cola, Limo, Fanta oder irgendeiner leckeren Frucht.

Doch bis zu welcher Grenze ist Alkoholkonsum noch okay und wann wird es krankhaft oder eben eine Sucht? Einige von uns sehen täglich, wie Mama am Abend ein Glas Wein trinkt, um den stressigen Alltag zu vergessen, und Papa ganz selbstverständlich zwei Flaschen Bier vor dem Fernseher vernichtet. Ist das dann noch normal oder auch schon eine Sucht? Hinzu kommt, dass unsere Vorbilder wie junge Schauspielerinnen und Musikerinnen doch auch ständig mit Gläsern und Flaschen in der Hand abgelichtet werden. Einige von ihnen machen sogar Werbung für das Zeug – zum Beispiel Paris Hilton und ihr Dosenprosecco.

Auch hier musst du dich einfach selber fragen, wer du sein und wo du hin willst! Es ist ähnlich wie mit deinem Essverhalten. In der Pubertät stellst du viele Weichen für dein Leben. Was du dir jetzt angewöhnst, kannst du dir später nur sehr schwer wieder abgewöhnen. Das heißt: Wenn du jetzt schon jeden Abend Alkohol trinkst, wirst du es später erst recht tun und wahrscheinlich auch noch mehr, da sich dein Körper an den Alkohol gewöhnt oder ihn im schlimmsten Fall schon braucht. Daher meine Bitte an dich: Wenn Alkohol, dann bitte in Maßen!!! Und versuche, dich dabei immer unter Kontrolle zu haben!!! Sonst wirst du später echt Probleme bekommen, vielleicht sogar abhängig werden. In Deutschland sind knapp 1,3 Millionen Menschen alkoholabhängig und bei weiteren 2 Millionen liegt Alkoholmissbrauch vor!!

Wenn du heute auf einer Party bist und ein bisschen Alkohol trinkst, kannst du dir sicher nicht vorstellen, irgendwann mal zahnlos und lallend mit einer Einkaufstüte auf einer Parkbank

LEBENSWELT 2

zu sitzen. Aber ich möchte an dieser Stelle erwähnen, dass es dir passieren kann, wenn du jetzt schon maßlos trinkst. - Natürlich ist meistens noch mehr schiefgegangen, wenn du als Erwachsene auf der Straße leben musst und alkoholkrank bist. Aber wer bereits in jungen Jahren mit dem Saufen anfängt, ist eher gefährdet.

Es wäre natürlich auch absoluter Schwachsinn, wenn ich dir jetzt sagen würde, dass du NIEMALS Alkohol trinken sollst. Denn irgendwann wirst du ganz automatisch damit konfrontiert werden. Daher möchte ich dich einfach bitten, dich beim Konsum an ein paar Regeln zu halten:

- Trinke niemals, wenn du traurig bist! Sonst gewöhnst du dir an, dich zu betäuben, anstatt dich mit deinen Problemen auseinanderzusetzen. Ganz schnell rutscht man so in eine Sucht ab und irgendwann findet man immer einen Grund zum Trinken – und sei es nur schlechtes Wetter.
- Trink dich nicht mit Absicht in einen Vollrausch.
- Vermeide Trinkwettkämpfe und Flatratesaufen und meide Orte, an denen so etwas stattfindet.
- Wenn du nichts trinken möchtest, dann lass dich nicht von anderen dazu drängen. Egal was sie sagen!
- Lass dich niemals abfüllen!
- Steige niemals zu einer Person ins Auto, die getrunken hat.
- Wenn du abends auf eine Party gehst und klar ist, dass du Alkohol trinken wirst, achte darauf, vorher gut zu essen. Während der Party solltest du auch immer mal eine Cola oder ein Glas Wasser trinken.

Selbst wenn du versuchst, dich an diese Dinge zu halten, wird es dir irgendwann einmal passieren, dass du zu viel getrunken hast. Auch das ist total normal, weil du noch nicht einschätzen kannst, wie der Alkohol auf deinen Körper wirkt. Wenn du merkst, dass es einfach zu viel war, bitte deine Freunde, dir zu helfen und dich nach Hause zu bringen. Oder noch besser: Rufe deine Eltern an. Auch wenn es das Letzte ist, was du in diesem Augenblick tun möchtest. Klar hast du Angst vor dem Stress, den du damit auslöst, und willst dir das lieber ersparen. Aber bevor du in einer Bar, in einem Club oder auf einer Fete auf dem Klo liegst oder noch schlimmer: irgendwo in der Ecke, lass dich lieber sicher nach Hause bringen oder nach Hause holen.

Genauso wie Alkohol testen eigentlich alle Kids oder Teenies irgendwann einmal, wie das mit dem Rauchen ist. Einige bleiben dann dabei, andere finden es bereits beim ersten Mal so ekelhaft, dass sie es niemals wieder tun.

Wilma: Ich habe mit 16 Jahren das erste Mal geraucht. Oder besser: Ich habe einige Zigaretten hintereinander weggepafft. Danach ist mir so schlecht geworden, dass ich die ganze Nacht über auf dem Balkon gehockt habe und am liebsten gestorben wäre. Mann, war das ekelhaft. Leider war ich damals auch wieder zu Besuch bei einer Freundin und konnte ja nicht deren Badezimmer in Beschlag nehmen, sodass ich mich Minute um Minute zusammengerissen habe, damit ich mich nicht übergeben musste. Als es dann endlich Morgen geworden war, habe ich wie ein Häufchen Elend am Küchentisch gehockt und mich in Grund und Boden geschämt. Das Ganze war mir so peinlich und vor allem wollte ich nie, nie, nie, nie wieder so ein ekelhaftes Gefühl im Mund, Bauch und in der Kehle haben. Deshalb habe ich bis heute nie wieder eine Zigarette angefasst.

Rauchen hat echt nichts mit Genuss oder anderen positiven Dingen zu tun, sondern ist eine verdammt schlechte und ungesunde Angewohnheit. Und egal aus welchem Grund man damit anfängt, es ist einfach nur bescheuert. Das Laster wieder loszuwerden ist nicht wirklich einfach. Raucher sind auch nicht cool, wie du vielleicht denkst. Als Raucher hast du gelbe Zähne, einen widerlichen Atem, du schadest deiner Gesundheit und vor allem gibst du einen Haufen Kohle aus, mit dem du so viele andere schöne Dinge tun könntest. Außerdem ist Rauchen nur ein Zeitvertreib, denn mal ehrlich: Was hat man vom Rauchen? Ich glaube, kein Raucher kann dir darauf eine gute Antwort geben!

Wenn du bereits Raucher bist oder dann und wann mal eine Zigarette mitrauchst, dann ist das dein Ding. Klar. Aber ich kann dir nur raten: Höre schnell wieder damit auf. Und zwar jetzt. Denn je länger du dabei bleibst, umso schwieriger wird es, ein Ende zu finden, und umso mehr schadest du nicht nur deiner Gesundheit, sondern auch deinem Aussehen!!! Wie, was, meinem Aussehen?! Ja, noch kannst du dir nicht vorstellen, dass die eine Zigarette am Tag oder auch die zwei oder drei dir schaden, aber so ist es. Raucher altern schneller und bekommen eher Falten. Deine Haut wird runzlig und dazu über die Jahre grau. Schau dir einfach mal ältere Menschen an. Die mit den gelben Fingern und dem ständigen röchelnden Husten. Die haben auch einmal gedacht: Ich doch nicht!!!!

Wenn du noch zu den Nichtrauchern gehörst, fange erst gar nicht damit an! Lass dich auch nicht in der Gruppe dazu drängen oder von sonst irgendwem! Heutzutage ist Rauchen voll out! Zudem garantiere ich dir, dass du auch bei deinen Eltern weniger durchsetzen kannst, wenn du mit dem Rauchen beginnst. Einige Eltern honorieren es sogar mit einer Belohnung, wenn man niemals mit dem Rauchen beginnt. Eine Freundin von mir hat damals von ihrem Vater den Führerschein bekommen, weil sie bis zu ihrem 18. Lebensjahr nicht mit dem Rauchen angefangen hatte! Vielleicht ist das auch ein Anreiz für dich?!

Alkohol und Zigaretten gehören in fast allen Ländern zu den sogenannten legalen Drogen. Das bedeutet, es sind Rauschmittel, die du offiziell kaufen kannst und die nicht vom Gesetz verboten sind. Anders sieht es da bei harten Drogen aus.

Wilma: Ich selber habe niemals irgendwelche harten Drogen probiert, wahrscheinlich auch deshalb, weil ich in einem kleinen Dorf aufgewachsen bin und das dort Gott sei Dank nicht verbreitet war. Bei uns gab es auf Partys Alkohol und Zigaretten und das war es dann. Nicht, dass das besser wäre, aber ich habe später Menschen kennengelernt, die in jungen Jahren Erfahrungen mit Drogen gemacht hatten und es leider nicht geschafft haben, davon loszukommen. Oder die es leider gar nicht geschafft haben ...

Das Problem ist, anders als beim Alkohol oder Rauchen, dass Kokain, LSD und dieser ganze andere Scheiß dich bereits nach dem ersten Konsumieren abhängig machen können. Und noch schlimmer ist, dass dauerhafter Konsum in vielen Fällen tödlich endet.

Ich hoffe, dass das Thema Drogen in deinem Leben keine Rolle spielt und es auch niemals tun wird. Dazu möchte ich auf gar keinen Fall den Moralapostel geben und dir nun einen Vortrag darüber halten, was Drogen alles mit deinem Körper machen können. In der Regel bekommst du das ja in der Schule oder von deinen Eltern erzählt und liest auch ständig davon in Zeitschriften und Magazinen. Daher werde ich dir an dieser Stelle keinen ausschweifenden Bericht über verschiedene Arten von Drogen und ihre Wirkungen geben, sondern möchte einfach kurz sagen: Bereits einmal kiffen oder koksen ist gefährdender Drogenkonsum. Da spielt es keine Rolle, ob du das dann und wann mal machst oder regelmäßig.

Immer wieder hört man von Jugendlichen: »Aber ich kiffe doch nur ab und zu mal. Ich bin deshalb doch noch nicht abhängig.« Andere finden es total normal, am Wochenende mal eine Pille einzuwerfen, denn auch das sei doch normal in der heutigen Zeit und sie könnten jederzeit damit aufhören …

Ja, vielleicht können sie das, vielleicht aber auch nicht. Und irgendwann muss es dann mehr als ein Joint oder eine Pille sein, damit man gut drauf ist. Und dann konsumiert man nicht mehr nur im Club oder beim Weggehen, sondern zu Hause oder zusammen mit der Clique …

Drogen sind Drogen und Drogen machen süchtig. Daher möchte ich abschließend zu diesem Thema nur noch einmal abschreckend aufschreiben, was der Konsum im schlimmsten Fall mit dir und aus dir machen kann:

Manche Drogen unterdrücken Hunger und Durst. Dein Körper trocknet aus und das kann zu Kreislaufversagen, Schlaganfall, Lähmungserscheinungen, Leber- und Nierenversagen führen. Dauerhafter Konsum kann psychisch abhängig machen und deine Nerven im Gehirn dauerhaft schädigen sowie Psychosen und Schlafstörungen hervorrufen. Du kannst Stimmungsschwankungen, Depressionen, Panikattacken und Ängste bekommen und dich allein, verwirrt und traurig fühlen. Dein Zahnfleisch baut sich ab und dir fallen die Zähne aus, deine Haare eventuell auch. Deine Persönlichkeit verändert sich, du bist nicht mehr du selbst.

Letztendlich kann ich dich nicht davon abhalten, deine eigenen Erfahrungen zu machen oder machen zu wollen, ich kann dich einfach nur bitten, es bleiben zu lassen. Und das tue ich an dieser Stelle noch einmal:

Sarah: Tue es nicht, bitte.

Wilma: Tue es nicht, bitte.

DIE RICHTIGE MISCHUNG MUSS ES SEIN

**Charakterentwicklung – ich entscheide,
was für ein Mensch ich werden möchte**

Das Beste am Leben ist, dass man sich eigentlich jeden Tag neu erfinden kann. Dass man erreichen kann, was man möchte, und dass man für alles, was man tut und fühlt, selber verantwortlich ist. Ganz nach dem Pippi-Langstrumpf-Prinzip »Ich mache mir die Welt, wie sie mir gefällt«.

Jetzt dreht sie durch, denkst du vielleicht gerade. Oder aber auch: Ja, wenn ich Schauspielerin oder Autorin wäre, dann hätte ich auch viel, viel, viel mehr Möglichkeiten. Dann könnte ich sicher auch tun, was mir gefällt. Wenn ich dann vor allem noch gut aussehen würde, hätte ich es auch viel einfacher. Bei allem.

Lange habe ich auch so gedacht, aber ganz ehrlich: Ich bin doch nicht als Schauspielerin und Autorin auf die Welt gekommen. Ich habe ganz normale Eltern und Geschwister, mit denen ich sicher nicht immer einer Meinung bin. Ich habe zwei Arme, zwei Beine und einen Kopf, ich hatte mit Gewichtsproblemen zu kämpfen, ich war nicht immer gut in der Schule, ich wurde von Freunden und Freundinnen ausgenutzt und betrogen. Ich bin ein Mädchen, wie du es bist, nur dass ich eben schon ein paar Jahre mehr Zeit hatte, mich zu (er-) finden. Und sagen wir mal so: Ich bin zwar mittlerweile bei mir angekommen, aber sicher habe ich noch nicht alle meine Ziele erreicht. Denn mit jedem Ziel, das du schaffst, kommt der Wunsch, noch mehr und mehr und mehr zu schaffen. Aber das ist auch gut so, so bleibst du nicht stehen und das Leben wird nie langweilig.

Sarah: Das Wichtigste ist, dass du dich traust, dir Ziele zu setzen. Am besten teilst du sie in Kurzzeit- und Langzeit-ziele ein. Damit meine ich: Wenn du ein großes Ziel hast, auf das du lange hinarbeiten musst, dann setze dir vorher ganz viele kleine Ziele. So hast du auf dem Weg zum gro-ßen Ziel immer wieder Erfolgserlebnisse. Und das spornt an – aber so was von!! Hier ein Beispiel: Mal angenommen, du willst Schauspielerin werden. Dann ist klar: Du kannst nicht einfach dasitzen und darauf warten, dass der Job für dich vom Himmel fällt. Sei ehrlich, du weißt selber, dass das keinen Sinn ergibt. Also: Versuche doch erst einmal, in eine Theater- oder Film-AG reinzukommen. Dort erhältst du einen Eindruck vom Schauspielen. Wenn es dir gefällt, kannst du dir ein weiteres Ziel setzen. Das kann sein, dass du versuchst, privaten Schauspielunterricht zu bekommen, oder dass du dich an einer Jugendtheaterbühne bewirbst. All dies sind Dinge, die dich deinem Ziel, Schauspielerin zu sein, näher bringen. Und du sammelst Erfahrungen und lernst Menschen aus der Branche kennen.

Genauso verhält es sich mit jedem Ziel, das du hast. Je größer und weiter weg es ist, umso mehr kleine Zwischen-ziele musst du dir setzen. Und weil du so damit beschäftigt

> bist, auf diese kleinen Ziele hinzuarbeiten, wirst du plötzlich
> überrascht aufblicken und sehen, wie nah du dem großen
> Ziel schon bist!

So wie dein Körper sich in der Pubertät verändert, so verändert sich auch dein Inneres. Was in deinem Hirn passiert, habe ich dir ja schon erzählt. Und auch, dass sich deine ganze Gefühlswelt neu ordnet und du eine neue Sicht auf die Welt bekommst. Das ist unheimlich spannend und macht viel Spaß, wenn du das ganz bewusst tust – im wahrsten Sinne des Wortes eben Selbstbewusstsein entwickelst.

Was ich damit meine? Eben das, was das Wort schon sagt: sich selbst bewusst werden. ;-) Als einziges Lebewesen auf der Erde können wir nämlich denken und vor allem urteilen. Wenn wir nun aber schlecht über uns selber denken und alles, was wir tun und wer wir sind, als mies beurteilen, dann wirkt sich das negativ auf unser Leben aus. Wenn wir uns klein, hässlich und nichtssagend fühlen, dann macht uns das auf lange Sicht traurig und wir verzweifeln. Das wird noch schlimmer, wenn andere Menschen uns in unserem Gefühl, nichts wert zu sein, unterstützen.

Leider wirst du in deinem Leben immer Menschen treffen, die genau das probieren werden. Deshalb ist es auch so wichtig, dass du selber gut von dir denkst und Selbstbewusstsein hast. Dann können dir die doofen Sprüche von anderen nämlich nichts oder nur wenig anhaben. Gleiches gilt natürlich bereits jetzt, denn auch du wirst Menschen in deiner Umgebung haben, die schlecht über dich reden. Solche Idioten gibt es leider überall, besonders in der Schule rennen sie in Massen rum.

Warum sie das tun? Viele Menschen machen andere schlecht, um sich selber besser zu fühlen. Weil sie so unzufrieden mit sich sind, versuchen sie alles, damit es anderen auch so geht – oder am besten noch schlechter. Dann fühlen sie sich nämlich besser. Das klingt ganz schön krank, aber viele machen das nicht einmal bewusst. Behalte das also stets im Hinterkopf und viele blöde Sprüche prallen einfach an dir ab. Denn das Problem bist nicht du, sondern der oder die andere hat echt mal richtig Sorgen.

Ein Beispiel gefällig? Nehmen wir mal ein Mädchen aus deiner Klasse. Es hackt die ganze Zeit wirklich unbegründet auf dir rum. Du kannst dir sicher sein, dass sie nicht wirklich ein Problem mit dir als Person hat, sondern einfach nur mit sich selber. Vielleicht fühlt sie sich auch von dir bedroht, weil du von Natur aus total nett bist oder viel hübscher oder dich besser mit dem Typen verstehst, auf den sie gerade steht. Du siehst, es gibt viele Möglichkeiten, warum jemand blöd zu dir ist. Deswegen ist es so wichtig, dass du dir selbst bewusst wirst. Wenn du das nächste Mal angegriffen wirst, überlege einfach, warum der andere das tut, und suche nicht gleich den Fehler bei dir. Vielleicht stellst du einen der oben genannten Gründe fest und plötzlich ist der blöde Spruch nur noch das, was er ist: ein blöder Spruch.

Aber zurück zum wichtigsten Menschen: zu dir. Auf dem Weg zur Selbstfindung durchlaufen wir eigentlich alle die gleichen Phasen. Zuerst stellen wir uns drei Fragen:

1. Wer bin ich?
2. Wer möchte ich sein?
3. Für wen hält man mich?

Um die Antwort auf die erste Frage zu erhalten, betrachten wir uns zuerst einmal von außen: Wie sehe ich aus? Und damit haben wir das erste Problem. Da sich unser Körper ja gerade umbaut und das bekanntlich nicht gerade gleichmäßig und immer mit den richtigen Proportionen, finden wir uns im Moment einfach mal pauschal nicht schön oder eben nicht richtig. Da tröstet es auch nicht, wenn ich dir nun sage, dass sich irgendwann alles zurechtwächst. Es geht um das Hier und Jetzt und da fühlst du dich nicht wohl in deiner Haut. Was also kannst du tun? Am besten nimmst du dir einen Zettel und schreibst auf, was du an dir magst. Vielleicht findest du deine Nase schön. Oder du magst deine Haare. Oder deine langen Beine. Schreibe einfach alles auf, was du an dir magst. Und dann schreibst du daneben, wie du diese Dinge betonen kannst. Wenn du möchtest, kannst du das auch gerne zusammen mit deiner besten Freundin tun. Es tut gut, von anderen gesagt zu bekommen, was an einem gut aussieht.

Und denke dabei immer daran: Selbst dein Lieblingsstar hat Makel, nur hat er genug Menschen um sich herum, die dafür sorgen, dass es keinem auffällt. Schauspielerin Kate Hudson hat beispielsweise Segelohren, Paris Hilton unheimlich lange und hässliche Füße (Größe 43), Vanessa Hudgens hat überdimensional große Zehen und Keira Knightley hat Vampirzähne! Ich wette, das ist dir alles noch nie aufgefallen, denn dein Blick wird einfach auf andere Dinge geleitet. Und genauso kannst du es auch machen. Betone die Dinge an dir, die du magst, dann fallen die anderen nicht so auf.

Du wirst sehen, du wirst dich gleich ein wenig besser in deiner Haut fühlen und es wird dir leichter fallen, zu erkennen, welche inneren Eigenschaften du besitzt. Vielleicht kannst du sehr gut singen oder tanzen oder wunderbar schreiben. Vielleicht bist du eine gute Zuhörerin oder deine Freundinnen

fragen dich oft um Rat, wenn sie Hilfe brauchen. Vielleicht bist du total lustig und weißt immer die besten Witze? Vielleicht steckst du mit deinem Lachen andere Menschen an? Vielleicht hast du immer die besten Ideen, wenn es darum geht, Vorschläge für den Nachmittag zu machen? Es gibt so unendlich viele Dinge, die du gut kannst. Denke einfach mal ein wenig darüber nach und freue dich über alles, was dir einfällt. Und dann schreibst du das alles auf einen Zettel oder auch in dein Tagebuch – am besten auf die erste Seite, damit du es jeden Tag siehst. Achte darauf, dass du noch ganz viel Platz lässt, sodass du immer, wenn dir etwas auffällt, dies noch darunter schreiben kannst.

Wie ich schon erwähnt habe, sind wir die einzigen Lebewesen, die denken können. Und das bedeutet auch, dass wir die einzigen sind, die Wünsche haben und Pläne entwickeln können. Und damit bin ich beim wichtigsten Punkt in diesem Kapitel angekommen. Was ich dir nun sage, musste ich selber erst einmal begreifen. Und das dauerte ziemlich lange. Ich bin ehrlich: Während meiner Pubertät habe ich das noch nicht getan. Dennoch möchte ich es dir hier einfach sagen und was du damit anfängst, liegt allein bei dir. Ebenso wie mit allen anderen Tipps und Infos, die ich dir in diesem Buch gebe.

Also, was ist nun das große Geheimnis? Achtung:

Du kannst jeder Mensch sein, der du sein möchtest.

Natürlich kannst du nicht die Freundin von Bill von Tokio Hotel sein – obwohl, auch das ist nicht undenkbar. Ebenso wird es schwierig, Heidi Klum oder Kristen Stewart zu sein. Das ist aber nur schwierig, weil es diese Menschen schon gibt. Und da kein einziger Mensch auf dieser Welt doppelt existiert – selbst Zwillinge und Mehrlinge sind eigenständige Personen –, kannst du zwar ganz ähnlich wie Heidi oder Kristen sein, aber du kannst nicht GENAU SO wie sie sein. Als Vorbild kannst du sie dir aber immer nehmen.

Wilma: Ich habe mir immer gewünscht, dass man mich mag. Ich wollte, dass alle Menschen mich gern haben. Deshalb war ich immer total nett zu allen. Aber irgendwie ging mein Plan nicht auf, denn nicht alle waren nett zu mir. Dabei gab ich mir soooo viel Mühe und steckte oft einfach zurück oder sagte nichts, wenn man gemein zu mir war, weil ich dachte: Sage lieber nichts, sonst finden dich die anderen doof. Na ja, jedenfalls rannte ich eine Weile so verpeilt durch die Welt und mir wurde oft wehgetan. Aber irgendwann begann ich, mal darüber nachzudenken, warum ich eigentlich wollte, dass mich ALLE mögen. Wenn ich ehrlich war, mochte ich doch auch nicht ALLE. An dem Tag begann ich, nach Menschen Ausschau zu halten, die ich mochte und bei denen ich das Gefühl hatte, dass sie mich mochten. Zu dem Rest war ich freundlich, aber eben nicht mehr nett bis zum Abwinken. Wenn jemand mir zeigte oder sagte, dass er mich nicht mochte, dann war das eben so und ich musste es akzeptieren. Aber es gab noch so viele andere Menschen, die ich mögen konnte und die mich auch echt gernhatten. Von diesen Menschen habe ich ganz viele gefunden und immer, wenn ich mich in meinem Freundeskreis und meiner Clique umschaue, freue ich mich darüber. Und auch wenn manchmal einer aus dem Kreis verschwindet, weil er vielleicht beschlossen hat, dass er mich nicht mehr mag, dann macht mich das zwar traurig, aber auch das akzeptiere ich. Außerdem habe ich ja die Chance, wieder einen neuen Menschen zu treffen, den ich mögen kann.

> **Sarah:** Mir ging es genauso wie Wilma, ich war auch immer nur damit beschäftigt, dass mich alle mögen sollten, und es hat bei mir ebenso wenig geklappt. Ich habe auch irgendwann verstanden, dass das nicht so funktioniert. Trotzdem falle ich manchmal noch in das Verhaltensmuster zurück und will allen und jedem gefallen und immer alles richtig machen.

Warum ist das so? Wir Menschen sind halt einfach sehr sozial. Deshalb ist es wichtig, sich dessen bewusst zu werden und Menschen zu finden, die einen so mögen, wie man ist. Ansonsten verschwendet man seine Zeit. Ich bin immer zu allen nett und trotzdem gibt es Menschen, die Schlechtes in mir sehen wollen. Na gut, dann ist das halt so. Es gibt ja Menschen, die sich dafür interessieren, wie ich wirklich bin, und es auch wissen. Das sind meine wunderbaren Freunde. :-)

Du kannst alle Eigenschaften haben, die du haben möchtest. Sicher gibt es Dinge, für die wir ein bisschen Talent mitbringen müssen, zum Beispiel fürs Singen, Tanzen oder für eine bestimmte Sportart. Aber bei vielen Dingen können wir uns aussuchen, ob wir sie haben möchten oder ob wir so sein wollen.

> **Sarah:** Ich habe immer versucht, an mir zu arbeiten, und tue es bis heute. Das ist auch unglaublich wichtig. Man muss immer entwicklungsfähig sein und ist niemals perfekt, sonst bleibt man im Leben stehen. Mir macht es Spaß, mich weiterzuentwickeln und immer mehr Fähigkeiten zu erwerben oder Schwächen abzulegen.

Schreibe doch auch mal in dein Tagebuch, was du gerne sein möchtest und welche Eigenschaften du ziemlich cool findest.

Dabei kannst du gerne alles aufschreiben, was deiner Meinung nach Heidi Klum, Lady Gaga – oder wer auch immer dein Vorbild ist – besitzen. Du kannst auch mal einen Tag lang eine dieser Eigenschaften ausprobieren und dann setzt du dich am Abend hin und schreibst auf, wie das so war. Über die Tage und Wochen wirst du so herausfinden, was du toll findest und was nicht. Ebenso wirst du merken, was dir vielleicht schwerer fällt oder was du nicht ganz so gut kannst. Es wird auch Dinge geben, die du gar nicht kannst. Aber auch das ist total okay!

Sarah: Ich kann überhaupt nicht zeichnen. Selbst ein Würfel ist für mich schon eine Riesenherausforderung, weil mein räumliches Vorstellungsvermögen einfach nicht so dolle ist – und das, obwohl meine Schwester und mein Vater super zeichnen beziehungsweise töpfern können. Ebenso bin ich keine unglaublich tolle Schwimmerin. Ich tauche und plansche für mein Leben gern, aber einmal quer über den See ist überhaupt nicht mein Ding. Mit meinen kurzen Ärmchen verdränge ich einfach nicht genug Wasser. Beim Basketballspielen bin ich auch eine totale Niete.

Viele Dinge, die ich nicht konnte, wie kochen, Geduld haben, ordentlich und organisiert sein, habe ich inzwischen erlernt. Gerade beim Geduldigsein und Ordnungmachen und -halten hing ich lange völlig hinterher. Meine Mama ist heute noch platt, wenn sie sieht, dass bei mir nicht mein kompletter Kleiderschrank in der Wohnung verteilt ist. Und öfter mal Staub wischen werde ich mir auch irgendwann noch angewöhnen. ;-)

Wie du siehst, kannst du ganz alleine bestimmen, wer und was du sein möchtest. Ganz ehrlich, ich finde das total

BODY & SOUL

toll! Wir haben die Wahl! Wir sind nicht so, wie man es uns sagt, sondern können entscheiden, wer wir sein wollen.

Während deiner Selbstfindungszeit kannst du auch wieder deine Eltern mit einbinden, wenn du das möchtest. Frage sie doch mal, was sie an dir mögen und was sie nicht so toll finden. Oder woran du ihrer Meinung nach noch ein bisschen »arbeiten« kannst. Wenn du sie fragst, tue das aber besser in einem ruhigen Moment, zum Beispiel abends am Küchentisch. Wenn du deine gestresste Mutter nach der Arbeit oder beim Einkaufen befragst, werden ihr garantiert nur Dinge einfallen, die sie nicht so toll findet.

Aus dieser ganzen Mischung von Eigenschaften entsteht am Ende ein großes Ganzes, und das bist dann DU. Über die Jahre wirst du dich immer mal wieder neu entdecken und neue Eigenschaften entwickeln. Dafür werden andere Dinge nicht mehr so wichtig sein. Genau das macht das Leben und deine Persönlichkeit so unglaublich spannend. Dein Leben ist selbstbestimmt – du kannst entscheiden, wer du bist. Deine Persönlichkeit resultiert aus deinem Leben und deinen Erfahrungen. Wenn du es beispielsweise von klein auf nicht anders kennst, als dass alle Menschen um dich herum immer alles für dich erledigen, kannst du ein fauler Mensch werden, weil du dich daran gewöhnst. Wenn du das aber erkennst und gar nicht faul sein möchtest, kannst du dich dagegen entscheiden und damit beginnen, deinen Kram selber zu erledigen. Wenn du erlebst, dass über dich gelästert wird, und dich das sehr verletzt, weißt du, wie sich das anfühlt. Diese Erfahrung hilft dir dabei, dich so zu verhalten, dass du andere nicht in die gleiche Situation bringst und versuchst, nicht über andere zu lästern. Und wenn du siehst, wie gern alle deine alte Nachbarin haben, weil sie jedem Menschen mit einem Lächeln und einem lieben Wort begegnet, erkennst du, wie Freundlichkeit auf die Menschen wirkt.

Und es gibt noch ganz viele andere Beispiele. Alles, was du erlebst, kannst du nutzen, um deine Persönlichkeit zu bilden. Man muss nämlich nicht alle Fehler selber machen, man darf auch manchmal abgucken. ;-)

> **Sarah:** Ich lebe nach dem Motto: »Fehler sind immer erlaubt, aber ich möchte sie nicht wiederholen.« Es ist in Ordnung für mich, wenn ich einen Fehler mache. Das ist einfach menschlich. Aber es ist mir furchtbar wichtig, dass ich die daraus gewonnene Erfahrung für mich nutze, denn nur so entwickle ich mich weiter. Stell dir mal vor, ich verbrenne mir die Finger an der Herdplatte und packe meine Hand aber trotzdem immer wieder drauf. Du würdest mich für bescheuert halten! Und das mit Recht. Genauso betrachte ich das Leben. Alles, was ich erlebe, ist wie die heiße Herdplatte. Wenn ich mit einer Handlung mir oder anderen schade, gebe ich mir Mühe, diese nicht zu wiederholen. Manchmal klappt das nach dem ersten Mal und manchmal erst nach zwei, drei Malen … Aber irgendwann lasse ich es ganz sein.

Da ich weder Psychologie studiert noch irgendeine Therapieausbildung habe, kann ich dir hier wirklich nur Tipps geben, die auf meinen eigenen Erfahrungen basieren. Oder eben darauf, dass ich andere Menschen beobachtet und an ihrem Leben teilgenommen habe. Es ist toll, wenn du einen Menschen in deinem Umfeld hast, von dem du selber sagst: »Den finde ich gut, den mag ich.« Dann kannst du dir bei ihm das ein oder

BODY & SOUL

andere abschauen und für dich übernehmen, wie beispielsweise die Freundlichkeit der Nachbarin. Vielleicht gibt es auch einen Star oder Promi, den du besonders gut findest, weil er so lustig, so sympathisch, so nett ist. Dann kannst du dir auch ein wenig von ihm abschauen. Oder du schreibst einfach mal auf, was der Top-Mensch deiner Meinung nach für Eigenschaften haben sollte. Mir fallen da spontan Hilfsbereitschaft, Ehrlichkeit, Freundlichkeit, Einfühlsamkeit, positives Denken, Treue und Humor ein und dass jemand ein guter Freund ist, andere Menschen achtet, respektiert und ein offenes Ohr für sie hat. Schreibe doch die Liste einfach mal weiter:

_____

_____

_____

_____

_____

_____

_____

Jeder von uns ist grundsätzlich ein guter Mensch. Und auch wenn du einen Fehler machst, bist du nicht sofort ein schlechter Mensch. Denn Fehler müssen wir alle machen, woraus sollen wir sonst lernen?!

Wilma: Ich habe schon so viele Fehler in meinem Leben gemacht, dass ich sie gar nicht mehr alle aufzählen kann. Und auch jetzt bin ich nicht fehlerfrei und werde es nie sein. Aber genauso wie Sarah versuche ich, aus meinen Fehlern zu lernen. Wichtig ist dabei, dass ich mir die Fehler eingestehe. Das habe ich nicht immer so gut gekonnt wie heute, kann es einem doch auch manchmal ziemlich peinlich sein. Aber wenn ich etwas verkehrt gemacht habe, dann stehe ich heute dafür gerade. Wenn jemand anderes betroffen ist und dieser Mensch durch mich einen Nachteil erlitten hat, dann entschuldige ich mich. Nicht in jedem Fall kann ich es spontan wiedergutmachen, aber ich versuche es und verspreche, dass mir so was nie wieder passiert.

Setz dir Ziele, die du erreichen möchtest. Gute Ziele können sein:

- ✓ Fleißig sein. Ich meine damit jetzt nicht, dass du zum Streber mutieren sollst, aber den ganzen Tag lang fernsehen und nichts tun ist schon ein bisschen faul und macht dick und hässlich. ;-)
- ✓ Freundlich sein. Ich mag freundliche Menschen total. Es gibt nichts Schlimmeres als Leute, die nicht mal ein »Hallo« rauskriegen. Ich grüße manchmal Menschen sogar doppelt und dreifach, weil ich nicht mehr weiß, ob ich's jetzt schon gemacht habe oder nicht. Doch lieber einmal zu viel als zu wenig.
- ✓ Lächeln, mindestens einmal am Tag. Das bringt nicht nur dir gute Laune, sondern auch allen anderen Menschen um dich herum. Probiere es einfach mal aus und lächle morgen früh auf dem Weg zur Schule einen fremden Menschen an. Du wirst sehen, er wird vielleicht im ersten Augenblick verwirrt sein, aber dann auf jeden Fall zurücklächeln.
- ✓ Positiv sein und positiv denken. Es gibt genug Menschen, die den Tag bereits mit einem miesen Gesicht beginnen. Sei eine Ausnahme – so wirst du sicher automatisch ganz viele andere positive Menschen anziehen.
- ✓ Zielstrebig sein. Je besser du dein Ziel kennst, desto schneller kannst du es erreichen. Schreibe dir daher detailliert auf, was du wie er-

reichen möchtest. Schaue dir diese Liste jeden Abend vor dem Ein-schlafen an und erinnere dich so daran. Lass dich außerdem nicht verunsichern, wenn andere sagen, du seiest eine Träumerin. Jeder kann selber entscheiden, was gut für ihn ist und was er erreichen will. Glaube immer an dich und ziehe dein Ding durch.

✓ Stark sein. Wirf nicht gleich die Flinte ins Korn, wenn mal was nicht so klappt, wie du es dir wünschst. Das Leben ist nun mal kein Pony-hof. Es lohnt sich, Dinge anzupacken und umzusetzen, auch wenn sie im ersten Augenblick vielleicht doof sind, nervig oder einfach bescheuert und in deinen Augen total unnütz. Wenn du es durch-ziehst, kannst du am Ende ziemlich stolz auf dich sein und schwupp sind sie wieder da, die guten Gefühle.

Das ist nur eine kleine Liste, die sicher nicht vollständig ist. Aber wenn ich schon die ganze Zeit sage, dass du DEIN Leben selber gestalten sollst, dann fang doch gleich mal damit an, indem du DEINE eigenen Ziele aufschreibst.

> »Die große Liebe ist IMMER etwas ganz Besonderes. Und genauso individuell, wie man selber ist, so einzigartig erlebt man sie auch.«

Lebenswelt 3: Liebe, Flirt & Sex

WARUM sich ÄLTERE JUNGs EINFACH bESsER ZUM SCHWÄRMEN EIGNEN

Unterschiede zwischen Jungen und Mädchen

Du findest die meisten Jungen aus deiner Klasse total unspannend?! Dafür sind die in der Jahrgangsstufe über dir echt extrem sexy? Oder findest du plötzlich, dass dein großer Bruder seine besten Freunde ruhig mal öfter mit nach Hause bringen könnte? All das ist total normal. Wenn wir anfangen, Jungen nicht mehr allein als Kumpel zum Spielen zu sehen, sind es häufig erst einmal ältere Typen, an denen wir Interesse zeigen. Der Grund dafür: Wir Mädchen kommen laut der zig Studien, die bereits zu diesem Thema existieren, ein bis zwei Jahre früher in die Pubertät als Jungen, so zwischen dem neunten und zehnten Lebensjahr. Damit ist aber nicht nur gemeint, dass unser Körper viel eher mit dem Umbau beginnt. Durch die vielen Hormone, die während dieser Zeit in unserem Körper Samba tanzen, ordnet sich auch unser Hirn neu – eben so, wie ich es dir im Kapitel »Am besten immer die besseren Argumente haben« kurz beschrieben habe. Und da wir mit unserer Veränderung viele Monate vor den Jungs anfangen, sind wir eben auch schneller fertig.

Wir lernen während der Pubertät immer mehr, wie Erwachsene zu denken, und eignen uns neue Eigenschaften an. Wir blicken ein wenig ernster und realistischer in die Welt und stellen dabei fest: Gleichaltrige Jungs sind in dieser Zeit psychisch und körperlich noch lange nicht so weit wie wir. Daher suchen wir uns eben Männer aus, die das auch schon sind: Männer. Und wenn du nun ein wenig rechnest und die ein bis zwei Jahre nimmst, von denen ich gerade sprach, dann sind es eben genau die Jungs, die eine oder zwei Klassen über uns sind, die wir interessant finden. Oder eben die Freunde vom großen Bruder.

Wilma: Schnell mal dazwischengerufen: Was aber nun, wenn du dich in einen viiiiiel älteren Mann verliebt hast? Dann hat das auch Gründe. Jedoch welche, die du sehr genau hinterfragen solltest. Nicht nur, dass ihr beide durch das Gesetz Probleme bekommen könnt, wenn er älter als 18 Jahre ist und du jünger als 16 Jahre bist. In der Regel suchen Mädchen, die sich in wesentlich ältere Männer »verlieben«, eine Art Vaterersatz.

Das klingt bescheuert, aber als Ältere darf ich das hier mal sagen. Daher bitte ich dich einfach: Stelle dir bitte einmal mehr die Frage, ob du den Mann wirklich liebst oder ihn doch mehr als Beschützer und Leitfigur siehst. Oder ob es vielleicht einfach nur darum geht, in der Clique besonders cool rüberzukommen. Natürlich ist es geil, wenn dein Freund dich im Auto von der Schule abholen oder dich mit in die Disco nehmen kann, aber um welchen Preis? Im seltensten Fall hat ein Mann wirklich Interesse an einer langfristigen Beziehung mit einem jungen Mädchen. Ihm geht es dann eher um sich selbst, will er sich doch beweisen, wie gut er noch bei den jungen Dingern ankommt.

Gleichaltrige Jungs geben leider oft Kommentare ab, bei denen wir uns fragen: Ticken die noch richtig?! Oder noch schlimmer: Sie tun Dinge, die einfach so was von daneben sind. Während wir eher nachdenklicher werden, setzen Jungs voll auf Risiko. Grund dafür ist wieder mal unser Gehirn und die Veränderungen, die dort während der Pubertät passieren. Sie unterscheiden sich nämlich zwischen Männchen und Weibchen. Bei den Jungs wächst zunächst der Hippocampus. Dieser ist verantwortlich für draufgängerisches Verhalten. Bei uns Mädchen dagegen reift zuerst die Amygdala, mit der wir Situationen wiedererkennen und emotional bewerten können.

Daher neigen Jungen in der Pubertät zu riskantem Verhalten. Sie protzen, provozieren und sind eher aggressiv. Und das in dieser Zeit ziemlich häufig, auch wenn es eigentlich um positive Gefühle geht. So zeigen sie auch ihr Interesse vor allem durch provokative Handlungen. Sie schubsen dich beispielsweise ins Wasser, wenn du ein weißes T-Shirt trägst. Sie boxen dir in die Seite, um auf sich aufmerksam zu machen. Oder aber sie drücken dir einen blöden Spruch. Auffallen um jeden Preis ...

Ich fand gleichaltrige Jungen während der Pubertät absolut bescheuert. Jedenfalls die, mit denen ich nicht befreundet war. Oft habe ich mich gefragt, wer denen das Hirn amputiert hat. Mir hat nämlich niemand das mit dem Umbau des Gehirns erklärt. Im Grunde konnte ich mir damals nicht mal vor-

stellen, dass die überhaupt eins haben. Ich habe mir so viele blöde Sprüche zu Herzen genommen und darunter ganz schön gelitten.

> **Sarah:** Bei mir wuchsen Brüste und Po ziemlich langsam und dazu kam, dass ich einfach körperlich nicht die Größte bin. Daher durfte ich mir auf dem Schulhof ständig hinterherrufen lassen: »Kein Arsch, kein Tittchen. Sieht aus wie Schneewittchen.« Mich hat das damals sehr getroffen, da ich ja selber gerne weiblicher und größer gewesen wäre. Aber was sollte ich tun?! Jahre später beichtete mir einer der Jungs, dass er mich damals eigentlich ziemlich toll fand, dies aber niemals hätte zeigen können (wegen Coolness und so). Deshalb hat er einfach beim blöden Gegröle mitgemacht und, damit nicht auffiel, dass er mich eigentlich mochte, am lautesten geschrien.

Während dieser Zeit haben Jungs zwei Beweggründe, dummes Zeug von sich zu geben. Erstens: Sie wollen cool sein und sich vor ihren Freunden wichtig machen. Je lauter sie schreien, je auffälliger sie rumhampeln, je risikoreicher ihr Tun, desto mehr wollen sie wahrgenommen werden. Und auch beim zweiten Grund geht es um Aufmerksamkeit. Jedoch reicht ihnen dann, dass eine Person sie wahrnimmt. Und zwar das Mädchen, das sie am lautesten bepöbeln oder in dessen Gegenwart sie sich besonders auffällig benehmen. Nimm dir also bitte die Sprüche nicht zu sehr zu Herzen. Die denken nämlich nicht darüber nach, was sie mit ihren bescheuerten Kommentaren anrichten. Aber weil wir eben zuerst unsere Gefühlswelt im Hirn ausbauen, sind wir da sehr angreifbar. Und statt zu begreifen, dass sie uns eigentlich näher kennenlernen möchten, sind wir überzeugt davon, dass sie uns einfach nur scheiße finde.

Sarah: Jedes Jahr fand an unserem Gymnasium der Abi-Streich statt. Als ich in der siebten Klasse war, fingen die Schüler an diesem Tag an, sich mit Wasserbomben und Wasserpistolen zu bespritzen (es war ja Sommer). Einige leerten sogar ganze Flaschen über anderen aus. Das war so lange witzig, bis ein paar Typen aus meiner und der Parallelklasse auf die glorreiche Idee kamen, mich, die ein weißes T-Shirt trug, von oben bis unten nass zu machen. Super: Plötzlich brüllten alle nur noch: »Nippelalarm!!!« Tolle Wurst, ich war grad mal 14 Jahre alt, habe jedes männliche Wesen in meiner näheren Umgebung abgrundtief gehasst und wollte im Erdboden versinken. Was gibt es Peinlicheres, als wie ein begossener Pudel in der Mitte des Schulhofs zu stehen und seine Nippel zu verdecken?!!

Doch dann kam mein Retter. Ein Junge, der mir vorher noch nie aufgefallen und der offenbar auch aus meiner Parallelklasse war. Er gab mir seinen ultrahässlichen grauen Fishbone-Pullover und sagte dabei bloß: »Hier.« Er sagte wirklich einfach nur: »Hier.« Mehr nicht! Sehr kreativ ... Trotzdem: Gott, war ich ihm dankbar!!!! Der Rest des Schultags war gerettet. Auch wenn mir schweinekalt war.

Ein paar Tage später gab ich ihm den Pulli gewaschen zurück, bedankte mich noch mal und alles war paletti. Danach hatten wir nichts mehr miteinander zu tun. Vorerst. Denn heute ist genau der Junge einer meiner besten Freunde. Aber das ist eine andere Geschichte ... Diese hier zeigt jedoch: Nicht verzweifeln, liebe Mädels, es gibt unter all den blöden Jungs auch wirklich nette Ausnahmen.

Das mit der Amygdala habe ich auch erst im Rahmen der Recherche zu diesem Buch gelesen. Ich wusste damals zwar nicht, wie das Ding heißt, das an meinen Gefühlswallungen schuld war, aber ich kann mich noch sehr gut an sie erinnern. Mein Vater, meine Mutter und der Rest der Familie garantiert auch. Ich war für sie total anstrengend.

Die Frage ist: Wie kriegt man seine Gefühle in der Pubertät irgendwie in den Griff? Die Antwort darauf: GAR NICHT. Ich würde dir gerne etwas anderes sagen, aber das wäre nicht fair. Denn so ist es nun einmal nicht. Man muss leider einfach damit leben und hoffen, dass es schnell vorbeigeht. Aber vielleicht hilft es dir, wenn du nun weißt, dass deine Gefühle gerade viel intensiver und auch ungesteuerter sind. Und vor allem, wenn du weißt, warum das so ist und was daran schuld ist. Wenn du dich öfter mal an deine Amygdala erinnerst, kannst du in einigen Situationen vielleicht ein wenig kontrollierter damit umgehen. Dadurch ersparst du dir manchen Streit und unnötige Auseinandersetzungen.

Wenn's knallt, gerät die Welt aus den Fugen

Das erste Mal total verliebt

Das erste Mal verknallt zu sein ist alles: aufregend, verwirrend, einmalig, komisch, bescheuert – und sowieso ist dann plötzlich alles anders. Viele Dinge, die sonst total wichtig waren, werden zur Nebensache und diese eine einzige Sache wird zum Hauptthema. Schule – was ist das?! Die ist höchstens interessant, wenn er da auch hingeht. Eltern – wer sind die?! Die wissen doch eh nicht, was abgeht, und es zählt nur noch dieser eine Mensch. Freundinnen und Clique? Leider keine Zeit.

Puh, bin ich froh, dass irgendjemand die Sache mit dem Tagebuch erfunden hat. Ich hätte sonst echt nicht gewusst, wohin mit meinen ganzen Gefühlen. Ich war total verknallt. Immer wenn ich ihn sah, war da ein Kribbeln, ich wurde rot und grinste dümmlich in die Weltgeschichte hinaus. Die Seiten in meinem Tagebuch füllten sich mit Herzen und immer und immer wieder schrieb ich seinen Namen. Mal mit einem Herzen drumherum, mal mit einem Pluszeichen, hinter das ich meinen eigenen Namen setzte. Ich schrieb alle Gefühle nieder, die ich mit ihm verband. Er war wunderbar und Inhalt meines Lebens. Damals gab es auch so ein blödes Spiel, bei dem man den Liebesquotienten von zwei Menschen errechnen konnte. Das habe ich sicher auch tausendmal gemacht. Natürlich immer mit demselben Ergebnis, und das war nicht gerade aufbauend ...

Und dieses Problem bestand auch im wahren Leben: Er fand mich ja so gar nicht toll. Für ihn war ich einfach das kleine Mädchen aus der Klasse unter ihm, das ihn anhimmelte. Leider hatte ihm nämlich irgendjemand gesteckt, dass ich ihn total toll fand. Seitdem beachtete er mich noch weniger und grüßte nicht einmal mehr. Dabei wohnten wir im gleichen Dorf. Alles, was ich meinem Tagebuch anvertraute, waren Wünsche und Hoffnungen. Die leider unerfüllt blieben, weil er einfach so gar nicht auf mich stand.

Verknallt sein ist extrem kompliziert. Vor allem dann, wenn du total verliebt bist, er aber offensichtlich nicht in dich. Oder noch schlimmer: Er nimmt dich nicht einmal wahr und behandelt dich wie Luft. Auch bescheuert ist, wenn er in deine Freundin verliebt ist. Verknallt sein bedeutet Ausnahmezustand, egal wie und egal in wen. Denn auch dann, wenn ihr beide euch gut findet, ist es nicht einfach, die ganzen Gefühle einordnen zu können und zu verstehen.

Was aber tun, wenn die Schmetterlinge im Bauch dich nicht mehr schlafen lassen und du an nichts anderes mehr denken kannst als an ihn – den wunderbarsten Typen der Welt?

Wilma: Meine Güte, war ich verknallt. Ich konnte kaum noch schlafen, an Schule war überhaupt nicht mehr zu denken und meine Freundinnen hielten mich schon für absolut verrückt. Denn ER interessierte sich rein gar nicht für mich. Erstens war ich jünger als er, zweitens war ich einfach mit meiner Brille und meinen komischen kurzen Haaren alles andere als attraktiv. Ich hatte zwar Brüste, aber eben auch einen dicken Po und stämmige Beine. (PS: Während meiner Magersucht interessierten sich übrigens noch weniger Kerle für mich – denn Klappergestelle finden sie noch schlimmer, als wenn man ein paar Rundungen hat!)

Jedenfalls war ich so was von verliebt. Es begann, als ich etwa zehn Jahre alt war, und ging bis zu meinem 13. Lebensjahr. Dann verknallte ich mich nämlich neu, und zwar wieder in einen Typen, der mich einfach nicht mögen wollte. Egal, nach einiger Zeit war ich auch über ihn hinweg, denn ich hatte einen neuen Typen im Visier. Tja, und so ging das bis zu meinem 20. Lebensjahr. Da verliebte ich mich zum ersten Mal richtig. Und ich wusste plötzlich, dass alles andere vorher reine Schwärmerei gewesen war. Ich bin ein Spätzünder, das ist nicht zu leugnen, denn die meisten anderen erleben die erste große Liebe schon früher, aber ich kann dir sagen, es hat sich gelohnt. Mit ihm hatte ich eine tolle Zeit, die zwar auch nach ein paar Monaten vorbei war, aber das war total okay, denn ich war damals definitiv noch viel zu jung, um mich dauerhaft binden zu wollen.

Du denkst also, du bist verknallt – bis über beide Ohren. Du fühlst Schmetterlinge im Bauch, grinst dümmlich und kannst an gar nichts anderes mehr denken als an ihn? Eindeutig: Du bist verknallt. Darüber brauchen wir also nicht mehr zu diskutieren. ;-) Aber was sollst du nun tun? Was ist richtig? Was ist vollkommen verkehrt? Was ist das überhaupt für ein Gefühl? Gehen wir doch einfach mal alle Dinge nacheinander durch, die gerade in deinem Leben ziemlich akut sind. Beginnen wir mit diesem komischen Tag, an dem du merkst, dass der Nachbarsjunge oder ein Mitschüler eben nicht mehr nur der Nachbarsjunge oder Mitschüler ist, sondern plötzlich irgendwie ganz andere Gefühle in dir hervorruft. Natürlich kannst du dieses Beispiel auch auf alle anderen Jungs aus der Clique, dem Sportverein und so weiter übertragen. Es geht darum, dass sich deine Gefühle verändern und du zum ersten Mal Schmetterlinge im Bauch hast.

Mein erster Tipp: Behalte das erst mal für dich und checke ab, ob noch mehr Mädels was von ihm wollen. So kannst du einen Zickenkrieg vermeiden und ersparst dir eventuell eine peinliche Abfuhr.

Verknallt sein ist ziemlich verwirrend und außerdem gibt es so viele verschiedene Situationen, in denen du nun stecken kannst. Da ist die einfachste und natürlich schönste: Er hat sich auch in dich verknallt. Dazu komme ich am Schluss, denn es ist einfach fast unbeschreiblich, was da in einem vorgeht. Ich muss noch mal ein bisschen darüber nachdenken, ist es doch bei mir schon ein wenig her, dass ich zum ersten Mal verliebt war. Starten wir also mit den weniger schönen Situationen, dann haben wir sie schnell hinter uns:

- ♥ Du bist in ihn verliebt, er aber nicht in dich – und das zeigt er dir auch.
- ♥ Er ist in deine Freundin verliebt oder geht mit ihr, aber du findest ihn ebenfalls toll.
- ♥ Du weißt gar nicht, was er von dir denkt. Denn du traust dich nicht, etwas zu sagen, und vor allem nicht, ihn anzusprechen. (Das ist übrigens die häufigste Situation, die du in der Pubertät erleben wirst.)
- ♥ Er ist dein bester Freund oder will eben nur dein bester Freund sein.

Zu Situation 1: Du musst ihn vergessen. Ich würde dir gerne was anderes sagen, denn vergessen ist nicht einfach. Aber du wirst seine Einstellung nicht ändern. Wenn er dich nicht mag, dann ist das so. Leider. So sehr wir uns auch etwas anderes wünschen. Die Sache mit dem »Wenn er nur wüsste, wie ich wirklich bin, dann ...« funktioniert übrigens nicht. Er hat nämlich kein Interesse daran, dich kennenzulernen. Und wir können leider niemanden zu seinem Glück zwingen. Am besten versuchst du, dich abzulenken. Meide auch, wenn möglich, Orte, an denen du auf ihn treffen könntest. Geht er in deine Klasse, ist das natürlich schwierig. Aber selbst dann versuche, möglichst wenig in seiner Nähe zu sein. Das klingt sehr hart und gefühllos. Doch ich weiß selber, wie es ist, unglücklich verliebt zu sein. Ich habe damals nicht wirklich den Absprung geschafft und war jahrelang in meiner Schwärmerei gefangen.

Sarah: Ich war vom Kindergarten an bis zur fünften Klasse in einen Typen verknallt, der aussah wie ein Albino. Ich schwöre, das war vielleicht eine Odyssee. Ich werde nie vergessen, wie ich im Kindergarten zu Weihnachten bei »Schneewittchen und die sieben Zwerge« mitspielen durfte. Ich war Schneewittchen und er war der Prinz!!!!!! :-) Leider wollte er mich bei den Proben nie aus dem tiefen Schneewittchenschlaf küssen, obwohl ich mich so darauf freute! Na ja, dachte ich, spätestens zur Premiere, da muss er und dann wird er sich in mich verlieben.

Doch – jetzt kommt es – an meinem großen Tag mit meinem Traumprinzen war ich total KRANK und musste zu Hause bleiben, ich wurde ERSETZT! Ich schwärmte für diesen Typen bis zur fünften Klasse, bis ich irgendwann zugeben musste, dass er wirklich aussah wie ein Albino und alles andere als attraktiv war. Auch fand ich, dass er weder bei seiner Persönlichkeit noch bei seinem Äußeren das Beste aus sich gemacht hatte.

Je eher du es schaffst, dich von der unerwiderten Liebe zu befreien, umso mehr Zeit hast du, nach einem wirklich tollen Kerl Ausschau zu halten. Denn wenn du immer nur den einen vor Augen hast, übersiehst du ganz, ganz, ganz viele andere.

Zu Situation 2: Versuche bitte niemals, deine Freundin und ihren Freund auseinanderzubringen. Der Freundin den Freund auszuspannen ist unterste Schublade!!!! Du würdest einerseits die Freundschaft zu deiner Freundin riskieren und andererseits weißt du ja noch nicht mal, ob das mit ihm was werden könnte. Also vergiss ihn bitte am besten!

In dieser Situation ist das leider noch ein wenig schwieriger, da du ihm nicht wirklich aus dem Weg gehen kannst. Oder noch schlimmer: Deine Freundin erzählt dir ständig, wie schön es mit ihm ist. Dennoch solltest du versuchen, dem Jungen aus dem Weg zu gehen, bis du dich ein wenig »entliebt« hast.

Wenn die Freundschaft zwischen dir und deiner Freundin wirklich tief und vertrauensvoll ist, solltest du mit ihr ganz lieb und offen über deine Gefühle reden.

Erkläre ihr, was passiert ist, und betone, dass du nicht einmal darüber nachdenkst, die beiden auseinanderzubringen, sondern dass du einfach im Moment nicht mit den beiden zusammen weggehen kannst. Erklärst du ihr nicht, was da gerade mit dir los ist, würde sie nicht verstehen, warum du sie und ihren Freund plötzlich meidest. Vielleicht denkt sie dann, dass du ein Problem mit ihr hast, und das ist ja nicht der Fall. Und glaube mir, so schwierig das auch alles sein wird, deine Freundin wird es wirklich zu schätzen wissen, dass du so ehrlich zu ihr bist und nicht versuchst, ihr den Freund madig zu machen. Eure Freundschaft wird dadurch noch tiefer und inniger werden!

Zu Situation 3: Wenn du nicht weißt, was er von dir denkt, und du dich traust, etwas zu sagen, sei ein bisschen kreativ. Da reicht es nicht, einen Zettel mit »Kreuze an: ja oder nein« zu ihm rüberzuschieben. ;-)

Besser hörst du dich erst mal unauffällig um, ob er eine Freundin hat und was er so in seiner Freizeit macht. Vielleicht hast du sogar eine Freundin oder einen Freund, die beziehungsweise der ihn näher kennt. Sie oder er könnte sich erkundigen, was dein Schwarm so von dir hält. Oder noch besser: Sie oder er stellt euch einander vor oder arrangiert ein Treffen, an dem ihr beide zufällig

auch teilnehmt. Wenn du ihn so ein bisschen näher kennenlernst oder du deinen persönlichen Spion hast, bekommst du schnell mit, ob dein Schwarm sich auch für dich interessiert oder nicht.

Steht er auf dich, findest du auf den nächsten Seiten eine Menge Tipps, die dir helfen können, einen Schritt auf ihn zuzugehen. Wenn er sich aber nicht für dich interessiert oder eine Freundin hat, dann gilt dasselbe wie bei den ersten beiden Situationen: Vergiss ihn!!! Renne niemandem hinterher, der nichts von dir will! Auch wenn du ihn noch so toll findest, wird es dir leider nichts bringen, außer Tausende Tage zu warten und dich immer wieder zu fragen: »Warum findet er mich nicht gut, was ist falsch an mir, was findet er an DER?!«

Sage dir immer wieder: Das Leben ist wunderschön und andere Mütter haben auch sehr süße Söhne. Je weniger du dich auf deinen Schwarm fixierst, der eh nichts von dir will, umso mehr fallen dir all die vielen anderen geilen oder einfach total netten Typen in deiner Umgebung auf. Wer weiß, vielleicht ist ja auch jemand völlig verschossen in dich und du bekommst es nicht mit, weil deine Gedanken nur um deinen Schwarm kreisen. Wenn er also nichts von dir will, vergiss ihn so schnell wie möglich und vergeude nicht deine Zeit und deine Träume mit diesem Idioten, der nicht erkennt, wie toll du bist.

> **Wilma:** Denke an meine Geschichte mit dem Typen, dem ich vier Jahre hinterhergeschwärmt habe. Der kann selbst heute noch – und wir sind beide über dreißig – nicht mal »Hallo« sagen. Der muss mich echt bescheuert finden ...

Zu Situation 4: Eine schreckliche und mit Sicherheit eine der schwierigsten Situationen. Aber sie kommt leider sehr, sehr häufig vor, denn seinen besten Freund kennt man meistens aus Zeiten, in denen man noch gar nicht an so was wie verliebt sein dachte. Doch dann wird man älter und plötzlich ist der Junge, den man schon seit Ewigkeiten kennt und unglaublich mag, total süß. Jungs geht es übrigens oft genauso, denn bei ihrer besten Freundin brauchen sie nicht den Macho zu machen und nicht zu beweisen, dass sie nun ein Mann werden.

Dass du ihn bereits so lange kennst, macht das Problem leider auch nicht einfacher. Und nur im seltensten Fall verknallen sich beide Seiten in einer seit Kindheit bestehenden Freundschaft ineinander. Viele behaupten auch, dass es eine

Freundschaft zwischen Mann und Frau nicht geben kann. Ich jedenfalls kann das nicht sagen, denn ich kenne das Gegenteil. Ich muss jedoch zugeben, dass man sich in so einer freundschaftlichen Beziehung doch dann und wann mal fragt, ob da nicht mehr ist. Und zwar besonders dann, wenn mal wieder ein anderer blöde Fragen stellt und dir weismachen will, dass eine Frau und ein Mann nicht befreundet sein können.

Das Problem ist, gerade wenn man die Liebe erst richtig kennenlernt, in dieser Situation einzuschätzen, was man da eigentlich plötzlich für komische Gefühle bekommt. Ist das nun NOCH Freundschaft oder ist man VERLIEBT? Das gilt es erst einmal herauszufinden, bevor man dem besten Freund sagt: Ich habe mich in dich verliebt. Danach ist nämlich nichts mehr wie vorher.

In so einer Situation solltest du also zuerst deine Gefühle hinterfragen. Ist es das Vertrauen zu ihm, was dich so sicher macht, dass da mehr ist? Oder findest du ihn als Mann anziehend und kannst dir nichts Schöneres vorstellen, als ihn zu berühren? Oder macht es dich megasauer, wenn er mit dir über andere Frauen spricht, die er attraktiv findet? Lass dir Zeit und höre in dich hinein. Fliegen da Schmetterlinge oder ist es einfach nur das schöne Gefühl, einen lieben Menschen an seiner Seite zu haben, den man schon so lange kennt und dem man vertraut?

Manchmal geht das Gefühl des (angeblichen) Verliebtseins auch ganz schnell wieder weg. Meistens, wenn du einen anderen Typen kennenlernst, den du wirklich soooooo süß findest, dass ganz neue Gefühle in dir entstehen. Und dann ist es natürlich besser, wenn du deinem besten Freund nicht gesagt hast, dass du eventuell in ihn verliebt bist. Denn wie ich schon sagte: Danach ist nichts mehr wie vorher – eure Freundschaft wäre nicht mehr so, wie sie mal war. Dein bester Freund mag dich und würde dich, wenn du ihm ein Geständnis machst, nicht verletzen wollen.

Der vertraute Umgang zwischen euch wäre mit einem Mal futsch. Er wäre die ganze Zeit hin- und hergerissen zwischen dem Wunsch, dir immer noch ein guter Freund zu sein, und dem Bedürfnis, dich auf Abstand zu halten. Das würde bei kleinen körperlichen Berührungen anfangen, die vorher selbstverständlich waren, und bei gewissen Gesprächsthemen aufhören. Außerdem kann er dich auch schlecht trösten, weil du unglücklich verliebt bist. Überstürze also nichts und finde in Ruhe heraus, was das für Gefühle sind, die du für deinen besten Freund hast. Übrigens kann in dieser Zwickmühle deine Mama eine ideale Gesprächspartnerin sein, da sie ihn ja auch kennt und sieht, wie ihr miteinander umgeht.

Kommen wir aber nun zum schönsten Moment, den die Liebe so zu bieten hat: Du bist verknallt und der Junge erwidert deine Gefühle. Einer von euch beiden hat sich endlich getraut, den anderen anzusprechen und zu einem Date einzuladen. Nun steht ... STOPP!!! Klar, ich habe etwas vergessen! Wie konnte ich nur?! Das Ansprechen. Dabei hatte ich dir doch noch vor ein paar Seiten versprochen, dass nun einige Tipps folgen. Aber fast hätte ich mich schon nicht mehr daran erinnert, wie oft ich nächtelang wach lag und versuchte, die beste Möglichkeit zu finden, wie ich IHM endlich sagen konnte, dass ich mich in ihn verknallt hatte.

Ein Vorteil ist, wenn du schon ein bisschen über ihn weißt. Steht er zum Beispiel auf Fußball oder doch eher auf Basketball? Hat er ein Hobby? Gut wäre, wenn du irgendwie in seinen Freundes- oder Bekanntenkreis hineinkommen könntest. Dann bist du schon einmal in seinem Blickfeld und fällst ihm vielleicht sogar auf! Möglicherweise kennt ihn ja jemand aus deinem Umfeld. Versuche, so viel wie möglich über seine Interessen zu erfahren. Aber denke bei allem, was du tust – besonders wenn du andere fragst –, daran: Mache es möglichst gaaanz unauffällig!!!! Es muss ja nicht gleich jeder wissen, dass du Interesse an ihm hast.

> **Wilma:** Jungs haben übrigens genauso viel Angst, einen Korb zu bekommen, wie wir das haben. Die trauen sich auch oft nicht, dem Mädchen, das sie mögen, zu sagen, dass sie Interesse haben. Außerdem wollen viele vor ihren Freunden auch einfach der Coole bleiben und da sind romantische Gefühle total daneben. Deshalb kann ich dir nur raten: Gehe langsam auf ihn zu. Wenn er dich auch mag und kennenlernen will, wird er auf jeden Fall positiv darauf reagieren und dir total dankbar dafür sein, dass du den ersten Schritt gemacht hast. Nicht gut ist es, ihn anzusprechen, wenn er mit seinen Freunden zusammen ist. Besser ist eine Situation, in der er sich nicht vor anderen profilieren möchte!

Sobald du ein wenig mehr über ihn weißt oder, noch besser, ihr beide schon einmal miteinander gesprochen habt, kannst du den nächsten Schritt wagen. Am wichtigsten ist es nun, wie in Situation 3 beschrieben, herauszufinden, ob er eine Freundin hat oder vielleicht in ein Mädchen verliebt ist. Dann kannst und solltest du auch alle Bemühungen um ihn (erst einmal) sein lassen.

Ist er (wieder) Single, kannst du auf Angriff schalten. Anstatt ihm aber nun überschwänglich deine Liebe zu gestehen, musst du eher versuchen, dich ein bisschen zurückzunehmen. Das ist nicht einfach, aber wenn du ihm all deine Gefühle gleich vor die Füße wirfst, ist er schneller weg, als du gucken kannst. Vielleicht nicht einmal, weil er dich nicht gut findet, sondern weil er überfordert ist. Oder er hat Angst, vor seinen Kumpels blöde dazustehen, wenn sie es mitbekommen haben.

Geht er in deine Klasse, kannst du ihn ganz ungezwungen bitten, dir etwas zu erklären, was du (angeblich) nicht verstanden hast. Ebenso kannst du ihn fragen, ob er bereit ist, dir vielleicht einmal am Nachmittag bei den Hausaufgaben zu helfen. Blockt er das bereits ab, muss ich dir leider sagen, dass er kein Interesse an dir hat. Denn andernfalls würde er die Gelegenheit, etwas mit dir zusammen zu machen, auf jeden Fall nutzen.

Ist dein Schwarm ein Junge aus der Nachbarschaft, weißt du sicher schon ein paar Dinge über ihn. Vielleicht ist er sehr sportlich und spielt in einem Fußballverein. Frag ihn doch einfach mal ganz ungezwungen, wann das nächste Spiel ist, du würdest gerne zuschauen. Du kannst natürlich auch so tun, als ob du deinen Haustürschlüssel vergessen hättest und nun nicht in die Wohnung kämst. Vielleicht lässt er dich bei sich zu Hause warten oder unternimmt in der Zwischenzeit etwas mit dir.

Im Sommer ist es immer etwas einfacher, jemanden anzusprechen, da alle die meiste Zeit draußen am See, im Freibad oder im Park verbringen. Wenn du in einen Jungen verliebt bist, der zum Beispiel immer in dasselbe Schwimmbad wie du geht, kannst du einfach mal an seinem Handtuch vorbeilaufen, ihn anlächeln und dann freundlich »Hallo« sagen. Lächelt er überrascht und grüßt zurück, hast du einen großen Schritt in Richtung Kennenlernen gemacht. Schaut er dich dagegen genervt an und sagt gar nichts, hat er leider kein Interesse. Dann schaue dich am besten gleich im Schwimmbad nach einem netteren und süßeren Typen um.

Im Café, in der Bar oder einem Club ist es ebenfalls ein wenig einfacher, in Kontakt zu kommen. Das kann beim Tanzen sein oder auch, wenn du an der Theke bestellst. Der erste Kontakt ist hier immer ein Lächeln. Suche aus sicherer Entfernung den Blickkontakt zu ihm. Schaut er zurück, lächle und beschäftige dich dann wieder mit deinen Freundinnen. Nach ein paar Minuten kannst du wieder hinschauen. Irgendwann kannst du auch mal freundlich dein Glas heben und ihm aus der Ferne zuprosten. Tja, und dann muss einer von euch den ersten Schritt machen und auf den anderen zugehen. Und das darfst auch du sein!! Wenn er schon eine Weile zu dir rübergelächelt und dir zugeprostet hat, kannst du sicher sein, dass er dich kennenlernen möchte. Und glaube mir, wenn du zuerst auf ihn zugehst, beeindruckt ihn das total.

Wilma: Ich habe mal in einer Bar einen echt heißen Kerl gesehen, den ich unheimlich toll fand. Eine ganze Weile haben wir uns dann aus der Ferne angelächelt. Doch plötzlich stand er auf, zog seine Jacke an und ging Richtung Tür. Ich war zuerst total perplex und dachte dann: Der kann doch nicht einfach gehen. Also hab ich mir schnell einen Bierdeckel gekrallt, meine Nummer draufgeschrieben und bin hinter ihm her. An der Tür habe ich ihn erwischt und meinte: »Ich glaube, du hast etwas vergessen.« Und dann habe ich ihm meine Nummer gegeben. Er schaute mich total erstaunt an und ich sagte nur: »Dann komm gut heim«, und drehte mich auf dem Absatz um. Doch statt aus der Tür zu gehen, hielt er mich an der Schulter fest und drehte mich wieder zu sich um. »Danke, aber ich wollte noch gar nicht gehen, sondern muss nur kurz telefonieren.« Ich wurde augenblicklich zur Mega-Tomate, stammelte: »Oh«, und dann brachen wir beide in herzliches Gelächter aus.

Aus uns ist nie etwas geworden. Aber er ist bis heute davon beeindruckt, dass ich damals den ersten Schritt gemacht habe. Das hatte er vorher nämlich noch nicht erlebt. Also Mädels: Traut euch!!!!

Ebenfalls wichtig: Verändere dich nicht, um deinem Schwarm zu gefallen. Dazu zählt auch, dass du dich nicht extra für ihn aufbrezelst oder in Klamotten zwingst, in denen du dich nicht wohlfühlst oder die deinem Stil nicht entsprechen. Entweder mag er dich so, wie du bist, oder eben nicht. Red ihm nicht nach dem Mund, sondern habe deine eigene Meinung und bleibe dabei. Sei bei allem, was du über dich erzählst, immer ehrlich. Er soll sich ja nicht in eine Person verlieben, die du nur darstellst, aber gar nicht bist.

Wenn du zu sehr auf guten Kumpel machst und dich eher wie ein Junge verhältst, dann ist die Gefahr groß, dass er dich eben auch nur als Kumpel sieht und nicht als attraktives

LIEBE, FLIRT & SEX

Mädchen und mögliche Partnerin. Die richtige Mischung muss es sein: witzig und interessiert, umgänglich und eine gute Gesprächspartnerin.

> **Wilma:** Noch ein Tipp von mir: Schreibe niemals einen Liebesbrief. Zumindest nicht, wenn er dir nicht schon irgendwie signalisiert hat, dass er Interesse hat. Damit kannst du gewaltig auf die Fresse fliegen. Ich habe mal einen Brief an einen Typen geschrieben, der eine Stufe über mir war, und was tat er?!! Er hat den Brief im Schulbus laut vorgelesen. Ich war wochenlang das Gesprächsthema in der Schule. Superpeinlich. Aber zumindest wusste ich dann, dass er ein Idiot war. Ein echt großer. Vor ein paar Jahren habe ich ihn dann zufällig auf einer Veranstaltung wieder getroffen. Und, kaum zu glauben, er hat sich entschuldigt und gesagt, wie kindisch er sich damals benommen hatte. Er gab auch zu, dass er gar nicht gewusst hatte, wie er auf den Brief hatte reagieren sollen. Da er hatte cool sein wollen, hatte er eben diese Scheißaktion gestartet. Das hat mir zwar nicht mehr wirklich geholfen, denn ich war eben damals das Gespött der Schule gewesen. Aber vielleicht hilft es dir, nicht den gleichen Fehler zu machen. ;-)

Okay, kommen wir nun zurück zu deinem ersten Date. Wo und wann soll es stattfinden? Da gibt es natürlich keine Regeln oder Gesetze, die es zu befolgen gilt. Ebenso gibt es keine Garantie, dass das erste Date ein Erfolg sein wird. Aber ein bisschen Einfluss auf das Gelingen kannst du schon nehmen. Der Ort, an dem ihr euch trefft, sollte nicht zu voll, aber auch nicht menschenleer sein. Letzteres ist sogar noch viel schlimmer, als wenn zig Menschen um euch herum sind. Da einem beim ersten Date oft die Worte fehlen oder man erst einmal »warm« werden muss, können lange Augenblicke des Schweigens entstehen, die das Ganze extrem verkrampft werden lassen.

Es gibt ein paar Plätze, die sich ganz gut eignen: Im Sommer ist das auf jeden Fall die Eisdiele. Hier könnt ihr ganz entspannt quatschen. Und wenn mal das Gesprächsthema ausgeht, schnell einen Löffel Eis naschen. Oder ihr nehmt ein Hörnchen auf die Hand und schlendert durch den Park. Auch in diesem Fall kannst du immer dann, wenn dir gerade die Worte ausgehen, schnell am Eis schlecken. Wenn du nicht so richtig weißt, worüber ihr beim ersten Mal reden sollt, oder du glaubst, dass du vor Aufregung kein Wort rausbekommen wirst, geht ihr am besten ins Kino. So könnt ihr Zeit miteinander verbringen und euch ganz vorsichtig näherkommen. Danach könnt ihr ganz entspannt nach Hause gehen oder noch irgendwo eine Cola trinken. Der Film ist dann ein gutes (Einstiegs-)Gesprächsthema. Mögt ihr beide ein bisschen mehr Action, dann geht zum Bowling oder, wenn möglich, in einen Freizeitpark oder auf den Rummel. Da passiert so viel um euch herum, dass ihr immer etwas zum Quatschen findet. Außerdem ist es ideal, um den anderen auch mal zu berühren, wenn man gemeinsam in einer Gondel oder im Autoscooter hockt.

Gewagt, aber auch ziemlich heiß, ist ein Besuch im Schwimmbad. Hier kannst du dir deinen Schwarm in Badehose anschauen – jedoch musst auch du dich im wahrsten Sinne des Wortes ausziehen. Wenn du dich derzeit noch nicht wirklich wohl in deiner Haut fühlst, dann gehört dazu schon ein wenig Überwindung. Geht deshalb bitte nicht ins Schwimmbad, wenn du schon vorher weißt, dass du dann unentspannt bist. Ansonsten kannst du hier deinen Schwarm bereits beim ersten Date zum spielerischen Körperkontakt herausfordern, indem ihr im Wasser ein wenig herumblödelt oder du ihn bittest, deinen Rücken einzucremen.

Solltet ihr beide denselben Sport betreiben, hast du schon fast gewonnen. Nicht nur, dass du dann bereits ein Thema hast, wenn du ihn ansprechen möchtest. Du kannst auch gleich eine gemeinsame Sporteinheit als erstes Date vorschlagen. Ideale Sportarten dafür sind: Tennis, Basketball, Joggen, Badminton und sogar Karate. ;-) Aber auch eine Runde Minigolf oder Tischtennis macht nicht nur Spaß, sondern ist ideal für ein erstes Treffen.

Wer schon ein wenig im Flirten geübt ist, für den ist ein Spaziergang top. Dabei kann man den anderen in Ruhe kennenlernen und seine Fragen loswerden. Für dein allererstes Date jedoch ist ein gemeinsamer Spaziergang nicht so gut geeignet, da du noch sehr unsicher sein und Flirtgespräche noch nicht so gut draufhaben wirst. Wenn ihr euch dann ein bisschen besser kennt, ist ein Spaziergang aber eines der schönsten Dinge, die man mit seinem Partner machen kann.

Partys sind nicht nur gut, um andere kennenzulernen. Auch für ein Date können sie ein guter Treffpunkt sein. Du musst dir jedoch darüber klar sein, dass ihr dort nicht alleine seid und auch noch andere Mädchen vor Ort sind. Daher solltest du eine Party nur vorschlagen, wenn du dir sicher bist, dass er DICH kennenlernen möchte. Ansonsten besteht leider die Gefahr, dass er sich schnell für andere Mädchen interessiert, wenn es zwischen euch nicht sofort funkt. Eine Party ist auch dann eine gute Wahl, wenn du dir selber noch nicht sicher bist, was du für ihn empfindest. Stellt sich schnell raus, dass er langweilig ist oder du ihn dir ganz anders vorgestellt hast, kannst du einfach in der Partymenge verschwinden. Sei dann aber bitte auch vorher ehrlich und sage ihm, dass er nicht dein Typ ist.

Normalerweise stellt man schon beim ersten Date fest, ob der Schwarm so ist, wie man ihn sich vorgestellt hat. Manchmal ist er aber total anders und du fragst dich, wie du dich so irren konntest. Auch das kann dir passieren.

Jemandem zu sagen, dass er nicht dein Typ ist, ist immer schwierig. Aber Ehrlichkeit ist bei der Sache das A und O. Sich auf eine Beziehung einzulassen, weil man den anderen nicht verletzen möchte oder Mitleid hat, ist vollkommener Schwachsinn. Da hat am Ende keiner was davon. Das gilt übrigens auch, wenn man nach einer Zeit merkt, dass man den anderen nicht mehr liebt. Auch das passiert – wer dann aus Mitleid oder Gewohnheit beim anderen bleibt, tut sich selbst und seinem Partner keinen Gefallen.

Sarah: Ich war 14 Jahre alt und habe mit einem Mädchen und zwei Typen eine Radtour gemacht. Sie war total verschossen in einen der beiden und ich bin einfach aus Freundlichkeit mitgekommen. Während der Tour habe ich natürlich versucht, das Mädchen und ihren Schwarm allein zu lassen, damit sie bei ihm landen konnte. Ich setzte mich also gemütlich auf einen Steg, ließ meine Füße ins Wasser baumeln und dachte an nichts Böses. Doch dann setzte sich plötzlich der Kumpel von dem Typen – ich nenne ihn mal Karl – neben mich und wir quatschten ein bisschen. Dabei berührte er ab und zu mein Knie, aber ich habe mir überhaupt nichts dabei gedacht. Echt nicht.

Ein paar Tage später traf ich dann Karl und seine Clique im Park (er war schon 16). Ohne Vorwarnung drückte er mir zur Begrüßung einen Kuss auf den Mund. Ich war total baff und als dann noch eine seiner Freundinnen fragte, wie lange wir schon zusammen wären, dachte ich nur noch:

HÄ??? Warum weiß ich davon nichts??? Wegen der Knie-
berührung? Was'n DAS? Was für ein Riesenmist!!! Da ich aber
lieb bin und ihn nicht vor allen anderen Leuten bloßstellen
und sagen wollte: »Bei dir piept's wohl, wir haben doch gar
nichts miteinander!!!«, spielte ich erst einmal mit und sagte
nichts weiter dazu.

Leider war ich so durcheinander, dass ich gar nicht mehr
wusste, was ich tun sollte. Und ehe ich mich's versah, waren
wir beide offiziell ein Paar. Denn ich wusste einfach nicht,
wie ich ihm sagen sollte, dass ich ihn zwar nett fand, aber
eben nicht verliebt war. Und so stolperte ich von einer blöden Situation in die nächste und ich sage dir, das war echt
nicht witzig! Denn ich hatte ein total schlechtes Gewissen
und fand mich selber ziemlich feige. Was ich ja auch war.

Spätestens, als er plötzlich ein Gummi aus seiner Hose
zog, hätte ich was sagen sollen oder müssen. Wie gerne
hätte ich gebrüllt: »WIE KOMMST DU NUR DARAUF, DASS ICH
MIT DIR SEX HABEN WOLLEN WÜRDE! ICH WILL GAR NICHTS
VON DIR UND ICH BIN NOCH JUNGFRAU!!!« Doch ich hielt
meinen Schnabel und entkam der Situation auf andere
Weise. Erst nach anderthalb zermürbenden Monaten fasste ich mir endlich ein Herz und sagte ihm, dass das mit uns
nichts Ernstes ist. Er hat es locker aufgenommen, zum Glück.

Aufgrund dieser Geschichte kann ich dir aber nur sagen:
Nimm NIEMALS mehr Rücksicht auf andere als auf dich
selbst! Das ist ganz wichtig, sonst verschwendest du deine
Zeit mit Menschen, die es teilweise gar nicht wert sind!

Wie aber sagt man nun einem Typen am besten, dass man
nichts von ihm will? Besonders schwierig wird es, wenn man
ihn ja eigentlich ganz nett findet, aber eben nicht verliebt ist.

Dann will man ihn ja auch nicht verletzen. Leider muss ich dir schon wieder eine Illusion rauben: Du wirst ihn verletzen, egal was du sagst. Auch du wärest verletzt und traurig, wenn dir jemand einen Korb geben würde. Jeder von uns wäre das. Dennoch musst du ehrlich sein, am besten auf eine sensible Art und Weise. Stell dir einfach vor, wie du behandelt werden möchtest. So willst du ja auch nicht, dass dir jemand auf dem Schulhof vor allen anderen entgegenbrüllt: »Hey, du bist halt einfach nicht mein Typ!«, oder: »Wie kommst du darauf, dass ich mit einer wie dir zusammen sein möchte!« Wenn du jemandem einen Korb gibst, blamiere ihn dabei niemals. Am besten tust du es unter vier Augen. Wähle einen neutralen Ort und achte darauf, dass es möglichst niemand anderes mitbekommt. Sei im Gespräch absolut konsequent und eindeutig!!! Ich hatte ganz, ganz lange große Probleme damit, jemandem klar zu sagen, dass er für mich nicht infrage kommt. Ich wollte einfach niemanden verletzen und vor allem, dass man mich mag. Wenn ich den anderen nett fand, war es noch schwieriger.

Ich war dann immer total lieb und zu allem Überfluss habe ich ihn manchmal sogar noch in den Arm genommen. Das ging aber immer absolut nach hinten los! Denn mit »Ich habe dich voll gern, lass uns doch Freunde sein« macht man leider dem Jungen immer noch Hoffnung. Das war niemals meine Absicht und ist auch sicher nicht deine, aber der Junge hat's einfach leichter, wenn du ihm ganz klar sagst, dass du ÜBERHAUPT NICHTS von ihm willst und sich das auch NICHT ändern wird. Sei ehrlich, aber ohne den anderen zu kränken. Jungs in der Pubertät haben ein fettes Ego und wenn du daran kratzt, indem du vielleicht sagst: »Du bist zu klein, zu dick, zu dünn, zu dumm ...«, pikst du in etwas rein, was ziemlich schnell explodieren kann. Es kann passieren, dass er dann schlechte Dinge über dich verbreitet oder dich als Schlampe oder Zicke betitelt. Versuche dann bitte, gelassen darauf zu reagieren, und antworte auf solche Anschuldigungen mit »Wenn er meint ...« oder »So hat eben jeder seine Meinung ...« oder »Er muss es ja wissen ...«.

Egal wie du einem Typen sagst, dass du nichts von ihm willst, bereite dich auch darauf vor, dass der Junge möglicherweise zu einem Riesen-Arschloch mutiert. Aber nimm dir das dann bitte nicht zu Herzen, der ist einfach nur beleidigt! Versuche dennoch, sensibel zu sein. Je weniger du ihn blamierst, desto geringer ist die Gefahr, dass er austickt.

Sarah: Von dem Albinotypen, den ich in der Schulzeit so wunderbar fand, habe ich ja schon berichtet. Als wir alle in der fünften Klasse waren, verbrachten meine damalige beste Freundin, ich, der Albino-Typ und sein bester Kumpel (ich nenne ihn mal Schlumpi) viel Zeit miteinander und ich dachte und hoffte, dass er mich bald fragen würde, ob ich mit ihm gehen wolle. Als er dann meine Freundin um ein Gespräch bat, war ich sicher: »Yeah, es ist so weit! Er fragt sie, ob ich mit ihm gehen will oder wie ich ihn finde!!!!« :-)

Nach dem Gespräch erzählte mir meine Freundin aber, dass sie nun mit ihm zusammen sei und dass Schlumpi gerne mit mir zusammen wäre. Du kannst dir vorstellen, wie dämlich ich mich gefühlt habe!!! Na ja, mit meinen elf Jahren war ich damals noch ziemlich naiv und dachte: Warum nicht, dann verstehen wir uns wenigstens alle weiterhin gut. Nach zwei Tagen beschloss ich aber, dass das eine total bescheuerte Idee gewesen war, und machte Schluss. Leider mit schwerwiegenden Folgen für mich.

Kurz darauf fuhren wir alle gemeinsam auf Klassenfahrt und der Idiot hatte nichts anderes zu tun, als mich Tag für Tag völlig fertigzumachen. Ich wusste überhaupt nicht, wie mir und warum mir das geschieht, und habe ziemlich viel geheult. Ich schaffte es erst, seine Machenschaften zu beenden, indem ich ihm vor der gesamten Klasse ein himmelblaues Schlumpfeis samt Tüte mitten ins Gesicht knallte und brüllte, dass er mich endlich in Ruhe lassen sollte. Dieses Gefühl werde ich niemals vergessen! Das tat gut, sehr gut!!! Geheult hab ich zwar trotzdem, aber gleichzeitig vor Erleichterung gelacht.

Du siehst, manche Jungs können zu Mega-Arschlöchern mutieren, wenn man ihr Ego ankratzt. Selbst wenn man nur zwei Tage lang mit gerade mal elf Jahren mit jemandem »zusammen« war. Sei dennoch immer ehrlich und wenn dich jemand so blöde behandelt, dann wehre dich!!! Du glaubst gar nicht, wie gut das tut! :-)

Wenn du trotz Trennung gerne mit ihm befreundet sein würdest, weil er eigentlich ein ganz dufter Kumpel ist, musst du ihm Zeit geben. Will er (erst einmal) nichts mehr mit dir zu tun haben, dann musst du das aber auch akzeptieren. Für ihn wird es einfacher sein, über dich hinwegzukommen, wenn er dich erst einmal nicht mehr sieht. Vielleicht heilt die Zeit seine Wunden und ihr könnt irgendwann einmal Freunde sein – direkt nach einer Abfuhr ist das aber nicht möglich. Und je stärker die Gefühle, desto länger dauert es.

Das mit der Ehrlichkeit gilt natürlich auch für das Schlussmachen. Auch hier musst du einfach total offen sein. Dennoch ist Schlussmachen einfach beschissen. Anders kann man es nicht ausdrücken. Sicher gibt es Ausnahmen, zum Beispiel, wenn er dich betrogen hat. Dann brauchst du auch nicht mehr sensibel und freundlich zu sein. Dann darfst du offen sagen, was du von ihm und seiner Aktion hältst. Gleiches gilt, wenn er dir wehtut – psychisch oder körperlich. Das darf KEINER mit dir machen. Dann musst du auf dich selber achten und zusehen, dass du ganz, ganz schnell aus dem Dunstkreis dieses Arschlochs abhaust.

Manchmal ist es aber auch so, dass die Gefühle sich verändern und man einfach plötzlich nicht mehr verliebt ist. Oder es kommt Langeweile auf. Gerade während der Pubertät, in der wir uns ja täglich verändern und neu entdecken, ändert sich auch unser Geschmack oder eben unsere Wünsche. Daher kann es einfach passieren, dass jemand, den du vor einigen Wochen noch super fandest, nun nicht mehr dein Typ ist. Wenn du dann Schluss machen willst, ist es wichtig, dass du vorher in dich gehst und noch einmal darüber nachdenkst, wie lange ihr schon zusammen seid, warum du nicht mehr verliebt bist und wieso du die Beziehung beenden willst. Gerade wenn man bereits eine Weile zusammen ist, hat eine Beziehung einen noch höheren Wert, da man ja schon viel Arbeit, Zeit und Liebe hineingesteckt hat. Wenn du magst, kannst du auch wieder deine Mutter um Rat fragen. Oft kennt sie deinen Freund ja auch und kann als Außenstehende etwas zu eurer Beziehung sagen. Sie soll nicht das letzte Wort haben und dir raten, bei ihm zu bleiben oder Schluss zu machen. Sie soll einfach als neutrale Beobachterin sagen, wie sie euch zusammen wahrnimmt. Das kann dir manchmal auch helfen, dir deiner Gefühle für ihn bewusst zu werden.

Schluss machen ist etwas, was man persönlich tun muss. Was gar nicht geht, ist, es per SMS, E-Mail oder am Telefon zu machen. Auch schlimm: Bei Facebook oder SchülerVZ deinen Beziehungsstatus einfach in »Single« zu ändern!! Ebenso solltest du erst dann offen darüber reden, wenn du Schluss gemacht hast. Wenn er es von anderen erfährt, tut das noch mehr weh.

Kein guter Ort zum Schlussmachen ist dein Zimmer. Hier fühlst du dich vielleicht sicher, aber er ist derjenige, der dann gehen muss. Wenn er es tut ... Daher ist es besser, wenn du ihn besuchst und es mit ihm in seinem Zimmer klärst. Dann kannst du schnell gehen und er muss nicht irgendwo in der Öffentlichkeit mit den Neuigkeiten fertig werden. Auch sollten keine Freunde von euch dabei sein. Zuschauer braucht niemand in einer solchen Situation. Erkläre ihm, wieso du nicht mehr mit ihm zusammen sein möchtest oder kannst. Sage immer, was du fühlst, und präsentiere ihm nicht seine Fehler auf dem Tablett, das hilft keinem. Wenn du dich in jemand anderen verliebt hast, wäre es rücksichtsvoll, ihm das nicht unbedingt auf die Nase zu binden. Auch im Anschluss solltest du darauf achten, nicht gleich am nächsten Tag mit deinem neuen Schwarm vor seinen Augen rumzuturteln. Das ist gemein und tut dem anderen ganz schön weh. Wenn du einfach nicht mehr verliebt bist, bringe ihm das schonend bei.

Erkläre ihm, wie sich deine Gefühle für ihn geändert haben.

Außer seinem Zimmer ist auch ein fast leeres Café oder der Park ein guter Ort für das Gespräch. Schluss machen ist definitiv nicht leicht, aber bitte sei ehrlich und fair. Es tut dem Partner mindestens genauso weh wie einem selber, nur dass du darauf vorbereitet bist und er eben nicht. Fakt ist, ihr habt euch geliebt und hattet eine schöne Zeit miteinander – das macht es nicht einfacher. Die ganze Zeit über wägt man das Für und Wider der Beziehung ab. Je länger ihr zusammen seid, desto schwieriger wird es, sich zu trennen. Aber wenn sich die Gefühle geändert haben, ist das eben nicht mehr rückgängig zu machen. Wie ich schon sagte: Wenn du darüber nachdenkst, dich zu trennen, rede auf jeden Fall vorher mit jemandem darüber, der dir nahesteht und euch beide kennt. Neben deiner Mama kann das auch eine Freundin oder ein Freund sein. Es darf jedoch niemals sein Kumpel sein!!!! Das Gespräch wird dir helfen, die Situation ein bisschen besser einzuschätzen. Und wenn du sehr unsicher bist, welche Entscheidung die richtige ist, mach eine Pro-und-Kontra-Liste.

Wenn du dich dann dafür entscheidest, mit deinem Freund Schluss zu machen, halte dich an die oben genannten Dinge.

Geht eine Liebe zu Ende oder ist man unglücklich verliebt, dann erlebt man den schlimmsten Schmerz, den es gibt. Man hat das Gefühl, dass einem das Herz herausgerissen wurde, und oft will man einfach nicht mehr weiterleben. Liebeskummer gehört zu den schlimmsten Leiden, die es gibt. Egal, ob du mit deinem Freund Schluss gemacht hast oder er mit dir oder du unglücklich verliebt bist – beim Liebeskummer tut einfach alles weh, nicht nur das Herz.

Leider muss ich hier wieder einmal einen Satz anbringen, der schon tausendmal gesagt wurde, aber eben einfach WAHR ist:

Liebeskummer geht vorbei. Ja, so ist es, auch wenn du dir das, steckst du selber drin, nicht vorstellen kannst. Ich selber habe mir so oft die Augen ausgeheult und wollte einfach nicht mehr weitermachen. Scheißleben, Scheißschule, Scheißeltern, Scheiße, Scheiße, Scheiße ... Wenn man Liebeskummer hat, geht einfach mal die Welt unter.

Ich hasse Liebeskummer! Und leider wird der Schmerz auch nicht weniger, wenn man älter ist. Ich kenne Leute, die hatten so schlimmen Liebeskummer, dass sie sich nie wieder verlieben wollten!!! Auch ich habe das schon einmal nach einer Trennung gedacht und habe mich dann doch wieder verliebt.

Wilma: Alles habe ich für ihn getan. Alles. Jede Minute war ich für ihn da und immer, wenn er meine Hilfe brauchte, war ich bereit. Mich selber habe ich total zurückgenommen und immer wieder Entschuldigungen für ihn gefunden, wenn er kalt und gemein zu mir war. Sehr, sehr lange habe ich dieses Spiel mitgemacht, denn ich liebte ihn von ganzem Herzen. Und in einer Beziehung gibt es eben auch Zeiten, in denen es einem der beiden Partner nicht so gut geht. Dann sollte man füreinander da sein. So verstehe ich das. Doch er hat

LIEBE, FLIRT & SEX

mich nur ausgenutzt und als es ihm dann wieder besser ging, hat er mich links liegen lassen und betrogen. Ich habe mir danach geschworen, mich nie, nie, nie wieder zu verlieben. Nie wieder wollte ich mein Herz für einen männlichen Idioten öffnen. Aber nach ein paar Monaten ging es mir schon ein wenig besser und wenn ich im Bus saß, schaute ich dann und wann schon mal einen anderen Typen an und dachte: Sieht gut aus. Tja, und irgendwann lief ER mir dann über den Weg und da waren sie wieder, die Schmetterlinge und dieses tolle Gefühl, und ich kann euch sagen: Jede Liebe ist ein bisschen anders, aber immer nur total wunderbar!!!! Und – Achtung, es wird romantisch – irgendwann triffst du jemanden, bei dem die Liebe ganz besonders ist, und du willst für immer bleiben ... Bei mir hat es ein bisschen gedauert und ich musste erst ein paar Frösche küssen, bis ich den wunderbarsten Partner der Welt gefunden habe. Aber es hat sich gelohnt, zu warten. Vollkommen. ☺

Wer Liebeskummer hat und mittendrin steckt in dem schwarzen Loch der Verzweiflung, fragt sich zu Recht: Lohnt sich der ganze Schmerz für ein paar Monate Kribbeln im Bauch? Ich könnte ein Buch mit Liebesdramen füllen und lebe noch! Und das ist ganz wichtig: Egal wie schlimm dein Liebeskummer ist, irgendwann geht er vorbei und es geht dir wieder gut. Und dann fragst du dich oft, wie du diesem Idioten nur so lange hinterhertrauern konntest.

Sarah: Ich war in der achten Klasse oder sogar bis zur neunten mit 'nem Jungen zusammen, bis ihm eine »Freundin« von mir erzählte, ich hätte mit einem Kumpel von mir rumgemacht, vor ihren Augen!! Das hatte ich niemals getan!

197

Der Kumpel war sogar ein Freund von ihm, also was für ein Schwachsinn!! Doch mein Freund glaubte der blöden Kuh und machte einfach mit mir Schluss!!!! Ohne mit mir über das angeblich Getane zu reden! Für ihn war das Ding gegessen!

Was habe ich geheult und was war ich wütend!!!! Und was hatte ich für Liebeskummer! Das Schlimmste war, er wusste sogar, dass sie Schwachsinn erzählt hatte und das alles nicht stimmte. Er hat das einfach nur als Vorwand benutzt, um die Beziehung mit mir zu beenden. Ich wusste noch nicht mal warum, und weiß es bis heute nicht. Aber das ist echt egal. Wenn ich jetzt darüber schreibe, bin ich bestimmt nicht mehr traurig, sondern einfach nur noch stinksauer!!!

Jeder träumt davon, die große Liebe zu finden, und genau das solltest du auch tun! Auch wenn du mal ganz schlimm verletzt wurdest oder nicht gut behandelt. Nicht alle Jungs sind gleich. Ja, es gibt totale Arschlöcher, auf jeden Fall sogar! Aber es gibt auch genauso viele gemeine Mädchen. Wichtig ist, dass du weiter daran glaubst, dass dich irgendwann einmal ein echt toller Typ von ganzem Herzen lieben und erkennen wird, wie toll du bist. Was du aber niemals tun solltest: Lasse dich nicht ein zweites Mal mit einem Typen ein, der dich verletzt hat. Solche Kerle tun einem immer wieder weh und ändern sich nicht, obwohl sie es dir hoch und heilig versprechen. So was zu akzeptieren ist unglaublich schwer, aber lieber keinen Freund als jemanden, der einem immer wieder wehtut! Gleiches gilt auch für Jungs, die dich betrogen haben. Die können sich noch mal und noch mal entschuldigen, sie würden es doch immer wieder tun.

LIEBE, FLIRT & SEX

Gegen Liebeskummer gibt es leider kein Patentrezept, aber es gibt ein paar Dinge, die dir das Weitermachen erleichtern und dir helfen, über den Ex hinwegzukommen:

- Heule dich zu Hause aus. Schlage in dein Kissen oder haue auf sonst irgendwas. Alles ist erlaubt, um deinen Schmerz rauszulassen, aber verletze dich nicht selbst!

- Heule dich bei deiner Freundin, deiner Schwester, deinem Bruder, Kumpel oder bei Mama richtig aus! Lass dich trösten! Das hilft zwar noch nicht sehr viel, aber du fühlst dich nicht so allein.

- Verkrieche dich für eine Weile zu Hause. So kannst du ihm oder seinen Freunden nicht begegnen. Wenn du deinen Eltern erklärst, was passiert ist, darfst du sicher auch ein, zwei Tage zu Hause bleiben. Mach dir einen schönen Abend zu Hause, allein oder mit jemandem zusammen. Stopf dich mit Schokolade und Chips voll und guck 'nen schönen Liebesfilm, der gibt dir wieder Hoffnung, dass auch du die große Liebe finden wirst. Oder lies ein schönes Buch. Nach ein paar Tagen solltest du dann aber wieder vor die Tür gehen.

- Notiere alles in dein Tagebuch. Schreibe auf, was dich alles an deinem Ex ankotzt. Du kannst auch alles, was du ihm schon immer sagen wolltest, in einen Brief schreiben. Nimm einfach den Stift in die Hand und schreibe alles auf, was dir in den Kopf kommt. Schicke diesen Brief aber nicht ab!!! Er soll keine Abrechnung mit deinem Ex sein, sondern dir einfach als Ventil dienen, um deine Gefühle rauszulassen. Beim Schreiben kannst du auch euer Lieblingslied hören und deinen Tränen freien Lauf lassen.

- Schenke dir selbst irgendwas Schönes, auf das du schon länger Lust hattest. Gönne es dir!!!! Vielleicht wolltest du ja auch schon lange einmal einen Freund oder eine Freundin in einer anderen Stadt besuchen. Jetzt ist die beste Zeit dafür. Das lenkt dich ab und du kommst mal raus. Oder du kaufst Karten für ein Konzert deines Lieblingsstars und schenkst dir so selber ein tolles Erlebnis!

- Wenn du so weit bist, verbanne alles, was dich an deinen Ex erinnert, aus deinem Zimmer. Packe es in irgendeine Kiste oder wirf es weg. Wenn du es nicht mehr jeden Tag sehen musst, macht es dir das Beziehungsende einfacher. Lass dich ablenken! Unternimm etwas Schönes mit anderen Leuten zusammen, jedoch nicht mit Menschen aus seinem Freundeskreis, das macht dich nur wieder traurig. Geh ins Kino, tanzen oder shoppen.
- Bei gutem Wetter kannst du viel spazieren gehen. Oder du beginnst mit Joggen. Danach fühlst du dich freier und denkst wieder positiver. Das Gleiche gilt für alle anderen Sportarten. Da kannst du alles rauslassen, fühlst dich danach fitter und hast was Gutes für dich getan.
- Nach einer abgeschlossenen Beziehung kann dir auch ein neuer Look helfen. Ideal dafür sind deine Haare. Du wolltest zum Beispiel immer schon einmal zu einem Trendfriseur? Dann ist nun die beste Zeit dafür. Manchmal lässt sich Mama sogar in einer Situation wie dieser dazu überreden, ein wenig Geld dazuzugeben. ;-) Natürlich kann man sich auch neu stylen. Kaufe dir etwas, in dem du dich einfach nur pudelwohl fühlst oder total heiß und sexy.
- Schließe mit ihm ab – endgültig!!! Das kannst du tun, indem du noch mal mit einer außenstehenden Person sprichst. Oder du verbrennst ein Foto von euch beiden oder von ihm.

Neben den Dingen, die dir helfen, gibt es aber auch ein paar, die du besser nicht tun solltest. Das sind folgende:

- Leide, aber nicht ewig. Verkrieche dich nicht zu lange. Das Leben geht weiter und es wartet mit so vielen tollen Dingen auf dich. Schaue nach vorne, es kommt noch so viel Gutes auf dich zu!

LIEBE, FLIRT & SEX

- Rufe ihn nicht an und suche nicht den Kontakt auf anderen Wegen. Am besten löschst du seine Nummer aus deinem Handy und beendest auch die Freundschaften bei Facebook und Co. mit ihm; lösche ihn aus deiner Skype-Liste. Wenn du jeden Tag lesen musst, was er alles tut, und ein Bild von ihm siehst, hilft dir das nicht wirklich weiter.

- Lauer ihm auf gar keinen Fall auf, um ihn zur Rede zu stellen. Ebenso solltest du auch seine Freunde (erst einmal) nicht treffen. Gerade wenn sie euch beide kennen, ist die neue Situation auch für sie nicht einfach. Daher kann es dir passieren, dass sie dir aus dem Weg gehen, wenn sie dich in der Stadt oder auf dem Schulhof sehen. Das tut weh, aber es ist ihre Art, mit eurer Trennung umzugehen, und sie haben das Gefühl, zu ihrem Freund halten zu müssen. Deine Freundinnen werden es sicher genauso mit ihm machen. Auch seine Eltern sind in der derzeitigen Situation keine guten Ansprechpartner für dich, dafür sind DEINE Eltern ideal, um dir nun beizustehen.

- Tröste dich nicht mit irgendeinem anderen Typen. Das hilft nicht und macht dir nur noch mehr Probleme. Außerdem würdest du den anderen Jungen sehr verletzen, wenn er dich wirklich mag und du ihn nur zum Vergessen benutzt.

- Rede nicht schlecht über ihn, weder im Netz noch in der Öffentlichkeit. Das ist unfair und vor allem total daneben. Wenn du Schluss mit jemandem machst, willst du ja auch nicht, dass er hinter deinem Rücken Lügen über dich verbreitet.

- Räche dich nicht an ihm, indem du beispielsweise mit seinem besten Freund oder einem anderen Freund von ihm etwas anfängst. Wenn er dich dann als Schlampe bezeichnet, muss ich ihm leider recht geben. Auch das ist total daneben und hilft wirklich keinem, dir am allerwenigsten. Denn am Ende bist du diejenige, die am meisten leidet.

💣 Liebeskummer tut weh, aber ihn in Alkohol zu ertränken, funktioniert nicht. Statt dich auf der nächsten Party an der Bar abzuschießen, gehe lieber auf die Tanzfläche und tobe dich beim Tanzen aus. Gleiches gilt natürlich auch für Drogen.

Liebeskummer ist und bleibt einfach der schlimmste Schmerz, den wir fühlen können. Basta. Es zerreißt einem das Herz und man glaubt wirklich, dass das Leben nie wieder schön wird. Aber du wirst sehen, es wird immer wieder neue Männer geben, die dich interessieren. Und dann ist es vollkommen okay, wenn du die ganze Sache ein wenig langsamer angehen lässt und dich nicht Hals über Kopf in die nächste Beziehung stürzt. Das ist kein Rezept dafür, einem Arschloch zu entgehen. Aber es ist immer gut, einen Typen erst mal etwas genauer unter die Lupe zu nehmen, bevor du was mit ihm anfängst.

> **Sarah:** Mein Tipp, wenn du mit einem Jungen eine Beziehung willst: Schlaf nicht schon beim ersten, zweiten oder dritten Date mit ihm. Lerne ihn erst mal kennen. Wenn ein Junge nämlich gleich sexuellen Kontakt mit dir will, dann will er dich vielleicht einfach nur flachlegen und lässt dich danach fallen. Da ist Liebeskummer sofort vorprogrammiert. Also lieber ein bisschen zappeln lassen. Wenn er eh nur das eine will, hat er sowieso keine Lust, ewig zu warten, und macht sich bald aus dem Staub. Und schwupp, schon bist du diesen Idioten los. Wenn er aber wartet, bis du bereit dazu bist, mit ihm zu schlafen, kannst du davon ausgehen, dass er wirklich was von dir will. :-)

Zum Schluss dieses Kapitels nun aber zurück zu den schönen Seiten der Liebe: *Twilight, High School Musical, Bridget Jo-*

nes – das sind die aktuellen Favoriten, wenn es um das Thema »Große Liebe« geht. Als ich so alt war wie du, waren es eher *Pretty Woman, My Girl, Titanic, Dirty Dancing* und sogar *La Boum.* Aber verändert hat sich nicht wirklich viel.

Denn die große Liebe ist irgendwie immer gleich und wird es auch immer bleiben. Egal, welcher Film gerade im Kino läuft oder welches Promipaar seine Liebe momentan sehr öffentlich zur Schau stellt. Denn die große Liebe ist IMMER etwas ganz Besonderes. Und genauso individuell, wie man selber ist, so einzigartig erlebt man sie auch. Ich selber war schon öfter verliebt und immer überzeugt: Das IST sie nun, DIE EINZIGE GROSSE LIEBE. Ich bin eine hoffnungslose Romantikerin, die sich nur auf einen Typen einlassen kann, wenn sie ihn so richtig doll mag und absolut verknallt ist. »Mal schnell« und »nur so« gibt es bei mir nicht. Leider sehen das andere Menschen oft ein wenig lockerer, sodass ich schon des Öfteren auf die Schnauze geflogen bin.

Doch glaube mir, es lohnt sich, daran zu glauben, dass man irgendwann den perfekten Partner findet. Und wenn man dann total verliebt ist, kann einem keiner was. Dann fühlst du dich stark und unbesiegbar und plötzlich ist dir die Meinung von anderen, die vielleicht dummes Zeug über dich quatschen, so was von egal. Denn dieser EINE Mensch macht dich glücklich und vor allem findet er dich genau so toll, wie du bist. Jedes Mal, wenn ihr euch seht, bist du aufgeregt und überlegst dir vorher tausendmal, was du anziehst und wie du deine Haare machst. Doch dann seid ihr zusammen und all das spielt gar keine Rolle mehr. Denn in der Zeit, in der ihr beieinander seid, denkt ihr kaum noch über irgendwas nach, sondern freut euch einfach nur total.

Du stehst am Morgen auf und kannst an niemand anderen denken, du schläfst abends ein und denkst an ihn und in der

Schule, beim Lernen, am Mittagstisch und sowieso beherrscht dieser eine Kerl deine Gedanken ... Sicher, das ist irgendwie bei allen neuen Lieben so. Aber woran erkennst du nun, dass es die GROSSE Liebe ist? Ganz einfach: Die Gefühle, die du hast, hören nicht auf, sondern werden einfach immer stärker. Du kannst dem anderen total vertrauen und fühlst dich in seiner Gegenwart einfach sicher und wohl. Ihr lacht zusammen und auch über euch – und keiner ist dem anderen deshalb böse.

Große Liebe heißt übrigens nicht, dass es keinen Streit gibt. Auch der gehört dazu, denn wir alle sind nun mal Menschen mit eigenen Wünschen und Vorstellungen. Aber wenn man den anderen liebt, geht man danach auch wieder aufeinander zu, nimmt sich in den Arm und verträgt sich wieder. Und keiner wirft dem anderen vor, dass ER falsch gehandelt habe. Man kann sich verzeihen und akzeptiert damit, dass der andere auch in dem WIR immer noch ein ICH ist. Ebenso hat man selbst vor dem Mann, den man total liebt, noch Geheimnisse. Und das ist auch wichtig. Denn jeder muss noch ein bisschen Privatsphäre haben.

Wahre Liebe tut übrigens niemals weh. Nicht psychisch und auch nicht körperlich. Daher: Solltest du in einer Beziehung ständig traurig sein oder das Gefühl haben, dass da was nicht richtig läuft, dann sage das und verdränge es nicht. Denn unser Bauch und unsere Gefühle wissen ganz genau, wann sie uns warnen müssen. Wie oft kommt es vor, dass Menschen, die auf die Nase gefallen sind, nachher sagen: »Irgendwie hatte ich das im Gefühl ...« Tja, und so ist es wirklich. Liebe ist es immer dann, wenn du dich gut und glücklich und zufrieden fühlst. Und nicht, wenn du denkst, dass du mehr tust für den anderen, dass er dich vernachlässigt oder dich nicht ernst nimmt. Und

LIEBE, FLIRT & SEX

wenn er dir körperlich wehtut, dann renne weg, so schnell du kannst. Das ist wirklich das Allerschlimmste, was ein Mann tun kann. Am besten zeigst du ihn sogar an, damit er so etwas nie wieder tut. Mit dir nicht und auch mit keiner anderen Frau beziehungsweise keinem anderen Mädchen. Habe keine Scheu, denn DU BIST IM RECHT!!!

Also: Genieße die Liebe und lebe sie! Und dein Bauch, dein Herz und alle deine Gefühle werden es dir ganz klar signalisieren, wenn der RICHTIGE in dein Leben getreten ist. Manchmal kommt er früh, manchmal später ... Aber irgendwann kommt er! Ganz sicher! Und dann ist es wichtig, dass du nicht gerade deine Zeit mit einem Idioten verbringst, der dir nicht guttut oder dich in Beschlag nimmt!

Ja, ich Will

Der erste Kuss, das erste Mal, die erste große Liebe

Es ist passiert. Ihr seid zusammen. Du hast deinen ersten richtigen Freund. Ihr geht jetzt miteinander. Doch was heißt das denn?! Und vor allem, was macht man nun zusammen? Kann man küssen lernen? Wie ist das mit dem Händchenhalten? Und tut das erste Mal wirklich einfach nur weh? Wann sollte man als Mädchen überhaupt zum ersten Mal mit einem Jungen geschlafen haben?

Im Grunde gibt es für uns Mädchen nur zwei wichtige Themen in der Pubertät: einerseits unser Körper, andererseits die erste Liebe, das erste Mal und alles, was dazugehört. Über die Veränderungen des Körpers haben wir ja schon gesprochen, daher geht es nun um die wohl wichtigsten Dinge auf dem Weg zum Erwachsenwerden. Jedenfalls haben bei mir die Themen »Küssen«, »Das erste Mal« und damit auch »Verhütung« ziemliche Verwirrung ausgelöst. Und mit meinem ersten Freund drehte sich in meinem Leben nahezu alles um die Frage: »Ja, ich will, aber wie mache ich es?«

> **Sarah:** Wenn ich an meinen ersten Kuss und mein erstes Mal denke, könnte ich mir heute noch mit der flachen Hand an die Stirn klatschen. Denn ich habe sicher alles falsch gemacht. Da ich nur wenige Freundinnen hatte und den ganzen Tag über eigentlich mit Jungs abgehangen habe,

kam mir gar nicht in den Sinn, dass die eventuell plötzlich mehr von mir wollen könnten. Ziemlich naiv, ich weiß. Und auch heute ist mir das noch ein wenig peinlich.

So blauäugig, wie ich mit diesem Thema umgegangen bin, kam es dann auch zum ersten Kuss. Den erlebte ich mit jemandem, in den ich nicht wirklich verknallt war. Mir gefielen einfach seine schönen blauen Augen und eines Tages überrumpelte er mich völlig. Ich fand den Kuss echt komisch und hatte mir das irgendwie anders vorgestellt. Außerdem hatte ich eine feste Zahnspange. Und um es noch schlimmer zu machen, dachte ich verkitschte Kuh, dass ich total verknallt wäre. Nach drei Tagen ging mir aber zum Glück ein Licht auf und die rosarote Brille war weg. Ich sage dir: Böses Erwachen! Als ich ihm klarmachte, dass er nicht »mein Typ« war, flippte er vollkommen aus: Er ließ drei Jahre lang keinen Moment aus, mich in der Schule zu terrorisieren. Er behauptete sogar, dass ich einen furchtbaren Mundgeruch hätte und nicht küssen könne. Dann flog er glücklicherweise von der Schule. :-)

Die Frage, ob man küssen lernen könne, habe ich mir bereits mit elf Jahren gestellt. Ich war unglücklich verliebt, aber total sicher, wenn ich ihn erst einmal küssen und er merken würde, wie gut ich das konnte, dann würde schon alles andere von selbst passieren. Also kaufte ich mir heimlich die *Bravo* – ja Mama, ich habe es getan! – und suchte alle Infos zusammen, die ich nur bekommen konnte. Dagegen traute ich mich nicht, mit meiner besten Freundin über das Thema zu sprechen. Schön blöd, wie ich heute weiß. Denn sie hatte damals die gleichen Fragen wie ich und ebenfalls nicht den Mut, mich einzuweihen.

Beim Schreiben dieses Buches habe ich mich an meinen ersten Kuss erinnert und an viele weitere, die noch kamen. Und manchmal war ich wirklich überrascht, was für verschiedene Küsse es gibt. Falls es dich interessiert, findest du hier eine kleine Übersicht. Wenn nicht, dann blättere einfach weiter.

Küsse auf den Mund: Der Kuss überhaupt. Er kann so verschieden sein wie sein Anlass. Selbst bei Paaren ist er nicht immer gleich. Mal ist es ein schneller Kuss zur Begrüßung, manchmal ein inniger, der Beginn des Vorspiels ist. Du kannst dabei den Kopf schief legen und mit deinen Händen durch die Haare am Hinterkopf deines Partners wuseln. Du kannst deine Lippen ganz fest auf seine drücken und daran saugen.

Mit einem Kuss auf den Mund begrüßen sich aber auch enge Freundinnen. Das hat dann nichts mit sexuellen Gedanken zu tun, sondern zeigt, wie nah sich diese beiden Frauen sind.

Zungenküsse: Der Kuss, vor dem wir alle beim ersten Mal Angst haben oder hatten. Auch ich habe mich immer gefragt, wie das denn nun geht mit dem Kuss und der Zunge. Wie schnell kann das in Gesabber und Schleckereien ausarten. Und das ist einfach nur ekelhaft. Beginne deshalb immer ganz vorsichtig mit vielen kleinen Küssen auf den Mund. Dann kannst du langsam deine Lippen ein wenig öffnen und deine Zunge ebenfalls ganz vorsichtig nach vorne schieben. Am besten fährst du mit der Zunge erst einmal über deine eigenen Lippen. Dabei berührst du schon die Lippen deines Freundes und er wird darauf in irgendeiner Form reagieren. Öffnet er seinen Mund, kannst du ganz langsam deine Zunge weiter vorstrecken und damit seine Lippen entlangfahren. Auf gar keinen Fall solltest du deine Zunge wie eine Echse vorschnellen lassen und in seinem Mund versenken. Das Geheimnis beim Zungenkuss ist das Gefühl. Taste dich immer vorsichtig vor und erkunde mit deiner Zunge LANGSAM die Lippen und den Mund deines Freundes. Dabei kannst du auch die Zunge vorsichtig über seine Vorderzähne gleiten lassen. Ein Zungenkuss ist meistens der Auftakt zum Sex. Dann wird es immer leidenschaftlicher und oftmals auch ein wenig wilder.

Küsse auf den Hals: Wenn du fest am Hals deines Freundes saugst, bekommt er einen Knutschfleck. Daher solltest du immer vorher fragen, ob das in Ordnung ist. So sollte er es auch bei dir machen – denn wenn deine Eltern noch nicht wissen, dass du einen Freund hast, und du mit einem Knutschfleck nach Hause kommst, dann ist die Hölle los. Garantiert.

Du kannst aber auch etwas ganz Sanftes ausprobieren. Drücke mal deinen leicht geöffneten Mund auf deinen Handrücken und dann kreise mit deiner Zungenspitze ganz langsam darauf herum. Schon hast du einen gut geübten Kuss für den Hals parat. Und frage dich bei allen Küssen immer: Wenn das jemand mit mir machen würde, würde ich es schön finden? Halsküsse sind übrigens etwas ganz Tolles, der Hals ist eine deiner erogensten Zonen.

Handküsse: Der angedeutete Kuss auf die Hand ist eine Höflichkeitsgeste aus dem 18. Jahrhundert. Heute setzen ihn manche Jungs zum Flirten ein. Du kannst aber auch zuerst die Innenseite der Hand deines Freundes mit vielen kleinen Küssen bedecken und dann an seinen Fingern saugen (wie im Film Titanic) – das ist jedoch schon etwas für Fortgeschrittene und oft Teil des Vorspiels oder passiert während des Sex.

Küsse auf das Ohr: Die sind schwieriger. Stecke NIEMALS, wirklich NIEMALS deine Zunge in sein Ohr. Mal davon abgesehen, dass du sicher nicht wissen willst, wie Ohrenschmalz schmeckt, ist das für deinen Partner echt nicht angenehm. Es ist einfach nur laut und nass und klingt wie ein schmatzender Abfluss. Also absolut nicht geil. Was du auch unbedingt beachten musst: Egal was du tust, tue es leise! Küssen ist sowieso in diesem Zusammenhang nicht das richtige Wort, handelt es sich doch eher um ein sanftes Knabbern am Ohrläppchen und der Ohrmuschel. Du kannst auch einen Teil der Ohrmuschel vorsichtig mit deinen Lippen umschließen und ganz leicht daran saugen.

Küsse in den Nacken: Mit den Küssen in den Nacken verhält es sich genauso wie mit Küssen auf den Hals.

Nasenküsse: Eskimos drücken so ihre Zuneigung zueinander aus. Niemand weiß so recht, warum sie das machen, aber vielleicht liegt es daran, dass die Nase oft der einzige Körperteil ist, der aus ihren warmen Kleidungsstücken herausschaut. Beim Nasenkuss reibt ihr sanft eure Nasenspitzen aneinander oder küsst euch zärtlich auf die Nasenspitze.

Bauchnabelküsse: Sie sind Teil des Vorspiels oder auch des Pettings. Dabei küsst du ganz leicht den Bauchnabel deines Freundes oder die Körperpartien direkt daneben. Das ist sehr erregend für ihn, da du sehr nah an seinem empfindlichsten Körperteil bist. Wundere dich also nicht, wenn er dabei komische Geräusche von sich gibt. ;-)

Wangenküsse: Erst links, dann rechts ein Kuss auf die Wange – so begrüßen sich Freunde, Bekannte und teilweise auch

Angehörige. In Frankreich und der Schweiz küsst man links, rechts und dann noch einmal links, in anderen Ländern gibt es andere Varianten. Dieser Kuss wird auch als Bussi bezeichnet und daher stammt auch das Wort Bussi-Bussi-Gesellschaft. Gemeint ist damit die Schickeria, die sich so sehr oberflächlich begrüßt. Wangenküsse sind nicht wirklich intim und werden sogar von Menschen ausgetauscht, die sich bislang noch nicht einmal kannten.

Neben dem WOHIN ist es eigentlich das WIE, das Küssen so abwechslungsreich und spannend macht:

Knabberküsse: Die kannst du überall am Körper ausprobieren. Knabbere dabei mit deinen Zähnen ganz sanft an seinen erogenen Stellen. Das sind Hals, Ohren, Bauchnabel, Brust, Innenseite der Oberschenkel und Rücken.

Schmetterlingsküsse: Dabei schlagen eure Wimpern aneinander wie die Flügel eines Schmetterlings.

Sex-Küsse: Sich beim Sex zu küssen ist noch prickelnder als jeder andere Kuss.

Schüchterne Küsse: Du berührst ganz vorsichtig mit den Lippen den Körper des anderen. Schüchterne Küsse gehören zur Anfangszeit einer jeden Beziehung. Wenn du jemanden gerade kennenlernst, tastet ihr euch so langsam aneinander heran. Diese Küsse können aber auch später sehr erotisch sein. Wenn du den Körper deines Freundes beispielsweise mit vielen kleinen Küsschen bedeckst, wirst du dich wundern, was das bei ihm auslöst.

Beziehungsküsse: Das sind sehr schöne, vertraute Küsse, weil man sich schon länger kennt. Jedes Paar hat da seine ganz eigenen Küsse, das können kleine, süße Schmatzer sein, aber auch Zungen- und erotische Küsse.

Mama-Papa-Küsse: Haben nichts mit Beziehungsküssen zu tun, sollten sie auch nicht! Das sind einfach Küsse auf die Wange, die du deinen Eltern gibst oder von ihnen bekommst. Sie sagen: Ich hab dich lieb.

Freundinnenküsse: Küsse unter Freundinnen können auch Küsse auf den Mund sein. Je nachdem, wie sehr sich die Freundinnen mögen. In der Regel küssen sich Freundinnen zur Begrüßung und zum Abschied auf die Wange.

Die Frage, ob man küssen lernen könne, musste ich mir übrigens mit »Ja« beantworten. Küssen hat ganz viel mit Gefühl, aber auch mit Übung zu tun. Der erste Kuss sollte etwas besonders Schönes sein. So mit Kribbeln im Bauch und einer wunderbaren Aufregung. Das macht das Ganze viel spannender und intensiver! Doch der erste Kuss wird auf keinen Fall der Beste sein, den du bekommen, aber auch verschenken wirst.

Kein Mädchen kommt auf die Welt und kann perfekt küssen. Gerade, wenn dein Freund noch nie ein Mädchen geküsst hat und du noch nie einen Jungen, beginnt ihr am besten mit einem ganz kleinen und vorsichtigen Kuss. Vielleicht kennst du den Film *My Girl*, da küssen sich die beiden auch ganz schnell und vorsichtig. So in etwa meine ich das. Wenn ihr beide gleich Vollgas gebt, kann es passieren, dass es eine sabberige und nicht so schöne Angelegenheit wird. Ebenso solltest du beim ersten Mal nicht sofort deine Zunge in seinen Mund stecken.

LIEBE, FLIRT & SEX

Auch wenn du überall liest, dass der Zungenkuss einfach der schönste und innigste Kuss ist. Denn er ist wirklich nur dann innig und schön, wenn du und dein Freund schon ein bisschen Kusserfahrung gesammelt habt.

Küsst euch erst mal sanft auf die Lippen. Höre dabei in dich hinein. Wummert dein Herz, spürst du die Schmetterlinge und dieses wohlige Grummeln in deiner Magengegend?! Manchmal bekommt man auch ganz feuchte Hände vor Aufregung. Dafür brauchst du dich nicht zu schämen. Deine Hormone tanzen einfach gerade Tango. Nach ersten vorsichtigen Küssen könnt ihr dann einen weiteren Schritt machen. Als Nächstes kannst du leicht die Lippen öffnen und gucken, was passiert und wie sich das anfühlt. Da die Innenseiten deiner Lippen ganz besonders empfindlich sind, wird der Kuss automatisch intensiver. Wenn du nun noch mit deinen Lippen sanft seine Ober- oder Unterlippe umschließt und vorsichtig daran saugst, wird das Kribbeln bei euch beiden noch viel, viel stärker werden.

Wenn ihr mögt, könnt ihr nun gleich weitermachen oder erst einmal bei diesen Küssen bleiben. Du kannst auch ein bisschen an seinen Lippen knabbern und so eurem ersten Zungenkuss immer näher kommen. Meistens passiert es nach einiger Zeit ganz automatisch und ohne Vorankündigung. Oft ist das auch die beste Art, wie es passieren kann. Denn so setzt sich keiner von euch unter Druck.

Beim Zungenkuss öffnet ihr beide vorsichtig eure Lippen. Damit meine ich nicht, dass du wie beim Gähnen dein Mäulchen aufreißen sollst. Am besten sagst du jetzt mal: »A«. Diese Mundstellung ist für einen Zungenkuss optimal. Wenn du magst, kannst du das auch mal in einem ungestörten Augenblick ausprobieren. Sag: »A«, und lass die Lippen einfach offen. Nun kannst du mit der Zunge vorsichtig deine Ober- und dann deine Unterlippe entlangfahren. Danach wiederholst du das, nur dass du versuchst, außen an deinen Lippen entlangzufahren. Genauso kannst du auch deinen ersten Zungenkuss starten. Nur dass du dann nicht an deinen Lippen außen entlangfährst, sondern an seinen Lippen. Danach kann er das auch bei dir ausprobieren. Hörst du dabei immer noch dein Herz wummern? Dann ist alles wunderbar – genieße es!!! Nach einiger Zeit kannst du seine Zunge ganz vorsichtig mit deiner berühren. Tja, und dann überlasse ich euch mal einfach euren Gefühlen. ;-) Ab hier entwickelt ihr beide nämlich eure ganz eigene Kusstechnik ...

Wichtig bei allen intimen Dingen ist, dass ihr euch viel Zeit lasst und immer darauf achtet, dass es dir und deinem Partner gefällt. Wenn es sabberig wird, hört besser auf und fangt noch einmal von vorne an. Ihr könnt euch auch ins Ohr flüstern, was schön ist und was nicht. Du darfst übrigens immer sagen, was du nicht so magst. Das gilt für alles, was ein anderer Mensch mit dir und deinem Körper macht. Es fängt beim Umarmen an und hört beim Sex auf – alles, was dir unangenehm ist, dir wehtut oder einfach nicht schön ist, darfst du sofort abbrechen und dem anderen sagen, dass es dir NICHT gefällt.

Ein No-Go ist übrigens, wenn dir jemand die Zunge mit voller Wucht in den Mund rammt und Propeller spielt. Das ist einfach nur ekelhaft. Genauso blöd ist es, wenn jemand meint, dir in die Lippen beißen zu müssen. Knabbern ist erotisch, aber wenn dir jemand die Unterlippe abbeißt, hat das nichts mehr mit Küssen und Romantik zu tun und auch Leidenschaft ist dafür keine Ausrede.

Küssen ist eine Gefühlssache. Daher finde ich, dass du es am besten einfach ausprobierst. So kannst du herausfinden, was sich gut anfühlt und was du weniger magst. Ein Geheimrezept

gibt es dafür nämlich nicht – auch wenn du das immer wieder in irgendwelchen Zeitschriften liest. Dazu kommt, dass jeder Mensch anders küsst. Oftmals entwickeln Pärchen auch ganz eigene Küsse während ihrer Beziehung. Das geht aber auch nur, weil sie über die Zeit gemeinsam herausgefunden haben, was der andere mag und was sich nicht so gut anfühlt. Auch Lachen und Kichern ist erlaubt, wenn mal was schiefgeht. Das lockert alles auf und ihr könnt danach einfach noch einmal von vorne anfangen.

Das alles bedeutet aber nicht, dass es mit einem neuen Freund nach einer Trennung gleich ist, also genauso innig und schön. Jeder Kuss mit einem anderen ist eine neue Erfahrung. Und glaube mir, jede von uns wird irgendwann einen schlechten Küsser erleben.

> **Wilma:** Ich werde niemals vergessen, wie ein Typ seinen Mund aufriss und mir dann seine Zunge bis zum Gaumen in den Mund rammte. Dabei grub er seine Finger in meinen Rücken und sabberte wie ein Bernhardiner. Mit aller Kraft wehrte ich mich dagegen, aber er wollte einfach nicht loslassen. Zum Glück musste auch er irgendwann Luft holen und danach meinte er sogar noch: »Das gefällt dir, oder?!« Ich habe ihn dann mit beiden Händen von mir geschoben, mich weggeduckt und schnell aus dem Staub gemacht. Der war so von sich überzeugt, dass sich reden an dieser Stelle nicht einmal mehr gelohnt hätte.

Wer behauptet, dass nach dem Küssen alles einfacher wird, der muss unter Gedächtnisverlust leiden. Danach wird es erst recht kompliziert. Denn je länger man mit einem Jungen geht, umso mehr beschäftigt man sich mit dem ersten Mal. Zudem will man ja auch nicht als Spätzünder gelten. Angeblich hat es die Hälfte aller 15-jährigen Mädchen schon hinter sich.

> **Wilma:** Mich kannst du auf jeden Fall einen Spätzünder nennen. Ich hatte mein erstes Mal nämlich mit 20 Jahren! Da ich zwischen dem 16. und 21. Lebensjahr unter Magersucht litt, war ich erst einmal genug mit mir selber beschäftigt und außerdem hatte kein Junge Bock, sich mit einem Skelett einzulassen. Da gab es genügend andere Mädchen, die einfach besser und vor allem gesünder aussahen und bei denen die Jungs keine Angst haben mussten, sie kaputt zu machen.

Wenn es um das erste Mal geht, liest du oft, dass du nur auf dich selber hören und dich auf gar keinen Fall unter Druck setzen (lassen) sollst. Dem stimme ich zu, möchte dir aber trotzdem sagen, dass Sex auch viel mit Ausprobieren zu tun hat. Ich meine nicht, dass du Dinge tun sollst, bei denen du dich schlecht fühlst, aber neugierig darfst du schon sein. Und mit einem Partner, dem du vertraust, macht dieses Experimentieren unheimlich viel Spaß. Sex lässt sich bis zu einem gewissen Grad nämlich lernen. Je öfter du es machst, umso schöner, interessanter und aufregender wird es. Außerdem machst du dir immer weniger Gedanken um die Sache an sich und kannst dich immer mehr entspannen.

Dazu kannst du ja vorher auch schon üben und deinen Körper kennenlernen. Selbstbefriedigung gehört sicher zu den Themen, zu denen du zu Hause von deinen Eltern nicht wirklich etwas erzählt bekommst. Auch in der Schule wird das nur mal ganz nebenbei verschämt erwähnt und dann schnell über was anderes gesprochen. Da wir hier ja unter uns sind und

LIEBE, FLIRT & SEX

offen miteinander reden, bekommst du nun mal ein wenig zum echt spannenden Thema Solosex erzählt:

Du kannst davon ausgehen, dass jeder schon einmal an sich selber, wie man immer so schön sagt, herumgespielt hat. Und Selbstbefriedigung beginnt viel früher, als du vielleicht glaubst. Hast du mal kleine nackte Kinder am Strand beobachtet? Die fummeln eigentlich immer an ihren (wenn man das bei denen schon so nennen kann) Genitalien rum. Was glaubst du, warum die das tun? Aus Langeweile? Falsch! Die finden das angenehm und es ruft lustige Gefühle in ihnen hervor. Früh übt sich also ...

Kleine Jungs schubbern sich beim Mittagsschlaf oder abends total gerne an ihrem Lieblingskuscheltier, am Kissen oder an der Bettdecke und kleine Mädchen machen das genauso gern. Wenn Kinder schon so offen auf Entdeckungstour gehen, dann brauchst du dich dafür erst recht nicht zu schämen. Wenn du dir die halbstarken Jungs aus deiner Klasse mal anschaust und Mäuschen spielst, wenn sie untereinander den coolen Macker machen, kannst du einiges erfahren. Da geht es auch darum, wie das ist, sich einen »runterzuholen« ... Sie prahlen damit vor ihren Freunden. Wir Mädchen sind zum Glück etwas diskreter, denn ich finde, dich selber kennenzulernen geht nur dich und deinen Körper etwas an.

Ich schreibe hier ein wenig ausführlicher darüber, weil ich dir die Angst nehmen will, dass du etwas Verbotenes tust. Viele Erwachsene behaupten das ja ganz gerne und wollen damit einfach verhindern, dass du sexuell aktiv wirst, da Selbstbefriedigung auch eine Art Vorspiel ist. Also schäme dich bitte nicht, sondern gehe entspannt auf Erkundungsreise. 86 Prozent aller Jungs befriedigen sich regelmäßig selbst und bei uns Mädels sind es sogar 90 Prozent.

Da du die meisten Fragen zum Thema wohl eher niemals laut äußern wirst – ich übrigens auch nicht ;-) –, schreibe ich sie hier einfach mal ganz still und leise hin:

♥ Wie komme ich zum Orgasmus? Und woran merke ich überhaupt, dass ich einen habe?
♥ Gibt es irgendwelche Regeln beim Solosex?
♥ Welche Technik ist die beste?
♥ Was ist mit Gegenständen und Hilfsmitteln? Ist das pervers?

Einige Antworten darauf findest du im folgenden Do-it-your-self-Guide. Und für den Rest der Entdeckungsreise wünsche ich dir viel Spaß. ;-)

Selbstbefriedigung ist eine super Möglichkeit, deinen Körper und insbesondere deinen Intimbereich besser kennenzulernen. So findest du heraus, was du magst, was sich gut anfühlt und was weniger angenehm ist. Du lernst, wie dein Körper auf bestimmte Berührungen reagiert, und weißt, wie es sich anfühlt, wenn du erregt bist und feucht wirst.

Je besser du weißt, was dir gefällt, desto mehr Spaß wirst du später beim Sex haben. Und auch dein Partner wird froh sein, wenn du ihm deinen Körper ein bisschen erklärst. Der hat nämlich einen ganz anderen und weiß nicht wirklich, wo eine Frau gerne angefasst werden möchte und wo nicht.

Die perfekte und einzig richtige Technik gibt es nicht. Da musst du schon selber Hand anlegen und es ausprobieren. Die meisten Mädchen liegen mit geschlossenen oder gespreizten Beinen auf dem Rücken und massieren ihre Klitoris, die inneren und äußeren Schamlippen, streicheln sich die Brüste, den Bauch oder die Schenkel. Nur ganz wenige legen sich dazu auf den Bauch. Wie fest du reibst und drückst, liegt bei dir.

Ebenso kannst du auch mal probieren, wie es sich anfühlt, wenn du einen Finger in deine Scheide einführst. Deiner Fantasie sind bei der Selbstbefriedigung keine Grenzen gesetzt. Erlaubt ist, was Spaß macht und nicht ungesund oder gefährlich ist. Denn ein paar Einschränkungen gibt es beim Spielen mit sich selber doch: Stecke niemals irgendwelche Gegenstände in dich hinein, die dafür nicht vorgesehen sind! Dazu gehören Flaschen, Gemüse, Holzstücke oder sonst irgendwas, was lang und schmal ist. Wenn du wirklich einmal fühlen willst, wie das ist, wenn da etwas in deiner Schatzkiste steckt, dann benutze extra dafür angefertigte Sextoys, also Dildos oder Vibratoren.

Was oder wen du dir beim Solosex vorstellst, bleibt allein dir überlassen. Das kann ein süßer Typ aus der Schule sein, auf den du stehst, dein Lieblingsschauspieler oder -sänger oder irgendein selbst erschaffener Traumprinz. Auch was du mit dem in deiner Vorstellung machst, liegt allein bei dir. Selbstbefriedigung soll auf jeden Fall Spaß machen und dir dabei helfen, deinen Körper besser kennen und auch lieben zu lernen.

Der nächste Schritt nach dem Küssen und der Selbstbefriedigung ist in der Regel das erste Mal, eben diese eine große Sache, vor der wir alle so viel Angst haben. Da Sex aber etwas ganz Normales ist, möchte ich ihn mit einer Sache vergleichen, die für dich ebenfalls zuerst undenkbar war und die DU lernen musstest: das Fahrradfahren.

Denkst du heute wirklich noch über das Treten, Lenken und Handzeichengeben nach, wenn du den Berg hinuntersaust? Oder fühlst du einfach nur den Wind in den Haaren und nimmst Fahrt auf? Ähnlich ist es mit Sex. Irgendwann passieren viele Dinge automatisch. Doch bis dahin dauert es eine Weile und die ein oder andere kleine Panne muss auch mal sein.

Immer wieder wird im Zusammenhang mit dem ersten Mal über die angeblichen Schmerzen gesprochen, die du »AUF JEDEN FALL« dabei haben wirst. Darum entsteht bei vielen Mädchen auch der Wunsch, es endlich hinter sich zu bringen. Koste es, was es wolle – irgendwann muss es einfach mal sein. Und dann springt man mit einem Typen in die Kiste, der es eigentlich nicht wert ist oder den man nicht liebt.

Sarah: Wie beim ersten Kuss spielen auch beim ersten Mal der Moment und der Typ eine sehr große Rolle. Ich habe es geschafft, auch dabei voll ins Klo zu greifen. Ich wusste durch *Bravo* und Co., dass das erste Mal ganz schön wehtun kann, und den Richtigen hatte ich auch nicht wirklich am Start. Also ging ich das ein bisschen anders an als andere Mädchen. Für mich war klar: Es wird nicht schön werden. So wollte ich mir die Enttäuschung ersparen. Tolle Logik, Sarah!

Mit dieser schwachsinnigen Meinung hielt ich meinen Freund über Wochen hin, weil ich Schiss hatte und eigentlich wollte, dass es schön wird. Schöne Misere. Heute sage ich, hätte ich es besser bleiben lassen und einfach noch ein wenig gewartet. Aber nein, ich war neugierig und wollte es endlich hinter mir haben. Und was soll ich sagen: Es war nicht schön, überhaupt nicht!! Ich wurde sogar zwei Wochen später von ihm betrogen. Zum Glück änderte sich alles mit einem neuen Freund und heute finde ich, Sex ist etwas sehr Schönes, Spannendes und Aufregendes. Vor allem ist es aber etwas sehr, sehr Intimes.

Oft sind es sogar deine Eltern und besonders deine Mama, die von den Schmerzen beim ersten Mal berichten. Ich habe mich schon damals gefragt, warum meine Mama so was sagt, denn eigentlich hatte ich mir gewünscht, dass sie – nachdem ich nun mal meinen Mut zusammengenommen und sie danach gefragt hatte – mir zur Seite stehen würde. Aber nein, sie beschrieb mir ein echtes Horrorszenario. Als ich älter war, habe ich sie dann noch einmal darauf angesprochen und sie hat zugegeben, dass sie damals ein wenig übertrieben hatte. Aber warum? Sie hatte einfach gedacht, wenn sie mir sagt, dass es wehtut und nicht schön ist, würde ich noch länger warten. Und das nur, weil sie Angst gehabt hatte, dass ich mich viel zu früh an einen falschen Typen »verschenken« würde. Großes Kino, Mama!

Wie beim Fahrradfahren kannst du dich auch an Sex langsam herantasten. Damit meine ich nicht, dass du wie bei der Selbstbefriedigung deinen Körper selber erkundest, sondern dass du dich in kleinen Etappen fortbewegen kannst. Mit einem Jungen intim werden bedeutet nämlich nicht, dass ihr gleich miteinander schlafen müsst. Versucht er, dich dazu zu überreden, ist er sowieso der Falsche. Ich habe keine Ahnung, wer das schlimme Wort dafür erfunden hat, aber Petting ist ideal, um die Angst vor dem ersten Mal zu vertreiben.

Es ist vollkommen normal, dass du dich verspannst, wenn er dir zum ersten Mal unter das T-Shirt fasst. Viele Mädchen halten dann auch die Luft an und versteifen. Danach geht

dann das Chaos im Gehirn los: Was soll ich tun? Was sind das für Empfindungen? Muss mir das nun gefallen? Finde ich das wirklich schön? Zieht er dann auch noch dein T-Shirt aus und eventuell sogar deinen BH, drehen deine Gefühle und deine Hormone vollkommen am Rad. Wenn du nun einfach weitermachst, ist es vollkommen normal, dass das erste Mal in einem Chaos endet. Denn so verkrampft, wie du jetzt schon bist – und in der Regel hast du zu diesem Zeitpunkt sogar noch deine Hose oder deinen Rock an –, wird es auf jeden Fall schmerzhaft sein, wenn er in dich eindringen möchte.

Dazu noch mal der Vergleich mit dem Fahrradfahren: Wenn du mit all der Angst vor dem Umfallen einfach auf dein Rad steigen würdest, ohne jemals zuvor mit Stützrädern oder Festhalten gefahren zu sein, würdest du dich auf jeden Fall so was von langmachen und auf die Fresse fliegen. Und die Wunden, die du dir dabei zuziehen würdest, würden dich immer begleiten.

Genauso ist es mit dem ersten Mal. Wer Schmerzen beim ersten Sex empfindet, es zum falschen Zeitpunkt mit dem falschen Jungen tut oder es viel zu schnell hinter sich bringen möchte, wird sich sein Leben lang traurig daran erinnern.

> **Sarah:** Mache es nicht wie ich. Warte lieber und tue es mit jemandem, der dir wirklich was bedeutet! Außerdem macht es einfach viel mehr Spaß, wenn man ineinander verknallt ist. Ich wünsche mir heute, dass ich mich langsam herangetastet und am Ende eine total verkitschte Liebesnummer gehabt hätte. Aber zu meiner eigenen Angst und dem Wunsch, es endlich hinter mich zu bringen, kam noch der Druck von meinem damaligen Freund hinzu. Und da wollte ich mithalten. Aber glaube mir, warte lieber und hab ein tolles erstes Mal, anstatt eine der Ersten zu sein und es

dafür nicht schön zu finden. Ich finde, jedes Mädchen hat es verdient, ein schönes erstes Mal zu erleben. Am besten noch mit 'nem echt süßen Typen, den es mag!

Es gibt kein Richtig und kein Falsch beim Sex. Es gibt nur dich und deine Gefühle. Und die Gefühle des anderen. Auch wenn sie es niemals zugeben würden: Typen haben genauso Angst vor dem ersten Mal. Das Geprotze und all die dummen Sprüche sind eine Fassade, hinter der sie ihre Ängste verstecken. Jungen haben besonders Angst davor zu versagen. In ihren Augen bedeutet das: Sie kommen zu früh. Manchmal sogar schon, bevor es richtig losgeht. Daher ist es auch für deinen Freund einfacher, wenn ihr das erste Mal nicht schnell durchzieht, sondern euch Zeit lasst. Lernt eure Körper kennen! Das könnt ihr ganz am Anfang sogar angezogen tun. Nehmt euch in den Arm, berührt euch an euren erogenen Zonen (Brüste, Penis, Scheide) und fühlt in euch hinein, wie das ist. Wenn es peinlich wird, fangt einfach an zu lachen! Das macht es um vieles einfacher.

So tastet ihr euch immer weiter vor. Es kann passieren, dass dein Freund bereits beim Petting – ich hoffe, dass irgendwann einmal jemand ein besseres Wort dafür erfindet – einen Samenerguss bekommt. Das ist ungewohnt, am Anfang auch komisch, aber nicht ekelig. Das ist total normal. Ihm wird es vielleicht trotzdem megapeinlich sein. Bitte lache dann nicht oder springe entsetzt auf – du würdest ja auch nicht wollen, dass er sich über die Erregung deines Körpers lustig macht. Wir Mädchen haben einfach den Vorteil, dass man uns die Lust und Leidenschaft nicht sofort ansieht.

Im Grunde ist dieses vorsichtige Kennenlernen schon ein Vorspiel. Es ist Fahrradfahren mit Stützrädern. Du kannst nicht umfallen, dich aber an das Gefühl gewöhnen. Lasst euch

so viel Zeit dafür, wie ihr wollt. Und macht es so oft, wie ihr es euch wünscht und Gelegenheit dazu habt.

> **Wilma:** Ich sage dir, es ist ein verdammt komisches Gefühl, wenn da plötzlich ein Junge an deine Brust fasst. Vor allem, wenn du dir nicht sicher bist, ob diese groß genug, fest genug oder was auch immer ist. Ich wusste gar nicht, was ich denken und fühlen sollte, und habe einfach die Luft angehalten. Irgendwann schaute mich mein Freund dann an und sagte: »Du bist ganz rot im Gesicht!« Erst da bemerkte ich, dass atmen vielleicht eine gute Idee sein könnte. Ähnlich erging es mir auch, als er zum ersten Mal mein T-Shirt auszog. Da habe ich vor allem den Bauch eingezogen, weil ich dachte, dass er ihn womöglich zu dick finden könnte.

Irgendwann kommt dann der Moment, in dem ihr beide merkt: Wir wollen es tun! Und damit sind wir bei einem Thema, mit dem heutzutage zum Glück ein wenig lockerer umgegangen wird als früher. Frage mal deine Mama, wer sie wie aufgeklärt hat! Das ist auch gleich eine gute Gelegenheit, um das Thema Verhütung anzusprechen. Sie wird dir dankbar sein, wenn du von dir aus auf sie zukommst. Denn glaube mir, sie weiß nicht, wie sie es am besten zur Sprache bringen soll. Sie schämt sich fast noch mehr, als du das tust.

Mama kann dich zum Frauenarzt (ich benutze mal die männliche Variante, auch wenn es natürlich jederzeit eine Frau sein kann) begleiten, wenn du das möchtest. Natürlich kannst du auch alleine hingehen, mit deiner besten Freundin oder der großen Schwester – das entscheidest alleine du. Wenn deine Eltern getrennt leben und du bei Papa wohnst, gibt es vielleicht die Mutter einer Freundin, der du dich anvertrauen kannst, oder eine Tante. Papa mitzunehmen ist wohl doch ein wenig komisch. Vor allem, weil er sich auf gar keinen Fall vorstellen möchte, dass ein Typ diese »Sache« mit seiner kleinen Tochter tut. Er würde sich noch unwohler in der Praxis fühlen als du.

Mama ist daher eine sehr gute Begleiterin. Außerdem halten Mütter diese Eigeninitiative für sehr verantwortungsbewusst und freuen sich total, wenn sie wenigstens ein bisschen am Leben ihrer Töchter teilnehmen können. Mama kann dir auch dabei helfen, den richtigen Arzt zu finden.

Der erste Besuch beim Frauenarzt dauert immer etwas länger. Oft werden euch vor Beginn der Untersuchung die Räumlichkeiten gezeigt und erklärt, was wofür verwendet wird. Danach findet ein Gespräch statt. Ob deine Mama oder deine Begleitung dabei mit im Raum ist, entscheidest du ganz alleine! Vor diesem Gespräch brauchst du keine Angst zu haben. Komische und falsche Fragen gibt es nicht. Außerdem kennen die Ärzte fast alle Ängste, die vor allem junge Mädchen bei ihrem ersten Besuch haben.

Zu den Fragen, auf die du dich einstellen kannst, gehören unter anderem:

- Welche Krankheiten, auch Kinderkrankheiten, hattest du? Wurdest du schon einmal an der Brust oder im Unterbauch operiert?
- Nimmst du regelmäßig Medikamente ein?
- Haben deine Eltern eine schwere Krankheit oder jemals gehabt?
- Hast du einen Impfpass?
- Wann hast du zum ersten Mal deine Periode bekommen? Kommt sie seitdem regelmäßig? Hast du Schmerzen dabei?
- Hattest du schon einmal Sex? Wenn ja, wie habt ihr verhütet?
- Warum bist du heute in die Praxis gekommen? (Stichwort: Verhütung)

Das sind ziemlich persönliche Fragen, ich weiß, aber all das muss der Arzt wissen, um dich optimal betreuen zu können. Und diese Fragen stellt er jeder Patientin. Wenn du daran denkst, ist es nur halb so peinlich! Im Rahmen des Gesprächs kannst auch du alle deine Fragen loswerden. Am besten schreibst du dir vorher einen Zettel und nimmst diesen mit.

Noch ein Tipp: Fange am besten mit der ersten Regelblutung an, einen Kalender zu führen. Den nimmst du dann einfach mit zum Arzt. Sich aus dem Kopf an den ersten Tag der Regel zu erinnern ist ziemlich schwierig. Für den Arzt ist es sehr hilfreich und auch für dich, wenn du weißt, wann deine Tage ungefähr wieder einsetzen und wie regelmäßig sie kommen.

Nach diesem Gespräch folgt die Untersuchung, oftmals in einem angrenzenden Zimmer. Dabei bist du alleine mit dem Arzt. Es sei denn, du bestehst darauf, dass deine Begleitung mit in den Raum kommt. Die Untersuchung selber ist nicht schön, da muss ich ehrlich sein. Der Stuhl sieht ein wenig aus wie ein Folterinstrument und sich »unten ohne« daraufzusetzen ist ein verdammt komisches Gefühl. Mit jedem Besuch, der nach deinem ersten folgen wird, gewöhnst du dich aber ein wenig mehr daran. Wenn es dir peinlich ist, deinen Unterkörper komplett nackt auszuziehen, kannst du auch einen Rock tragen. Den brauchst du dann nicht auszuziehen, sondern kannst ihn einfach ein wenig hochschieben. Während der Untersuchung erklärt der Arzt dir jeden Schritt. Angst brauchst du wirklich keine zu haben. Damit ausgeschlossen werden kann, dass du innere Krankheiten hast, führt er ein sogenanntes Spekulum in deine Scheide ein. Wenn du ruhig atmest, ist das am einfachsten. In der Regel wird bei Mädchen, die noch Jungfrau sind, das kleinste Spekulum benutzt. Wenn mit bloßem Auge nichts Unnatürliches erkennbar ist, entnimmt er noch mit einem Wat-

LIEBE, FLIRT & SEX

testab ein bisschen Schleim. Dieser sogenannte Abstrich wird nach der Untersuchung im Labor geprüft und gibt Aufschluss über eventuelle Krankheiten, die man so nicht erkennen kann. Danach wird das Spekulum wieder herausgezogen.

Dann kommt der etwas unangenehme, weil eben total ungewohnte, Teil. Der Arzt führt zwei Finger in deine Scheide ein und drückt mit der anderen Hand auf deinen Bauch. So kann er ertasten, ob deine Gebärmutter und deine Eierstöcke in Ordnung sind. Die Untersuchung dauert insgesamt nur wenige Minuten. Danach kannst du dich wieder anziehen.

> **Sarah:** Diese Prozedur wird niemals ein Highlight in deinem Leben sein. ABER sie gehört zum Erwachsenwerden und zum Sexleben einfach dazu. Zum Glück dauert es nicht lange und weh tut's auch nicht. Das größte Problem ist das Schamgefühl. Vielleicht hast du ja 'ne ganz coole Ärztin. Quatsche mit ihr einfach über irgendwas, das entspannt die Situation enorm. Ich wurde mal von meiner Frauenärztin während der Untersuchung auf eins meiner Filmprojekte angesprochen. Das war mir zuerst total peinlich, aber ich habe gemerkt, dass ich mich im Gespräch dann entspannte, und seitdem macht sie das immer so.

Zum Schluss wird noch deine Brust abgetastet. Dafür musst du deinen Oberkörper frei machen. Aber auch das dauert nur zwei bis drei Minuten. Danach kannst du dich wieder komplett anziehen. Im Besprechungsraum werden dir dann die Untersuchungsergebnisse erklärt und wenn du wegen der Verhütung gekommen bist, schlägt der Arzt dir nun eine Methode vor, von der er meint, dass sie für dich am besten ist. Danach erhältst du dafür ein Rezept.

Diese Methoden sind für junge Mädchen am besten geeignet:

METHODE & ANWENDUNG UND WIRKUNG

Pille: Die Antibabypille ist das meistgenutzte und sicherste Verhütungsmittel. Damit sie sicher wirkt, muss sie täglich etwa zur gleichen Zeit eingenommen werden. In der Regel gibt es wenige Nebenwirkungen. Einige Mädchen und Frauen leiden aber unter Kopfschmerzen, Schwindel, Übelkeit, Brustspannen und nehmen an Gewicht zu. Dafür kann die Pille aber auch bei Akne deine Haut verbessern und für einen regelmäßigen Zyklus sorgen. Da jede Frau anders auf die Pille reagiert, gibt es verschiedene Arten. Der Arzt wird aus diesen die für dich beste heraussuchen. Die Pille kostet je nach Art und Hersteller zwischen 5 und 17 Euro im Monat. Bis zu deinem 20. Lebensjahr zahlt die Krankenkasse diesen Betrag. Danach musst du sie selber bezahlen.

Verhütungspflaster: Die Mädchen, die die Pille vertragen, können ebenso das Verhütungspflaster benutzen. Die Wirkungsweise ist die gleiche, doch man muss nicht täglich dran denken, sondern nur alle 7 Tage. Nach 21 Tagen trägst du eine Woche lang kein Pflaster, danach fängst du wieder an. Das Pflaster ist hautfarben und misst 4,5 mal 4,5 Zentimeter. Platziert wird es auf eine trockene, saubere und gesunde Stelle am Bauch, Oberkörper (außer im Brustbereich), Po oder auf der Außenseite des Oberarms. Das Pflaster kostet 13 Euro pro Monat, der Betrag wird bis zu deinem 20. Lebensjahr von der Krankenkasse übernommen.

Vaginalring: Der Vaginalring funktioniert eigentlich genauso wie das Verhütungspflaster. Nur musst du den Ring in deiner Scheide tragen. Um ihn einzusetzen, nimmst du ihn in die Hand, drückst ihn zusammen und führst ihn dann wie einen Tampon ein. Er sitzt richtig, wenn du ihn nicht mehr spürst. Nach drei Wochen entfernst du den Ring wieder. Er stört weder beim Pipimachen noch beim Sex. Nachdem du dann deine Tage gehabt hast, setzt du einen neuen Ring ein. Der Vaginalring kostet für einen Monat 20 Euro und in der Dreierpackung 40 bis 45 Euro.

Egal welche Verhütungsmethode dir der Arzt verschreibt, denke bitte daran, immer auch noch ein Kondom zu verwenden. Es gibt nämlich neben Aids noch viele andere unangenehme Krankheiten, die beim Sex ohne Gummi übertragen werden können.

Sarah: Ich werde nie vergessen, wie wir in der fünften Klasse lernen sollten, wie man ein Kondom benutzt. Ich war gerade mal zwölf Jahre alt und dachte damals noch gar nicht an Sex. Um die richtige Anwendung zu üben, sollten wir ein Kondom über eine Banane streifen – eine BANANE! Mein Gott, waren wir alle albern.

Aber seitdem weiß ich, wie es geht. Gott sei Dank. Ich bin sicher, dass es ganz viele Typen gibt, die es nicht wissen oder die es vielleicht gar nicht interessiert. Andere tun möglicherweise nur so, als ob sie es nicht wüssten, damit du ohne Gummi mit ihnen schläfst. Bitte, bitte tue das niemals. Ein Kondom schützt nämlich nicht nur vor der Ansteckung mit HIV, sondern auch noch vor vielen anderen Krankheiten!!!

Die Pille danach ist übrigens keine Verhütungsmethode!!! Das möchte ich noch einmal in aller Deutlichkeit sagen. Sie ist so was wie der letzte Ausweg, wenn das Kondom gerissen ist. Da die Pille danach aus einem oder mehreren starken Hormonen besteht, kann es auch zu gesundheitlichen Problemen kommen. Es können Kopfschmerzen, Übelkeit, Erbrechen, Brustspannen, leichte Bauchschmerzen, Schwindelgefühle und Schmierblutungen auftreten. Daher verhütet immer richtig.

Wenn ihr beide euch nun langsam auf das erste Mal zubewegt habt und du außerdem seit einiger Zeit verhütest, dann wird irgendwann der Tag kommen, an dem ihr beide es tun möchtet. Das kann spontan passieren, indem ihr einfach nicht mehr mit dem Berühren, Küssen und euch gegenseitig Erkunden aufhört. (Habt daher auch immer ein Kondom in der Nähe!) Oder aber ihr bereitet den Tag richtig vor.

Am wichtigsten ist, dass ihr beide euch vertraut. So braucht keiner von euch Angst zu haben, dass etwas passiert, was nicht sein soll. Redet beim Sex miteinander. Lasse niemals zu, dass jemand etwas mit dir macht, was du nicht willst. Sage immer: »STOPP«, wenn dir etwas zu weit geht oder du dich nicht mehr wohlfühlst. Auch wenn es dein Freund ist, der zu weit gegangen ist. Selbst dann musst du »STOPP« sagen. Vielleicht hat er schon mehr Erfahrung und will Dinge tun, die du nicht kennst und/oder nicht tun möchtest. Sage das immer SOFORT und DEUTLICH.

Sex soll vor allem Spaß machen und wenn du deinen Freund schon lange kennst und ihr bereits viel ausprobiert habt, wird er auch merken, wenn dir etwas nicht gefällt. Im Eifer des Gefechts kann er aber auch einfach mal über die Stränge schlagen und zu heftig sein. Das kann passieren und ist dann nicht böse von ihm gemeint. Aber wenn du ihm nicht sagst, dass er dir damit wehtut, kann er es nicht wissen.

LIEBE, FLIRT & SEX

Nun zum wichtigsten Punkt: Ja, das erste Mal kann ein bisschen wehtun. Aber es ist nicht so, dass du das Gefühl haben wirst, vor Schmerzen zu sterben. In der Regel ziept es nur ein wenig, wenn dein Jungfernhäutchen reißt. Und je entspannter du bist, desto weniger wirst du es merken. Auch deshalb ist es gut, wenn ihr beide euch erst einmal nur anfasst und eure Körper kennenlernt. Selbst wenn ihr entschieden habt, dass nun der richtige Zeitpunkt ist, und du merkst, dass du dich dennoch total verkrampfst, hört immer sofort auf. Zieht es nicht durch, nur weil ihr es euch für den Tag vorgenommen habt. Die Erinnerung an das erste Mal sollte schön sein, aufregend und interessant – ja, auch ein wenig komisch. Aber sie sollte niemals traurig, enttäuschend und schmerzhaft sein.

Wichtig ist auch, dass sich dein Freund beim ersten Mal ganz viel Zeit lässt. Frauen brauchen nämlich immer ein bisschen länger, um erregt zu werden. Während des Pettings ist dir sicher schon aufgefallen, dass dein Freund schneller einen steifen Penis hat, als du eine feuchte Scheide bekommst. Letzteres ist aber wichtig, damit er besser in dich eindringen kann. Wegen der Aufregung und der neuen Situation wird es sicher beim ersten Mal nicht sehr lange dauern, bis dein Freund einen Orgasmus hat. Sei nicht enttäuscht darüber. Er kann leider in diesem Augenblick nicht anders. Mit jedem Mal, das ihr beide danach noch miteinander schlafen werdet, wird es länger dauern und irgendwann wirst auch du deinen ersten Orgasmus erleben.

Nach dem ersten Mal kann es sein, dass du ein wenig Blut in deinem Höschen hast. Das ist ganz normal und ein Zeichen dafür, dass dein Jungfernhäutchen gerissen ist. Es kann auch sein, dass nach eurem ersten Mal ein bisschen Blut am Bettlaken ist. Zieht es einfach ab und tut es in die Wäsche. Und achtet vielleicht darauf, dass ihr euren ersten Sex nicht auf weißem Bettzeug oder in Mamas und Papas Bett habt. ;-)

Wenn du nicht blutest, ist das auch okay. Dann hat sich dein Jungfernhäutchen gedehnt und reißt bei einem der nächsten Male oder es war eh sehr dünn und deshalb gab es nicht viel, was bluten konnte.

So wie Küssen ganz unterschiedlich sein kann, gibt es auch viele verschiedene Stellungen beim Sex. Also heißt es wieder: ausprobieren. Was magst du, was fühlt sich gut an? Für das erste Mal kann ich dir nur die Missionarsstellung empfehlen. Da ist man mit seinen Gedanken schon bei so vielen anderen Dingen, dass man sich nicht auch noch verrenken sollte. Außerdem kann dein Freund in dieser Stellung am besten in dich eindringen. (Ich mag dieses Wort nicht, da es immer etwas von schlecht und verboten hat. Aber ein anderes kenne ich leider auch nicht.) Wenn du deine Beine dabei um seine Hüften schlingst, wird es noch ein bisschen einfacher. Seid ihr dann schon ein bisschen geübter, könnt ihr auch weitere Stellungen testen. Wie immer gilt: Alles, was euch BEIDEN gefällt, ist erlaubt. Die bekanntesten Stellungen neben der Missionarsstellung sind:

- ♥ Reiterstellung: Dabei sitzt du auf deinem Freund und bewegst dich, als würdest du auf einem Pferd sitzen und es durch regelmäßige Bewegungen deines Hinterteils vorwärtstreiben.
- ♥ Löffelchenstellung: Dein Freund liegt hinter dir und hält dich wie beim Kuscheln im Arm. Nur dass es eben ein bisschen mehr als Kuscheln ist, weil er dabei mit dir schläft. ;-)
- ♥ Doggystyle: Dabei kniest du, stützt dich mit den Händen vorne ab und dein Freund kniet hinter dir. Bei dieser Stellung hat dein Freund das Sagen, da er die Geschwindigkeit und auch die Heftigkeit seiner Stöße kontrolliert.

LIEBE, FLIRT & SEX

Ein heikles Thema ist Oralsex. Es braucht sehr viel Vertrauen, um dies mit einem Jungen zu tun. Und auch wenn die halbstarken Typen in deiner Klasse den ganzen Tag über vom »Blasen« prahlen, glaube mir, die haben keine Ahnung, wovon sie sprechen.

Ebenso wenig, wenn sie damit angeben, dass sie eine Frau »mal so richtig geleckt« haben. Das klingt alles sehr obszön und hilft sicher nicht, deine Angst und deine Unsicherheit bezüglich dieses Themas zu vertreiben. Unter uns: Oralsex kann sehr schön sein, aber nur, wenn beide Seiten es wollen, und vor allem, wenn ihr euch vertraut. Für die Frau bedeutet es in der Regel, dass sie den Penis des Mannes mit ihren Lippen verwöhnt und ihn in den Mund nimmt. Ein Mann dagegen erkundet mit seiner Zunge den Intimbereich der Frau, leckt diesen und liebkost ihn mit Küssen.

Wenn du Angst hast, dass du vielleicht »da unten« komisch riechst oder dein Freund komisch schmeckt, dann baut doch einfach ein gemeinsames Duschen im Vorfeld ein. Das warme Wasser entspannt euch und ihr könnt euch danach gemeinsam ins Bett kuscheln.

Wenn du zum ersten Mal den Penis deines Freundes in den Mund nimmst, solltest du vorsichtig sein: Benutze bitte niemals deine Zähne!! Taste dich ganz langsam an die neue Situation heran. So kannst du erst einmal nur viele kleine Küsse platzieren und dann vielleicht ganz vorsichtig die Spitze des Penis in den Mund nehmen. Wenn du merkst, das ist gar nicht dein Ding, hör sofort auf. Keine Frau muss das tun und nicht jeder muss es gefallen. Wenn du es nicht magst, ist das total in Ordnung und du bist nicht falsch oder komisch. So wie nicht alle Menschen alles essen, müssen wir eben auch nicht jede Sexpraktik mögen.

Gefällt es dir, kannst du deine Lippen um den Penis deines Freunds schließen, ihn dann in deinen Mund gleiten lassen und danach wieder hinaus. Am besten nimmst du sein Glied dabei auch in eine Hand, so hast du alles fest im Griff. ;-) In den unzähligen dazu geschriebenen Büchern steht oft: Stelle dir vor, du schleckst ein Eis. Probiere das einfach mal aus. Am besten denkst du an das Wassereis in diesen Quetschtüten, von denen man oben immer den Deckel abziehen muss.

Während du dich da unten immer weiter vortastest, achte auch auf die Reaktion deines Freundes. Mag er es oder verkrampft er? Oralsex bedeutet übrigens auf gar keinen Fall, dass ein Junge dir seinen Schwanz mit aller Wucht in den Mund rammt, bist du dich fast übergibst!!! Lass dir das auch nicht einreden! Wenn er zu tief in deinen Mund eindringt, schiebe ihn sanft von dir weg und sage ihm, dass du das unangenehm findest. Wenn ihm nichts Besseres als ein blöder Spruch einfällt, wie beispielsweise: »Wenn ich doch nun einmal so einen Dicken und Großen habe«, dann sieh zu, dass du ganz schnell verschwindest. So ein Typ hat es sicher nicht verdient, dass du eines der intimsten Dinge mit ihm teilst.

Und noch eine Sache: Sage es vorher ganz klar, wenn du nicht möchtest, dass er in deinen Mund ejakuliert. Auch darüber kannst ganz alleine du entscheiden und er sollte sich daran halten und kurz vor seinem Orgasmus seinen Penis aus deinem Mund ziehen. Wie gesagt, Oralsex ist eine sehr intime Sache, sogar noch intimer als »normaler« Sex, da du den Jungen so noch viel, viel näher an dich heranlässt. Umso wichtiger ist es, dass ihr euch vorher ganz genau absprecht und auch beim Ausprobieren immer versucht, auf die Reaktionen des Partners zu achten. Lachen ist übrigens jederzeit erlaubt und entspannt die meist doch sehr krampfige Situation.

LIEBE, FLIRT & SEX

Dank der immer leichter zugänglichen Pornoindustrie haben einige Jungs eine total realitätsfremde Vorstellung von Sex. In den Filmchen geht es nicht nur sofort, sondern auch heftig zur Sache und am Ende glauben die Kerle, wir Frauen finden wirklich ALLES toll und kommen IMMER zum Orgasmus. Denn die Tante da auf dem Bildschirm schreit ja bereits nach wenigen Sekunden, wie GEEEEEIIIIIILLLLLLLL sie das findet und wie GUUUUUUT das tut. So 'n Scheiß.

Nicht jeder mag alles und jeder muss für sich entscheiden, was er tut und ausprobiert. Dazu gehört auch Analsex. Wenn dein Freund dich darauf anspricht und du ganz klar weißt, dass du das nicht willst, dann sag ihm das klar und deutlich.

Sollte dich Analsex aber interessieren oder möchtest du es einfach mal ausprobieren, um zu schauen, ob es dir eventuell Spaß macht, dann mache deinem Freund klar, dass das was echt Außergewöhnliches ist und ihr euch da erst einmal gemeinsam ganz langsam rantasten müsst. Wenn er vorhat, dir seinen Schwanz einfach nur volle Kanne in den Arsch zu rammen, kannst du ihm vorab schon mal eine knallen und dann zusehen, dass du schnell Land gewinnst und diesen Kerl nie wiedersiehst. Das tut nämlich nicht nur saumäßig weh, sondern geht einfach GAR NICHT – und ein Typ, der so was tut, ist ein Arschloch und hat deines nicht verdient! (Sorry, aber das musste einfach mal so heftig auf den Punkt gebracht werden.)

Beim Analsex ist es genauso wichtig wie beim Vaginalsex, dass du erregt bist. Dein Freund muss deinen Anus wie deine Vagina auf seinen Penis vorbereiten. Am besten tut er das, indem er ihn mit seinem Finger streichelt und sanft mit seiner Fingerspitze vorfühlt und dabei etwas Gleitgel verwendet. So kannst du auch einschätzen, ob du es magst, wenn da was

LEBENSWELT 3

hinten in dir drinsteckt. Wenn dir der kleine Finger schon nicht gefällt, dann wird dir der Penis erst recht nicht gefallen. Also brich das Ganze dann bitte sofort ab. Gefällt es dir, kann dein Freund nun in dich eindringen. Er sollte das aber gaaanz langsam und sanft tun und auch nur, wenn du dabei entspannt bist. Von den Bewegungen her unterscheiden sich Anal- und Vaginalsex nicht, denn auch hier macht dein Freund rhythmische Stoßbewegungen, bis er kommt.

So, das war's zum Thema Sex, alles andere musst du nun selber testen. Viel Spaß dabei und denke immer daran: Was wehtut, ist nicht in Ordnung. Was keinen Spaß macht, darf und sollte nicht sein. Und lasse dich niemals zu Dingen überreden, die du nicht willst. Es ist dein Körper und es sind deine Gefühle.

ich bin ins NETZ GEGANGen

Social Networks, Chatfreunde und die damit verbundenen Gefahren

Auf jeden Fall! Chats, Facebook, MySpace, SchülerVZ und Co. sind einfach geil und man muss dabei sein, sonst ist man aber so was von out. Außerdem ist man so IMMER mit seinen Freunden in Kontakt, auch wenn man schon zu Hause ist und die Eltern einen nicht mehr vor die Tür lassen wollen. Ebenso kann man Freunde aus der ganzen Welt finden, denn gerade bei Facebook geht es multikulti zu. Aber diese ganzen sogenannten Social Networks sind nicht nur gut, um mit Menschen Kontakt zu halten, die man schon kennt. Man kann auch ganz viele neue Leute kennenlernen.

Netzwerke eignen sich daher hervorragend, um einen Partner zu finden. Viele Portale sind nur dafür erfunden worden und immer öfter lernen sich spätere Ehepaare im Netz kennen. Das Alter spielt dabei keine Rolle. Egal ob du zwölf Jahre alt bist, Mitte dreißig oder sogar schon über sechzig Jahre – im Netz sind mittlerweile alle zu Hause. Und immer mehr Menschen gehen dort auf die Suche nach einem Partner.

Leider kommt es dabei aber auch immer häufiger vor, dass psychisch kranke Erwachsene – meistens Männer – sich auf Seiten wie Facebook und SchülerVZ einen Account zulegen und dann auf die Jagd gehen. Ich möchte dir nicht den Spaß am Chatten nehmen, aber vielleicht kannst du nun die lästigen Fragen deiner Eltern nachvollziehen, wenn sie mal wieder ins Zimmer platzen und wissen wollen: »Was machst du da?«, oder: »Mit wem chattest du gerade?«

Unsere Eltern werden durch die vielen Sendungen und Dokumentationen, die im Fernsehen gezeigt werden, und auch die vielen Berichte in Magazinen regelrecht kirre gemacht. Die haben einfach Angst um dich und vermuten erst einmal pauschal hinter jedem Chatfreund einen Vergewaltiger.

Sarah: Als Lucy hatte ich mich in *GZSZ* ja total in Dante verliebt, den ich aus dem Gothic-Chat kannte. Ich bekam damals unzählige Briefe von Mädchen, die sich auch in einen virtuellen Freund verliebt hatten. Und sie alle hatten immer dieselbe Frage: Soll ich mich mit dem Jungen treffen? Andere erzählten mir, dass sie im Chat gemobbt würden und dass sie das sehr traurig mache. Erst damals ist mir wirklich aufgefallen, dass diese ganzen Portale nicht nur Vorteile haben, sondern es da auch ganz schön fies werden kann. Seitdem bin ich im Internet nur noch mit Menschen »befreundet«, die ich auch wirklich kenne. Da weiß ich, wer hinter jedem Profil steckt und was das für ein Mensch ist.

Fakt ist doch, wenn du einen süßen Typen im Internet kennenlernst, weißt du nicht wirklich, wer er ist. Und dass jeder IRGENDEIN Bild hochladen kann, brauche ich dir eigentlich nicht zu sagen, oder?! Da kann dich ein ganz lieber, toller Typ anlächeln und dahinter steckt vielleicht ein alter, notgeiler Sack. Das ist nämlich heute leider die größte Gefahr. Viele Perverse und Pädophile (das sind Erwachsene, die auf Kin-

der stehen und an ihnen sexuelle Handlungen vornehmen
möchten) sind im Internet auf der Suche nach Opfern.

Einige der Mädchen hatten sich schon entschieden, den
Typen aus dem Netz kennenzulernen, und wollten sich im
Übelst-weit-Weg mit ihm treffen!!! Ich hatte damals echt
Angst um jede Einzelne und habe allen geschrieben, dass
sie das niemals tun sollen. Und erst recht nicht ALLEINE!!!

Mir kann das nicht passieren, denken leider viele Mädchen.
Aber es ist nun einmal so, dass es dir doch passieren kann.
Und zwar jeder von uns, auch mir. Diese Typen machen keine
Ausnahmen und werden leider immer geschickter, je länger sie
sich in Chats rumtreiben. Ein paar verräterische Details gibt
es zum Glück, die dich aufhorchen lassen sollten. Die habe ich
dir hier einmal aufgeschrieben:

- wenn dich jemand zu Dingen überreden möchte, die du nicht willst
- wenn er fragt, ob deine Eltern wissen, dass du chattest, und wenn
  ja, ob du mit ihnen über deine Chatfreunde sprichst
- wenn sexuelle Worte fallen, jemand dir von seinen sexuellen Fan-
  tasien erzählt oder möchte, dass du ihm deine verrätst
- wenn jemand Bilder von dir haben möchte und eventuell sogar noch
  vorgibt, in welchen Positionen und Outfits er dich sehen möchte
- wenn dich jemand unter Druck setzt und dir vielleicht sogar droht
- bei übertriebenen Komplimenten und Schmeicheleien – die sind
  auch ein Anzeichen dafür, dass sich jemand in dein Leben schleimen
  möchte
- bei Angeboten, die zu gut klingen (zum Beispiel: Ich mache aus dir
  ein Model. Ich bringe dich zum Film.)
- Achtung: wenn er verspricht, dir dabei zu helfen, bei deinen ner-
  vigen Eltern auszuziehen!!!!!

LEBENSWELT 3

● wenn er sich an einem abgelegenen Ort mit dir treffen will
● wenn er dir ganz direkt intime Fragen zu deinen Träumen, deinem Körper und deiner Entwicklung stellt (zum Beispiel: Hast du schon Brüste?)

Wenn dir im Chat eines dieser Dingen passiert, dann lösche ganz schnell den Kontakt. Wenn möglich, melde ihn auch. Das ist in jedem Netzwerk möglich. Dabei brauchst du keine Angst zu haben, dass du jemanden anschwärzt. Die Besitzer des Portals überprüfen das Profil und schauen, ob es ein sogenanntes Fake-Profil ist. Steckt dahinter nur ein Junge, der ein bisschen zu cool sein wollte, wird er angeschrieben und gebeten, Dinge wie die, die er dir geschrieben hat, sein zu lassen. Tut er es nicht, fliegt er aus dem Netzwerk. Hält er sich an die Regeln, passiert nichts weiter. Und wer ihn gemeldet hat, wird er auch niemals erfahren. Für dich ist aber wichtig, dass du SOFORT den Kontakt löschst und ihm den Zugriff auf deine Bilder und deine Informationen verbietest.

Neben den kranken Typen, die sich hinter einem Profil verstecken, gibt es natürlich auch viele Teenager, die sich anders im Netz darstellen, als sie sind. Auch das wird es immer geben. Du kannst nur bei deinem eigenen Profil ehrlich sein. Allerdings solltest du auch ein wenig schauen, was du alles von dir im Netz preisgibst. Das Internet ist ein öffentlicher Raum und auch wenn du dein Profil nur für Freunde zugänglich machst, gibt es immer andere Menschen, die darauf zugreifen können. Dazu gehören vor allem die Menschen, denen das Netzwerk gehört. Die haben Einsicht in ALLE Dinge, die du dort reinschreibst und postest. Vor allem aber können sie ALLE deine Bilder sehen und auch verwenden – oder noch schlimmer: sie weitergeben.

Deshalb mein Tipp: Bevor du etwas in dein Profil schreibst oder ein Bild hochlädst, überlege dir immer, ob es auch kein

Problem für dich wäre, das Bild oder ebendiese Information über dich an das Schwarze Brett in der Schule zu hängen. Na, wie ist es?! Wenn du es nicht tun würdest oder erst nach langem Überlegen, dann schreibe es auch nicht auf dein Profil beziehungsweise lade das Bild nicht hoch. Benutze außerdem einen Chatnamen, der nicht so viel über dich verrät.

Zum Thema Bilder fällt mir noch ein: Poste niemals Bilder, auf denen du wenig trägst, zum Beispiel Bikinifotos. Lade auch keine Bilder hoch, auf denen Peinliches zu sehen ist – egal ob du darauf bist oder deine Freunde. Du möchtest ja auch nicht, dass deine Freunde Bilder von dir veröffentlichen, auf denen du beispielsweise betrunken auf einer Party zu sehen bist. Du weißt nämlich nie, wer das Bild eventuell kopiert und woanders einfügt. Das kann dann zum Selbstläufer werden. Du ahnst gar nicht, wo solche Bilder landen können. Auch immer mehr Firmen, die Stellen ausschreiben, googeln alle Bewerber und schauen, was so über sie im Netz steht. Ein Foto, das dich betrunken auf einer Party zeigt, würde deine Chancen dann nicht wirklich erhöhen. Ich weiß, das ist jetzt sehr weit vorgegriffen, aber bitte versuche in Zukunft, an solche Fälle zu denken, wenn du ein Bild von dir hochladen möchtest.

Natürlich ist klar, dass du irgendwann, wenn du einen echt süßen Kerl im Internet kennengelernt hast, diesen auch »in echt« treffen möchtest. Dieser Wunsch ist normal, ich kenne ihn nur zu gut. ;-) Daher die Frage: Wie kannst du ihn treffen und dich dennoch keiner (!!!) Gefahr aussetzen?

Das Wichtigste ist: Weihe jemanden in deinen Plan ein. Egal ob das deine beste Freundin ist, eine Freundin, ein Freund oder sogar deine Mama oder dein Papa. Du darfst dich nur niemals mit einem Menschen treffen, den du über das Internet kennengelernt hast, ohne jemanden zu informieren. Natürlich kann ich dir das nicht verbieten, ich kann es mir nur von dir wünschen und das tue ich hiermit: Bitte, bitte sprich immer mit einem Menschen, dem du vertraust, über deine Pläne.

Die besten Orte für ein Treffen sind solche, an denen ihr nicht alleine seid. Damit meine ich zum Beispiel Cafés, Eisdielen oder Kinos. Auch ein Shoppingbummel in der Stadt ist okay. Nicht geeignet sind Wälder, seine Wohnung und andere Orte, an denen außer euch keine anderen Menschen sein werden. Auch solltest du nicht zu ihm ins Auto steigen, nicht einmal, wenn er sagt, dass er dich nur abholen möchte. Am besten nimmst du eine Freundin, einen Freund oder sogar deine Mama mit zu dem Date. Natürlich sollen sie sich nicht mit dir an einen Tisch setzen und auf den Typen warten, aber sie können in deiner Nähe sein, sodass sie dich und dann auch ihn sehen. Da er deine Familie und Freunde nicht kennt, wird er gar nicht wissen, dass sie zu dir gehören. Wenn dann nach einiger Zeit klar ist, dass du dich wohlfühlst und der Kerl wirklich der ist, der er behauptet hat zu sein, kann deine heimliche Spionin oder dein heimlicher Spion ja verschwinden. Ein weiterer Vorteil ist, dass diese Person dich auch retten kann, wenn der Typ ein totaler Reinfall ist. Dann steht sie einfach plötzlich ganz »zufällig« neben dir und ihr macht euch zusammen vom Acker. Das ist nicht nett, aber okay. Ehrlicher und fairer wäre es jedoch, wenn du dem Jungen offen sagst, dass er dir nicht gefällt, und dann erst gehst.

Wohnt dein Internetflirt sogar in einer anderen Stadt? Dann ist es noch sinnvoller, die Eltern einzuweihen. Ich weiß, das ist sicher nicht einfach, aber es reicht schon, wenn du Mama ins Vertrauen ziehst. Du kannst ihr auch gerne, wenn du das möchtest, deinen Internetflirt im Netz zeigen. Wie bei den Freunden, die deine Mutter bereits im realen Leben kennengelernt hat, kann sie auch hier vielleicht ein paar Dinge sehen, die du wegen deiner Verliebtheit nicht wahrgenommen hast. Vielleicht ist deine Mama sogar so nett, dich zu deinem Date zu fahren. Sie wird es auf jeden Fall ziemlich gut finden, dass du sie ins Vertrauen gezogen hast, und daher hinter dir stehen. Eventuell hat sie sogar noch ein paar Tipps für dich auf Lager oder kann dir bei der Auswahl des richtigen Outfits helfen.

Wenn das erste Date nun wirklich schön war und der Junge nicht nur genau so ist, wie er sich im Chat beschrieben hat und auf seinen Bildern aussieht, sondern auch noch genau so, wie du es dir gewünscht hast, dann wollt ihr euch sicher wiedersehen. Lebt er in derselben Stadt wie du, wird das nicht so schwierig sein. Anders ist es, wenn ihr viele Kilometer voneinander entfernt wohnt.

Eine Beziehung auf Distanz ist nicht einfach. Und erst recht nicht, wenn man noch in der Kennenlernphase ist. Viele Paare leben heute in verschiedenen Städten, weil der eine hier und der andere dort einen Job hat. Aber die meisten von ihnen haben vorher schon eine Weile zusammengelebt oder zumindest in direkter Nähe zueinander und kennen sich daher schon ziemlich gut.

Wenn du jemanden im Internet kennengelernt hast und ihr nach den ersten Treffen beschließt, dass ihr es miteinander versuchen möchtet, wird es nicht einfach werden. Das muss ich leider so offen sagen. Du sollst es natürlich dennoch ausprobieren, denn was sind schon Kilometer gegen Gefühle. Aber du musst dir auch darüber im Klaren sein, dass es keine einfache Zeit wird. Mal abgesehen von der schrecklichen Sehnsucht und den Fahrtkosten, die entstehen, wenn ihr euch, sooft es geht, sehen möchtet, hast du leider nie die Möglichkeit, ihn so kennenzulernen, wie du es könntest, wenn er in deiner Nähe wohnen würde. Er kann nicht mit dir zusammen auf Partys gehen, ins Schwimmbad oder ins Kino und ihr könnt euch nicht einfach dann sehen, wenn ihr das wollt. Und wenn man verliebt ist, will man sich eigentlich jede Minute sehen.

Dazu kommt, dass du und wahrscheinlich auch er gerade ziemlich tief in der Pubertät steckt. Und da ist man ja nun einmal ziemlich von der Rolle. Heute ist dies gut, morgen jenes und übermorgen findet man plötzlich alles total blöd. Daher ist eine Fernbeziehung in deinem Alter noch ein bisschen schwieriger als bei Leuten, die schon ein paar Jahre mehr auf dem Buckel haben.

Da unsere Hormone während der Pubertät verrücktspielen, kann es passieren, dass deine Internetliebe sich in ein Mädchen verguckt, das in seiner Stadt oder Nähe wohnt. Genauso kann es sein, dass du einfach Nähe willst und feststellst, dass ein Junge aus deinem Ort einfach die bessere Wahl ist. Und es kann vorkommen, dass einer von euch beiden zweigleisig fährt, also noch einen Partner bei sich zu Hause hat. »NIEMALS!!! Ich liebe ihn doch!!!«, höre ich dich schon laut schreien. ;-) Ich hoffe auch, dass du so was niemals tun wirst, denn das ist gemein, mies und verletzend. Aber es kommt leider immer mal wieder vor und ist gerade bei Fernbeziehungen eine Gefahr, die besteht.

Natürlich können Fernbeziehungen funktionieren und sie tun es auch immer und immer wieder, aber sie haben eigentlich nur dann eine echte Chance, wenn klar ist, dass ihr beide irgendwann einmal in derselben Stadt, im selben Ort leben werdet. Ich möchte hier nicht den Spielverderber geben, aber daran solltest du auch immer denken, wenn du dich auf einen Flirt mit einem Jungen einlässt, den du aus dem Netz kennst.

LIEBE, FLIRT & SEX

Und bedenke, dass du ab sofort dein Taschengeld für die Zug- oder Busfahrten sparst, dir eine SMS- und Telefon-Flatrate zulegst und dir natürlich einen Skype-Account anlegst, damit ihr beide euch am Abend zum Gutenachtsagen sehen könnt.

Zum Abschluss habe ich noch eine Liste mit den bekanntesten und meinen Lieblings-Abkürzungen und -Smileys, damit das Chatten noch ein bisschen lustiger wird:

ABKÜRZUNG / SMILEY & BEDEUTUNG

:-)	= fröhlich	*lol*	= laughing out loud – laut lachen
:-(	= traurig		
;-)	= zwinkern	*rofl*	= rolling on floor laughing – vor Lachen am Boden liegen
:-P	= Zunge rausstrecken		
:-*	= Kuss		
:-D	= sehr fröhlich	hdl	= hab dich lieb
8-)	= Brillenträger	hdgdl	= hab dich ganz doll lieb
:'-(	= weinen		
:'-)	= weinen vor Glück	cu	= see you – wir sehen uns/ bis bald
:-=)	= Oberlippenbart		
:-<	= enttäuscht	brb	= be right back – bin gleich zurück
:->	= verschämt		
:*)	= betrunken	&	= und
:-!	= ätzend	2day	= heute
:-#	= Zahnspange	4you	= für dich
:-9	= lechzen	mom	= Moment – warte kurz!
ggg	= giggling – kichern	ka	= keine Ahnung
grmpf	= grummeln, motzen	n8, gn8	= Nacht!, Gute Nacht!
g, *fg*, *bg*, *eg*	= grinsen, fett	re	= return – bin wieder da
grinsen, big grinsen, teuflisch grinsen		thx	= danke

245

»Es wird immer Menschen geben, die interessiert, wer du bist und wer du sein willst. Vor allem aber sollte es DICH interessieren. Wenn man noch in der Schule sitzt, kann man sich das Leben ›danach‹ überhaupt nicht vorstellen, aber es ist unglaublich wichtig, während der Pubertät mit all ihren Problemen an sich zu glauben.«

Lebenswelt 4: Elende To-Dos

Still sitzen tun nur Streber, Schleimer und die Dummen aus der ersten Bank

Die Last mit dem Schulleben

Wir brauchen gar nicht drum herumzureden: Schule ist mit Abstand das Lästigste, neben den Pflichten zu Hause, was wir während der Pubertät zu bewältigen haben. Von montags bis freitags heißt es: still sitzen, aufpassen und den Kopf mit viel unnützem Wissen vollstopfen. Und um dir gleich noch einmal nach dem Mund zu reden: Vieles von dem, was wir in der Schule lernen, ist wirklich unnützes Zeug und du wirst es niemals wieder in deinem Leben brauchen. Aufs Leben bereitet die Schule einen außerdem auch nicht wirklich vor. Das ist ebenfalls ein Trugschluss und ein Argument, das absolut aus der Luft gegriffen ist. Alles, was ich heute noch täglich nutze,

habe ich in den ersten vier Schuljahren gelernt, von Englisch mal abgesehen. Aber Lesen, Rechnen und Schreiben konnte ich bereits, als ich zum Gymnasium wechselte.

Da stellst du dir zu Recht die Frage: Was soll die tägliche Quälerei dann überhaupt?! Glaube mir, ich habe mich das immer und immer wieder gefragt. Sogar meinen Eltern habe ich die Frage gestellt. Doch auf mein »Ganz ehrlich, was benutzt ihr noch von all dem Kram, den ihr irgendwann einmal in der Schule beigebracht bekommen habt?« hatten sie auch keine überzeugende Antwort.

> **Wilma:** Mein Dad beispielsweise hat mir dabei immer zugestimmt. Sehr zum Ärger meiner Mutter. Aber seine Zeugnisse waren für uns Kinder unauffindbar und damit war klar: Seine Schulergebnisse waren nicht unbedingt vorzeigbar. Irgendwann fielen uns dann doch die verräterischen Unterlagen in die Hände. Wenn man nur lange genug sucht ... Na ja, jedenfalls war uns dann klar, dass er sicher nicht der Vorzeige-Schüler war. Und vom Strebertum war er mehr als nur meilenweit entfernt. Aber mit den Schulzeugnissen fielen uns damals auch seine Ausbildungs- und Meisterzeugnisse vor die Füße und da standen sie, die Noten, die für ihn wirklich gezählt hatten. Eine Eins reihte sich an die andere. Als es für ihn wichtig wurde, hat er sich so richtig ins Zeug gelegt, weil er endlich die Dinge lernen konnte, die ihn wirklich interessierten.

Keinen Bock auf Schule? Das Problem ist, dass wir unsere Zeugnisse (also auch die Fehlzeiten) ein Leben lang vorlegen müssen. Manchmal ist es dann schon mit der eingesandten Bewerbung mit dem endlich gefundenen Traumjob vorbei.

Rückblickend sage ich: Auch wenn du nicht weißt wofür, versuche, deine Möglichkeiten während der Schulzeit auszuschöpfen, und mache dein Abi, wenn du kannst. Ich kenne einige, die es nachgeholt haben oder sogar nachholen mussten. Und sie haben sich alle gewünscht, sie wären in der Schule ein wenig fleißiger gewesen. Sich später noch einmal den gesamten Stoff anzueignen ist nämlich verdammt schwierig. In der Schule hast du außerdem eine ganze Schar Mitleidender um dich herum, mit denen du zusammen gegen das Lernpensum ätzen kannst, die dich aber auch unterstützen können.

Es ist sicher uncool, anderen zu sagen, dass du am Nachmittag lernen musst oder, noch schlimmer, es möchtest. Aber schließe doch einfach einen Pakt mit deiner besten Freundin und wenn ihr euch nach der Schule trefft, wird von den fünf Stunden, die ihr gemeinsam habt, eine halbe oder sogar eine Stunde lang gelernt. Das braucht ja keiner zu wissen und es kann euer Geheimnis sein. Einen schönen Nebeneffekt hat die Sache übrigens auch: Ihr werdet eure Eltern wirklich beeindrucken. Und wenn sie merken, dass eure Studierstunde keine Eintagsfliege ist, werden plötzlich Angebote wie »Bleib doch einfach heute ein wenig länger bei deiner Freundin. Wir holen dich nachher gerne ab« ausgesprochen. Es handelt sich also nur um eine Stunde täglich, die du auch noch mit deiner Freundin verbringst und die ganz viele schöne Nebenwirkungen hat. Denn auch deine schulischen Leistungen werden besser werden.

Sarah: Hier ein Riesen-Tipp: Melde dich ganz oft! Denn mit mündlichen Noten lässt sich viel rausholen!!! Ich war bis zur neunten Klasse ziemlich zurückhaltend im Unterricht und habe mich kaum getraut, den Finger zu heben. Bei meiner

Größe musste ich dabei sogar den Arm auch noch ziemlich strecken. Ich hatte total Schiss davor, dass meine Antwort falsch sein könnte und ich mich zum Affen machen würde. Oder noch schlimmer: Der Rest der Anwesenden hätte mich für eine Streberin gehalten. Geholfen hat mir, dass ich ab der neunten Klasse immer häufiger gedreht habe und so selbstbewusster geworden bin. Ich begann, immer öfter meinen Mund im Unterricht aufzumachen – leider auch dann, wenn ich nicht gefragt wurde. Aber meine Noten haben sich um ein bis zwei Zensuren in jedem Fach verbessert. Dadurch habe ich erst mal gemerkt, wie bescheuert ich gewesen war: Mir war es wichtiger gewesen, was andere über mich denken, als mich um meinen Kram zu kümmern. Zur Selbsterkenntnis kam bei mir aber auch ein bisschen Druck: Wie ich schon am Anfang sagte, MUSSTE ich gute Noten haben, sonst hätte ich nicht drehfrei bekommen. Daher meldete ich mich immer öfter, selbst wenn ich keinen richtigen Plan hatte. Lehrern ist es nämlich gar nicht so wichtig, dass deine Antworten immer absolut richtig sind, sondern sie wollen sehen, dass du interessiert bist und »am Unterricht teilnimmst«. Auch Fragen ist erlaubt, wirkt es doch immer aktiver, als wenn du heimlich deinen Nachbarn fragst und wegen Quatschens ermahnt wirst.

In den meisten Schulen unterrichten viele Lehrer jedes Jahr aufs Neue nach dem einmal festgelegten Lehrplan. Einige benutzen sogar ihr gesamtes Arbeitsleben über dasselbe Unterrichtsmaterial. Da fällt es wirklich schwer, den da vorne für voll zu nehmen, wenn seine Zettel Daten tragen, die weit vor deiner Geburt liegen, und erste brüchige Stellen aufweisen und die Folien für den Projektor bereits zum zehnten Mal nachgezeichnet wurden. Hinzu kommt, dass wir uns gerade neu entdecken und gerne auch die gewonnene Individualität ausprobieren möchten. Doch die Schule ist der letzte Ort, an dem man von uns Eigenständigkeit, Kreativität und Originalität erwartet. Wer sich hier in die Gruppe einordnet und immer schön Ja und Amen sagt, hat es oft leichter.

Ich müsste lügen, wenn ich sagen würde, dass ich das nicht in vielen Stunden getan hätte. Allein, um mir ätzende Diskussionen zu ersparen und meine Ruhe zu haben. Und damit meine ich nicht nur die Lehrer, sondern auch meine Eltern. Je weniger Rückmeldung sie aus der Schule bekamen, desto besser. Für dieses Buch habe ich meine Eltern gefragt, warum sie oft so panisch und entnervt reagiert haben, wenn die Probleme aus der Schule bei uns zu Hause auf den Tisch kamen. Und die Antwort war wirklich erstaunlich: »Wir wussten doch immer, wie doof Schule ist. Uns ging es ja nicht anders als dir. Oder glaubst du, wir sind da gerne hingegangen?! Daher haben wir sicher oft, wenn das Thema Schule aufkam, unsere eigenen Erfahrungen verarbeitet und entnervt und ablehnend reagiert.« Wie bitte?! Du wirst mir sicher glauben, wie platt ich war. Ich war nicht der alleinige Grund für den Stress gewesen, den meine Eltern mir während der Schulzeit gemacht hatten. Sie hatten ihre eigenen Erlebnisse mit in ihre Handlungen einfließen lassen und daher vielleicht oft überreagiert. Das hätte mir mal einer sagen sollen. Wir hätten uns sicher viele Streitereien ersparen können. Dass meine Eltern mich und meine Ablehnung der Schule damals wirklich verstanden haben, davon hätte ich nicht einmal geträumt.

Denke also immer daran, dass auch deine Eltern in die Schule hatten gehen müssen und sie dich im Grunde verstehen. Aber sie dürfen es dir einfach nicht zeigen. Und glaube mir, wer sich mit seinen Eltern gegen die Schule und die Lehrer verbündet, schreibt auch nicht aus Prinzip bessere Noten. Aber das Wissen, dass deine Eltern dich verstehen, kann ziemlich hilfreich sein. Mir zumindest hätte es damals einiges erspart, wären sie mal früher mit der Wahrheit herausgerückt und nicht erst jetzt, wo ich selber erwachsen bin.

In dem oben erwähnten Gespräch lüftete meine Mutter übrigens noch ein anderes Geheimnis: »Wenn ich wegen deiner schlechten Noten ausgeflippt bin, dann hatte das meistens gar nicht so viel mit dem Ärger über dich zu tun. Zumindest nicht, wenn ich wusste, dass du gelernt und dich im Rahmen deiner Möglichkeiten darauf vorbereitet hattest. Ich hatte oft einfach Angst, dass du es nicht packen würdest und damit deine Zukunft perspektivlos und ohne Chancen wäre.« Da klappte mir die Kinnlade runter und ich staunte nur. So war das also. Was für eine Erkenntnis – aber leider einige Jahre zu spät für mich. Dir kann sie jedoch vielleicht helfen, während der Schulzeit ein wenig entspannter mit deinen Eltern auszukommen.

An der Tatsache, dass du eine Schulpflicht hast, ändert das jedoch wenig. Sie gilt für neun Schuljahre, in einigen deutschen Bundesländern sogar für zehn. Dabei sind jedoch nicht die Jahrgangsstufen gemeint, sondern die Anzahl der Jahre, die du zur Schule gehst. Das heißt: Bleibst du zweimal sitzen, kannst du laut Gesetz nach der siebten bzw. achten Klasse abgehen. Dass du dann aber wenig Chancen auf eine gute Ausbildung oder einen einträglichen Job hast, brauche ich dir natürlich nicht zu sagen. Nach der Schule musst du laut Gesetz sogar noch drei weitere Jahre zur Berufsschule gehen. Diese Pflicht entfällt, wenn du Abitur machst.

Für deine Eltern hat es übrigens echte Konsequenzen, wenn du die Schule schwänzt. Bei einigen Tagen gibt es noch keinen

ELENDE TO-DOS

Alarm, solltest du dir aber eine längere Auszeit gönnen, aus welchen Gründen auch immer du das tust, kann das richtig teuer werden. Gehst du nicht zur Schule, begehen deine Eltern eine Ordnungswidrigkeit und die kann einen Bußgeldbescheid zur Folge haben. In den Bundesländern Hamburg, Hessen und im Saarland kann das 180 Tagessätze betragen. Das bedeutet: Deine Eltern müssen 180-mal den Betrag zahlen, den sie durchschnittlich an einem Tag verdienen. Eine noch schlimmere Strafe ist eine Gefängnisstrafe von bis zu einem halben Jahr! Das ist ziemlich krass, finde ich. Und selbst wenn du dich mit deinen Eltern während der Pubertät oft in den Haaren hast und sie sicher nicht immer mit dir einer Meinung sind, sollten sie nicht ausbaden müssen, was du verbockt hast. Oder hättest du Lust, ab sofort die Bußen für zu schnelles Fahren deines Dads zu bezahlen? Oder die Strafzettel, die deine Mutter gerne am Samstag in der Stadt für das Falschparken sammelt? Nicht wirklich, oder?! Also denke immer daran, dass dein Verhalten Auswirkungen auf andere hat. Ein Horrorszenario könnte sein, dass dein Vater durch dein Schuleschwänzen eine Freiheitsstrafe bekommt, er dadurch seinen Job verliert und deine ganze Familie daraufhin ihr Leben mit Arbeitslosengeld oder Hartz IV bestreiten muss. Also: Lass das Dauerschwänzen einfach bleiben. Als Erwachsene kannst du auch nicht nur dann zur Arbeit gehen, wenn du gerade mal Lust darauf hast. Dann brauchst du nämlich ziemlich bald gar nicht mehr zu gehen ...

Wie aber lässt sich nun aus dem tristen Schulleben ein leidliches und überlebbares Alltagsprozedere machen? Selbst Forscher sind unserer Meinung, dass Schule todlangweilig ist: Martin Korte, Gedächtnisforscher, Lernexperte und Professor für zelluläre Neurobiologie an der TU Braunschweig, sagt: »Schule killt die Lernlust – statistisch gesehen. Je länger sie besucht wird, desto mehr nimmt der Spaß daran ab.« Das ist doch schon einmal ein wunderbares Argument dafür, dass Schule überflüssig ist. Aber leider kein Freifahrtschein ins Faulenzerglück. Im Gespräch mit deinen Eltern kann es aber ein Treffer sein, wenn du es mit den richtigen Sätzen ergänzt. Denke immer daran, dass sich auch deine Eltern an ihre Schulzeit nicht nur mit Freude und Wehmut erinnern. Und rufe dir gleichzeitig stets ins Gedächtnis, dass Schule ein MUSS ist. Versuche daher, gemeinsam mit deinen Eltern einen Kompromiss zu finden, der es dir einerseits sehr viel einfacher macht, zu Hause zumindest nicht ständig über das Thema Schule zu streiten, der aber andererseits auch deinen Eltern zeigt, dass du dich wenigstens bemühst, das von dir Verlangte umzusetzen. Dazu gehört auch, dass sie dich mal loben und nicht nur dann eine Meinung haben, wenn es um schlechte Noten und dein nicht vorhandenes Interesse an der Schule geht.

Hier noch ein paar kleine Tipps im Überblick:

- ✓ Mache mit deinen Eltern einen Deal: Sage ihnen, dass du dich, so gut es geht, bemühst, wenigstens das Notwendige für die Schule zu tun. Dazu gehört auch, dass in deinem Kalender jeden Tag Zeit für Schularbeiten vorgesehen ist. Im Gegenzug sollten deine Eltern dir mehr Freiheiten geben und nicht nur meckern. Auch hier kannst du wieder eine Probezeit mit ihnen vereinbaren. Vielleicht einen Monat, in dem sie einfach mal schauen können, ob du dich an die Regeln hältst, und auch, ob sie es schaffen, sich an ihre Vorgaben zu halten.
- ✓ Wie dein Zimmer ist auch dein Schulrucksack DEINE Sache. Solange du noch durchsteigst, ist es egal, wie deine Schulsachen aussehen. Auch das sollten deine Eltern akzeptieren. Eselsohren gehören ein-

fach in unsere Hefte und es ist auch normal, dass wir Bücher mit Aufklebern unserer Lieblingsbands vollkleistern. Solange der Inhalt stimmt, sollten Eltern bitte darüber hinwegsehen.

✓ Eine schlechte Note hat immer einen Grund. Hast du nicht gelernt, dürfen deine Eltern ruhig auch mal meckern. Wenn du aber aus Liebeskummer oder vor Schreck über die erste Periode eine schlechte Zensur mit nach Hause bringst, sollten deine Eltern nicht überreagieren, losschreien und Strafen aussprechen. Sage ihnen ehrlich, woran es lag. Und dann füge immer hinzu, dass du beim nächsten Mal wieder konzentrierter ans Werk gehen wirst. Und SAGE das nicht nur. Wenn du von deinen Eltern verlangst, dass sie Gesagtes einhalten, dürfen sie das auch von dir verlangen.

✓ Du kannst nicht in allen Fächern gleich gut sein. Jeder hat irgendwo seine Schwächen – von wenigen Ausnahmen mal abgesehen, aber die solltest du dir nicht zum Vorbild nehmen. Wenn du merkst, dass du mit einem Fach absolut nicht klarkommst und es dich auch wirklich nicht interessiert, bitte deine Eltern, dir zu helfen. Oder suche dir einen Nachhilfelehrer. Wenn deine Eltern merken, dass du wirklich willst, aber es allein nicht auf die Reihe kriegst, sehen sie zumindest, dass du dich bemühst, und du entwickelst ein besseres Verständnis für das Fach.

✓ Eltern reagieren leider oft auf schlechte Schulleistungen, indem sie Verbote für deine Freizeit aussprechen. Auch hier gibt es wieder gute Gründe, warum das total verkehrt ist. Hirnforscher haben herausgefunden, dass durch Hobbys, denen wir mit Freude und Leidenschaft nachgehen, unsere Lernfähigkeit verbessert wird. Das gilt besonders für Sport. Und noch ein Snobsatz: Gruppenaktivität fördert die soziale Kompetenz. Daher ist es nicht gerade hilfreich, wenn du nicht zum Volleyball oder Tennis darfst, weil du eine schlechte Note mit nach Hause gebracht hast. Mache das deinen Eltern klar! Ist doch logisch, dass du auch einen Ausgleich zur Schule brauchst, sei es, dass du nach der Schule mit Freunden abhängst, oder andere »Freizeitaktivitäten«, sonst raucht der Kopf ja irgendwann total. Solange du deinen Eltern zeigst, dass dir bewusst ist, dass Schule wichtig ist, und du dich bemühst, solltest du deine Freizeit so gestalten können, wie du willst.

ich bin ich - Wen inTEREssiERT, Was ich WERde

Berufswahl und Zukunftsplanung

Auch ein Standpunkt, von dem ich in der Pubertät absolut überzeugt war. Dass es nicht so sein könnte, kam mir gar nicht in den Sinn. Aber natürlich hat es Menschen interessiert, was aus mir werden sollte und werden würde. Doch irgendwie hatte ich das nicht wirklich auf dem Schirm. Wie so viele andere in meinem Alter war ich ein bisschen melancholisch, unsicher, fühlte mich unverstanden und hatte keine Ahnung, was ich wollte. Und vor allem kreiste ich nur um mich selber. Ich lebte im Heute und was morgen kam, das kam eben.

Mir war immer klar, dass ich mein Abi machen würde, auch wenn ich nie hinterfragt habe, was ich damit mal anstellen sollte. Da gab es die eine oder andere Idee, aber eine wirkliche Vorstellung vom Berufsleben hatte ich nicht. Und mal ganz ehrlich: Wie soll man sich im Alter von 14, 15 oder 16 Jahren schon darauf festlegen, was man mal sein ganzes Leben lang tun möchte? Und ich sage bewusst: »MÖCHTE«. Das geht gar nicht und ich denke, es ist auch zu viel verlangt. Ich jedenfalls fühlte mich überfordert. Dazu kamen die klugen Sprüche der Älteren, dass es mit der Wirtschaft bergab gehe, dass wir Jüngeren sicher mehr als einmal in unserem Leben arbeitslos werden würden oder dass man mit dreißig Jahren noch einmal etwas ganz anderes lernen müsse, um überhaupt noch in der Berufswelt bestehen zu können. Ziemlich aufmunternd, danke. Ich bin sicher, der Wunsch, Lehrerin oder Lehrer zu werden, entsteht bei vielen auch aufgrund dieser »Zukunftsaussichten«. »Werde Beamte, Kind, dann hast du wenigstens ein Leben lang ein Auskommen.«

Wenn ich einen nicht dem zeitlichen Trend unterworfenen Job möchte, werde ich Bestatter, die werden immer gebraucht. Okay, das war jetzt ein bisschen viel zynischer Humor. Doch bei der Wahl des zukünftigen Arbeitsplatzes helfen Sprüche wie die oben genannten echt nicht weiter. Als Teenie hat man außerdem ganz andere Sorgen als die, was man mal werden möchte.

Ein mich lange Zeit begleitendes Problem nannte sich Christina. Sie sorgte jahrelang dafür, dass ich mich jeden Morgen aufs Neue fragte: Was ziehe ich an? Christinas Mama war irgendwas Wichtiges bei Gucci Deutschland. Ich erinnere mich nicht mehr wirklich daran. Jedenfalls wusste Christina nicht nur immer bereits ein Jahr im Voraus, was Trend sein würde, sie hatte die neusten Klamotten auch stets schon im Schrank hängen. Mithalten war da nicht mehr entscheidend, wir anderen Mädchen konzentrierten uns aufs Dranbleiben. Ich ertappte mich oft dabei, wie ich mit meinem Handy heimlich Aufnahmen von Christinas neusten Kleidungsstücken machte. Bei ZARA, H&M und in allen anderen Klamottenläden, in denen ich mit meinem Taschengeld einkaufen konnte, suchte ich dann nach ähnlichen Teilen. Das war nicht immer einfach, wenn man bedenkt, dass der Stil von Chrissy (wie ihre Freundinnen sie nennen durften) erst ein Jahr später wirklich angesagt war.

Außerdem galt es natürlich zu vermeiden, als Nachmacherin beschimpft zu werden, sodass die eigenen Klamotten nicht zu ähnlich sein durften. Mit diesem Problem konnte ich ein ganzes Wochenende füllen: am Samstag von 10 bis 18 Uhr durch die Stadt bummeln, die Läden abklappern und am Sonntag dann die neusten Outfits zusammenstellen. Da blieb kaum Zeit für anderes. Erst recht nicht für die Frage, was ich irgendwann mal werden will.

Aber zurück zu ebendieser Frage. Mit 16 Jahren wollte ich endlich 18 sein. Ich dachte, dass ich dann jedenfalls rechtlich gesehen einige Dinge selber entscheiden könne. Ich würde mehr Freiheiten haben und damit eindeutig mehr Spaß. Heute weiß ich, dass mehr Freiheiten auch mehr Verantwortung bedeuten. Ebenso haben sich die Möglichkeiten, etwas verkehrt zu machen, in den letzten Jahren vervielfacht. Und die Konsequenzen, die die Fehler mit sich bringen, sind nicht unbedingt angenehmer geworden.

Sarah: Seit ich 18 bin, finde ich es total ätzend. Auch wenn ich mich mit der Zeit daran gewöhnt habe. Meine Vorstellung vom Volljährigsein war, dass ich endlich auch Verträge selber unterschreiben konnte. Ich wollte einfach noch unabhängiger sein. Aber als ich es dann war, bin ich fast hintenübergekippt, da man sich um so viele Dinge kümmern muss, die einem nicht in der Schule beigebracht werden. Da stellte ich mir plötzlich Fragen wie: Wie lange ist man bei seinen Eltern krankenversichert? Wie lange erhält man Kindergeld? Warum brauche ich eine Haftpflichtversicherung? Was ist das überhaupt? Lauter Mist, für den man sich überhaupt nicht interessiert, der aber leider total wichtig ist. Mein Fazit: Volljährig sein heißt zwar, in jeden

> Club reinzukommen, bedeutet aber auch einen Haufen Papierkram inklusive Steuererklärung und in meinem Fall Rechnungen schreiben. Ich glaube, das haben die Erwachsenen immer gemeint mit: »Ah, genieße deine Jugend, das war ja sooo einfach.« Ganz ehrlich, die hatten echt recht und ich hätte niemals geglaubt, dass ich das mal sagen würde!!!

Manchmal frage ich mich, ob es wohl leichter ist, wenn Eltern einem den Weg vorgeben und sagen, was man tun soll. Oder ob es nicht doch besser ist, einen selbstbestimmten Weg zu gehen. Ich bin zu dem Schluss gekommen, dass es nicht wirklich einen Unterschied macht. Wird einem der Weg vorgegeben, setzen einen die Eltern immer unter Druck. Aber am Ende rebelliert man dann doch auf irgendeine Art und Weise gegen die Vorgaben. Heute sage ich, dass ich das absolut richtig finde. Jeder (junge) Mensch sollte die Freiheit haben, seinen eigenen Weg zu gehen beziehungsweise ihn erst einmal zu finden. Aber genau das ist die nächste große Herausforderung. Welchen Weg? Wir haben tausend Möglichkeiten und nicht alle haben ein Happy End. Soll es ein Auslandsjahr sein, mache ich Abitur oder eine Ausbildung? Wenn man nicht weiß, was man irgendwann mal werden will, führt das schnell dazu, dass man sich in der Schule nicht so viel Mühe gibt, wie man könnte, oder sich gegen das Abitur entscheidet, obwohl die Möglichkeit dazu besteht.

> **Sarah:** Viele Mädchen in deinem Alter träumen davon, Sängerin, Schauspielerin oder Model zu werden. Ganz ehrlich, ich frage mich warum! Ja, ja, ich höre dich schon aufmucken, dass jemand, der genau diesen Weg bereits erfolgreich eingeschlagen hat, das ja gut fragen kann. Aber glaub es oder

nicht, ich wollte niemals Schauspielerin werden, damit ich reich, berühmt und bekannt werde. Schauspielern hat mir die Möglichkeit gegeben, mich selber zu finden. Ich bin dadurch reifer und erwachsener geworden.

Und dass es überhaupt so weit kam, war ein absoluter Zufall. Meine kleine Schwester Sina wurde schon mit acht Jahren entdeckt und ich dann mit zwölf. Irgendwann habe ich sie mal zur Agentur begleitet und da kleine blonde Mädchen ziemlich angesagt sind, wurde ich einfach spontan fotografiert und in die Kartei aufgenommen. Kurz darauf wurde ich zu einem ersten Casting eingeladen und bekam sogar die Rolle. Aber daran, Schauspielerin zu werden, dachte ich immer noch nicht. Es war eben einfach eine nette Begebenheit.

Erst als ich 15 Jahre alt war, wurde mir klar, dass Schauspielern das ist, was ich machen möchte. Ich drehte meinen ersten *Tatort* und lernte viel über das Leben als Schauspielerin, über mich selber und über den Stress, Termine und Schule und Lernen und Freunde unter einen Hut zu bekommen. Ich glaube, dass viele von euch, würden sie das Ausmaß kennen, das so ein Job mit sich bringt, die Idee der Eltern von einer Banklehre nicht mehr so schlecht finden würden.

Formate wie *Deutschland sucht den Superstar, Popstars* und *Germany's next Topmodel* lassen den Eindruck entstehen, dass Berufe wie Modeln und Schauspielern einfacher sind als andere. Heute hier, morgen dort. Hier mal einen Text aufsagen, dort in die Kamera lächeln und dabei die Welt erleben. VIP sein auf angesagten Partys, kostenlos Kleidung bekommen, die schönsten Hotels der Welt besuchen. Easy. Locker. Einfach.

Modeln macht Spaß, Schauspielern auch, aber einfach ist es auf gar keinen Fall. Feste Arbeitszeiten gibt es selten, sehr selten. Dazu kommt das Thema Sicherheit. Gerade bei einer Daily Soap kannst du schneller wieder vom Bildschirm verschwinden, als dir lieb ist. Die Zuschauer müssen nur deine Rolle nicht mögen und plötzlich bist du raus aus dem Drehbuch. Da kannst du als Mensch noch so nett sein und vor allem deinen Job beherrschen – das interessiert niemanden. Und dann stehst du auf der Straße und musst zusehen, wie du über die Runden kommst. Oder eben schnell an eine neue Rolle oder besser noch zwei.

Auch wenn du es vielleicht nicht glauben magst, aber Film- und Fernsehschauspieler sind häufig beim Arbeitsamt. Besonders oft trifft es dich, wenn du eher Filme und keine Serien drehst. Du giltst nämlich nur an Drehtagen offiziell als angestellt und den Rest der Zeit hast du keine Arbeit. Und damit bist du verpflichtet, dich beim Amt zu melden. Und zwar sofort. Ansonsten bekommst du keine Bezüge, wie es im Amtsdeutsch heißt, und vor allem bist du nicht versichert. Und dann heißt es wieder Zettel ausfüllen, Termine wahrnehmen, zu Gesprächen kommen. Ergatterst du zwischendurch mal eine kleinere Rolle, dann hast du vielleicht für fünf Tage Arbeit und danach geht wieder alles von vorne los.

> **Sarah:** Für mich war eines der schwersten Dinge, zu akzeptieren, dass ich keine Privatsphäre mehr hatte. Wie du jetzt befand ich mich damals in der Situation, dass ich mit mir und meinem Leben nicht besonders im Reinen war. Durch meine Rolle bei *GZSZ* wurde ich ständig erkannt und stand unter Beobachtung. Damit musste ich lernen umzugehen. Ich wusste zwar, dass eine Daily Soap täglich geschaut wird,

hätte mir aber niemals vorstellen können, dass einen dadurch so viele Menschen auf der Straße und vor allem in der Bahn erkennen.

Da ich keinen Führerschein hatte, bin ich nämlich das erste Jahr jeden Tag von Berlin-Prenzlauer Berg eine knappe Stunde lang nach Babelsberg getuckelt. Für mich gab es daher nicht wirklich eine Möglichkeit, mich vor oder nach der Arbeit zurückzuziehen. Auch nicht zu Hause. Denn kaum durch die Tür gekommen, galt es schon wieder, den Text für den nächsten Tag zu lernen.

Wenn du Schauspielerin bist, will eigentlich immer irgendjemand was von dir. Entweder hast du ein Shooting oder ein Interview, drehst oder hast andere Termine. Du hast also im Grunde genommen sehr, sehr wenig Zeit für dich. Und selbst wenn du mal Freizeit hast, wirst du generell auf die Arbeit angesprochen ...

Verstehe mich bitte nicht falsch: ICH WILL MICH ÜBERHAUPT NICHT BESCHWEREN!! Ich möchte dir nur einen Eindruck von dem Job verschaffen, den ich über alles liebe, der aber eben auch Schattenseiten haben kann! Es ist nämlich nicht immer alles easy, zumal du stets unter dem Druck der Öffentlichkeit stehst, dich ständig irgendwie zusammenreißen und auch aufpassen musst, was du sagst. Dein Ruf kann schneller leiden, als du denkst.

Bei deiner Entscheidung, was du werden willst, ist eben genau das »wollen« wichtig. Denn »sollen« ist immer der falsche Weg. Letzteres bedeutet, dass jemand anderes für dich entschieden hat. Es ist sicher sinnvoll, dir die Vorschläge deiner Eltern anzuhören und auch die Gründe, warum sie glauben, dass dieser Beruf zu dir passen könnte. Ebenso ist der Besuch in einem Berufsinformationszentrum zwar nicht sonderlich spannend, aber er kann dabei helfen, eine erste Vorstellung davon zu bekommen, was zu den eigenen Interessen und Wünschen passt. Denn was immer du werden willst, du musst davon begeistert sein und ganz viel Durchhaltevermögen haben! Wenn du an dich glaubst, kannst du jedes Ziel erreichen.

> **Wilma:** Mit über dreißig Jahren darf ich hier mal ein wenig altklug daherschwatzen. Während meiner Schulzeit hatte ich nicht einmal den Wunsch, irgendwann zu schreiben und damit auch noch mein Geld zu verdienen. Ich wollte Kriminalkommissarin werden. Aber nachdem mir kurz vor dem Abitur die einjährige Au-pair-Stelle abgesagt wurde, musste ich schnell etwas Neues finden. Und so landete ich in einer Werbe-, PR- und Marketing-Agentur in Hamburg. Heute, über zehn Jahre später, schaue ich oft zurück und denke: Du hast echt deinen Weg gemacht, auch wenn der nicht immer einfach war und du viele Niederlagen einstecken musstest. Doch ich habe immer an meinem Ziel festgehalten: Ich wollte etwas tun, was mir Spaß macht, bei dem ich mich weiterentwickeln kann. Wie Sarah habe ich mich sicher nicht total bewusst für das Schreiben entschieden, aber ein Leben ohne könnte ich mir heute nicht mehr vorstellen. Und um noch einmal altklug zu klingen: Mit der Zufriedenheit im Job habe ich auch die Ruhe und das Glück im Leben gefunden, die ich mir gewünscht habe.

Sicher ist das alles nicht so einfach, wie es klingt. Aber wer an sich selber und seine Wünsche glaubt, der kann viel erreichen. Das ist wie mit deiner Persönlichkeit. Manchmal braucht es jedoch seine Zeit. Achtung, blöder Spruch: »Gut Ding will

Weile haben.« Auch an dem ist was Wahres dran. Ich glaube nämlich, dass man, wenn man etwas wirklich will, ganz viele Dinge tut, die einen diesem Ziel näher bringen. Und man macht sie, ohne wirklich bewusst darüber nachzudenken.

Sarah: Nachdem ich meine erste Rolle ergattert hatte, wollte ich einfach nichts anderes mehr machen als Schauspielern. Ich fühlte mich total wohl am Set und eben genau richtig. Und so wollte ich mich immer fühlen. Daher ging ich los und sammelte alle Informationen, die ich bekommen konnte. Die größten Fragen waren: Welche Ausbildung brauche ich als Schauspielerin? Wo bekomme ich die richtigen Informationen und Kontakte? Und vor allem: Mache ich mein Abi oder nicht?

Was das Abi betrifft, war mir absolut klar: Ich wollte es auf jeden Fall machen und neben der Schule möglichst viel arbeiten. Zuerst war das auch kein Problem und ich bekam das Schauspielern und die Schule wunderbar unter einen Hut. Doch leider eröffnete mir mein zu Anfang sehr kulanter Direktor nach der elften Klasse, dass ich ab da nicht mehr während der Schulzeit drehen könne, wenn ich mein Abi machen wolle! So eine Scheiße! Nun musste ich mich doch entscheiden: Abi oder Schauspielern. Ich war völlig hin- und hergerissen und total neben der Spur, doch dann entschied ich mich dafür, ins kalte Wasser zu springen und mein Abi zwar nicht abzubrechen, aber für meinen Traum erst mal auf Eis zu legen.

Und ich hatte Glück! Ich bekam viele Angebote und dann wurde mir die Rolle bei *GZSZ* angeboten! Ich bin bis heute unglaublich froh, dass ich mich damals für die Schauspielerei und später sogar gegen mein Abitur entschieden habe.

> Sonst würde ich jetzt nicht hier sitzen, ein Buch schreiben und schauspielern! :-)
>
> Ich möchte dir damit auf gar keinen Fall sagen: Brich dein Abi für deinen Traum ab oder schmeiß die Schule!!! Auf gar keinen Fall!!! Und wenn du mich nun als Beispiel benutzt, um deine Eltern davon zu überzeugen, dass man ein Abi nicht braucht, dann werde ich echt böse!!! Auch ich bin erst mal auf Nummer sicher gegangen und wenn das mit der Schauspielerei nicht geklappt hätte, hätte ich mein Abitur gemacht und würde jetzt irgendwas studieren. Ich kann dir zwar nicht sagen was, aber das muss ich ja auch gar nicht, denn ich kann mir nichts anderes für mein Leben vorstellen als das, was ich gerade tue! Denn ich lebe meinen Traum!

Es wird immer Menschen geben, die interessiert, wer du bist und wer du sein willst. Vor allem aber sollte es DICH interessieren. Wenn man noch in der Schule sitzt, kann man sich das Leben »danach« überhaupt nicht vorstellen, aber es ist unglaublich wichtig, während der Pubertät mit all ihren Problemen an sich zu glauben. Diesen Glauben an sich selbst sollte man niemals verlieren. Scheißegal, was dir andere über dich erzählen, du wirst deinen Weg machen, glaub mir, das wirst du. Auch wenn du jetzt noch nicht weißt, was du später machen willst, ist das im Moment total wurscht. Du siehst an meiner Geschichte, dass ich eher vom Leben zu meinem Job geführt wurde. Ich habe vorher auch nicht gewusst, was ich werden sollte, wollte, konnte, musste ...

> **Sarah:** Wilma und ich hatten sicher auch viele Tiefs im Leben, aber wenn alles um dich herum total beschissen ist und du dich genauso fühlst, ist das Wichtigste: VERSACKE

NICHT! Stehe auf! Ich habe auch oft aufgeben wollen und manchmal habe ich echt nicht mehr gekonnt. Aber ich habe weitergemacht und bin froh, dass ich es getan habe. Sieh nur, was daraus geworden ist. Es ist wichtig, immer Ziele vor Augen zu haben, und wenn es nur das Ziel ist, nicht so wie die eigenen Eltern zu sein oder sich nie wieder so schlecht zu fühlen wie jetzt. Wenn du Ziele hast, wirst du alles durchstehen, und mit jedem Aufstehen wirst du stärker werden und deinen Zielen näher kommen.

Die Große Schwester

Ü18 – was ich von Älteren über Rechte, Pflichten und Verantwortung lernen kann

Keine Frage: Du hast gerade mit dir selber genug zu tun. Das weiß ich. Aber dennoch lohnt es sich, dann und wann mal bei der älteren Schwester oder dem Bruder zu spicken. Von denen kann man nämlich schon jetzt eine Menge lernen. Und zwar all die Dinge, die auf einen zukommen, wenn man dann endlich 18 Jahre alt ist. Volljährig sein heißt nämlich noch ein bisschen mehr, als endlich nicht mehr unter den Fittichen der Eltern zu stehen und selbst vor dem Gesetz verantwortlich zu sein.

> **Sarah:** Ich bin die große Schwester von Sina und Wilma ist irgendwie ein bisschen wie meine große Schwester. Ist übrigens ziemlich cool, wenn man sich die selber aussuchen darf. Als Sina volljährig wurde, habe ich ihr 18 mit Helium gefüllte, total kindische Herzluftballons und andere kindliche Sachen zum Geburtstag geschenkt und zu ihr gesagt: »Ab jetzt wird alles viel komplizierter.« Nicht nett, aber irgendwie hatte ich das Gefühl, sie gleich mal auf das Kommende vorbereiten zu müssen, damit sie nicht wie ich komplett blauäugig losläuft. Und noch heute bestätigt mir Sina, dass ich recht hatte. Jeden Tag regt sie sich über andere

Dinge auf, die sie mit dem Erwachsensein plötzlich tun und an die sie alle denken MUSS. »Muss« deshalb, weil man selber dafür geradesteht und da keine Eltern mehr sind, die die Verantwortung übernehmen können.

In der Schule hat uns keiner gesagt, was da nach dem 18. Geburtstag alles auf uns zukommt. Dabei ist der Bildungsschuppen doch angeblich der Ort, der uns auf das Leben vorbereitet. Deshalb möchte ich dir gerne schon einmal einen kleinen Ausblick geben. Nicht, um dich zu erschrecken, sondern einfach, damit du weißt, warum Erwachsene immer sagen: »Genieße dein Leben, solange es noch so einfach ist!«

Es geht damit los, dass du kurz vor deinem 18. Geburtstag einen netten Brief von deiner Bank bekommst, in dem steht, dass du ab da Geld für dein Konto zahlen musst. Dazu erhältst du einen Dispokredit. Sehr freundlich! Irgendwie ist es ja auch ein cooles Gefühl, dass du plötzlich so viel Geld ausgeben kannst, wie du möchtest. Aber was dich das an Zinsen kostet und wie schwer es ist, aus dem Minus wieder rauszukommen, wenn man die abbezahlen muss, davon steht nichts in dem Brief. Am besten lässt du den Dispokredit schnell wieder entfernen oder setzt ihn wenigstens ziemlich niedrig an. Vielleicht bei 200 Euro. Das bedeutet, dass du dein Konto bis zu 200 Euro überziehen kannst. Aber bedenke: Auch das kostet dich schon Geld. Bei den meisten Banken müsstest du etwa 25 Euro einrechnen. Bei einem Dispo von 1000 Euro liegst du aber schon bei 100 Euro, die du an die Bank zurückzahlen musst. Und das für jeden Monat, in dem du überziehst.

Sarah: Ich habe den Dispokredit sofort entfernen lassen. Ich habe doch keinen Bock darauf, mehr Geld auszugeben, als

ich besitze, und so der Bank Geld zu schenken. Dann pumpe lieber deine Eltern an! Bei denen musst du keine teuren Zinsen zahlen und kannst vielleicht sogar einen Deal aushandeln, bei dem du kein Geld zurückzahlst, sondern etwas dafür tust. Bei einigen Banken musst du auch für ein Girokonto zahlen. Das finde ich ziemlich frech. Daher kann ich dir nur raten: Wechsle zu einer Bank, die wenigstens das Grundkonto zum Nulltarif anbietet.

Da du mit 18 Jahren kurz vor dem Abitur stehst oder bereits in einer Ausbildung steckst, denkst du sicher auch darüber nach, bald auszuziehen. Die erste eigene Wohnung ist echt genial und auch in einer WG herrschen ganz andere, nämlich eure Regeln. Es stimmt sicher, dass man dann freier ist und endlich einfach mal tun und lassen kann, was man will. Doch bereits mit der ersten Zahlung der Miete wird dir klar: Scheiße, eine eigene Wohnung oder das Leben in einer WG hat auch negative Seiten. Zur Miete kommen nämlich noch unzählige andere Kosten: Strom, Wasser, Kabelfernsehen, Telefon, Internet und so weiter. Dazu gibt es in der Regel auch niemanden mehr, der dir den Kühlschrank auffüllt oder, noch besser, der am Abend bereits das fertige Essen auf den Tisch stellt. Du musst selber die Wäsche machen, wenn Mama dich dabei nicht unterstützt. Du musst putzen, aufräumen, einkaufen. Und damit meine ich keine Klamotten. Da schaut man sich wirklich um, wenn man plötzlich sein Geld nicht mehr nur in schöne Dinge wie Kino, Klamotten, Ausgehen und so weiter stecken kann, sondern es bereits für all die Dinge, die du im täglichen Leben brauchst, ausgegeben ist.

Neben diesen Aufgaben kommen noch weitere Verpflichtungen auf dich zu: Wusstest du beispielsweise, dass du eine Hausratversicherung und eine Haftpflichtversicherung brauchst, wenn du eine eigene Wohnung hast? Ich habe das lange nicht gewusst und bin froh, dass mich irgendwann mal eine Freundin mit der Nase darauf gestoßen hat. Da ich ziemlich tollpatschig bin, kann es sicher mal passieren, dass ich unfreiwillig etwas kaputt mache. Und dann ist es wichtig, eine Haftpflichtversicherung zu haben, die den Schaden übernimmt. Du brauchst nur das iPhone deiner Mitbewohnerin runterzuschmeißen und – schwupp – hast du über 800 Euro Schulden!!!

> **Sarah:** Ich habe bis heute noch nicht wirklich den Unterschied zwischen diesen beiden Versicherungen begriffen. Aber zum Glück habe ich nun eine große Schwester, die es mir erklären kann. Ich kann dir daher nur raten: Frage deine älteren Geschwister oder noch besser deine Eltern danach. Im Schadensfall bist du nämlich sonst wirklich am Arsch ...

Wenn wir schon einmal beim Thema Versicherungen sind, habe ich gleich noch ein paar weitere, die du auf deinen Zettel schreiben kannst: Theoretisch bist du nur bis zu deinem 18. Lebensjahr über deine Familie krankenversichert. Das heißt, dass deine Eltern für ihre Versicherung einen geringen Betrag mehr zahlen, damit du ebenfalls krankenversichert bist. Wenn du nicht erwerbstätig bist, kannst du bis zu deinem 23. Lebensjahr weiter über deine Familie versichert sein. Wenn du in einer Schul- oder Berufsausbildung bist, gilt die Mitversicherung sogar bis zu deinem 25. Geburtstag. Das klingt für dich jetzt wahrscheinlich alles furztrocken, gehört aber zum Erwachsenwerden dazu. Denn in Deutschland und in vielen anderen Ländern ist man verpflichtet, eine Krankenversicherung zu haben. Wenn also keine der beiden genannten Situationen auf dich zutrifft, musst du dich selber versichern. Und das bedeutet jeden Monat wieder etwas mehr Geld, das du verdienen und sofort zahlen musst.

Ähnlich verhält es sich mit dem Kindergeld. Da ich davon keine Ahnung hatte, mussten meine Eltern und ich sogar Geld zurückzahlen! Und das tut ganz schön weh, wenn man gerade ausgezogen ist. Da braucht man seine Kohle echt für andere Sachen. Also hier noch mal ganz trocken für dich: Du kriegst das Kindergeld bis mindestens zum 18. Lebensjahr. Befindest du dich in einer Schul- oder Berufsausbildung oder studierst, kannst du das Kindergeld bis zum 25. Lebensjahr erhalten. Dabei gilt: Du darfst nicht mehr als 8004 Euro brutto im Jahr verdienen. Das sind 667 Euro im Monat. Verdienst du mehr, steht dir das Kindergeld nicht zu.

Nächster Punkt – ich denke, den findest du wieder ein bisschen interessanter: das erste Auto und der Führerschein.

> **Sarah:** Als ich endlich meinen Führerschein hatte und auch mein erstes Auto, wurde mir wieder schnell klar, dass ich nun erwachsen war und damit auch »strafmündig«. Die ersten drei Monate, nachdem ich den Führerschein gemacht hatte, hatte ich keine Gelegenheit, Auto zu fahren. Das war natürlich total unpraktisch, weil man ja alles wieder verlernt ... Als ich dann endlich ein Auto hatte, fuhr ich prompt über eine rote Ampel!!! Und wie sollte es anders sein – da stand natürlich ein Blitzkasten ... Das hieß erst mal Strafe zahlen (autsch), ein Aufbauseminar (autsch) und die Verlängerung meiner Probezeit auf vier Jahre (autsch).

Führerschein und Auto sind tolle Dinge, aber damit steigt eben auch die Verantwortung, die wir haben. Und ebenso die

Kosten, denn neben Sprit ist es vor allem die Versicherung des Autos, die einem jedes Jahr die Freude verdirbt. Je nach Autotyp kommen da viele 100 Euro zusammen!!!

Was man sich auch prima bei großen Schwestern abschauen kann, ist die Sache mit der Bewerbung. Wenn es so weit ist, dass du eine Bewerbung für eine Ausbildungsstelle oder auch für die Uni schreiben musst, dann können ältere Geschwister echt hilfreich sein. Denn sie haben das in der Regel ja auch gerade erst oder vor ein paar Jahren gemacht. Eltern können

auch helfen, aber die sind eben eine ganz andere Generation. Frag mal deine Mama, ob sie ihre Bewerbungen per E-Mail verschickt oder gleich online einen Bewerbungsbogen ausgefüllt hat. ;-) Heute wollen nämlich die meisten Unternehmen auf gar keinen Fall mehr Papier bekommen. E-Mails sind da unkomplizierter – oder Internetportale, bei denen du deine Angaben gleich online eintragen kannst. Für die Unternehmen ist es eben auch einfacher, wenn sie am Ende eine Massenmail an alle schreiben können, die es nicht geschafft haben. So spart man Zeit und Geld ...

Bewerbungen sind ein ganz eigenes Thema und darüber wurden auch schon viele Worte geschrieben. Grundsätzlich gilt: Sei immer gut über das Unternehmen informiert, bei dem du dich bewirbst. Betone außerdem, was du gut kannst und warum das zu der Firma passt. Achte auf deine Rechtschreibung und auf ein gutes Foto. Glaube mir, die Form sollte ordentlich sein, aber der Inhalt zählt viel, viel mehr. Lies die Bewerbung deshalb lieber zehnmal, bevor du sie verschickst. Und versuche immer, individuell zu sein, indem du vielleicht schon eine deiner Ideen in die Bewerbung packst, was du im Unternehmen machen könntest oder gern würdest. Bei Firmen, die mehrere Standorte haben, kannst du zum Beispiel schreiben, dass du dir vorstellen kannst, auch an anderen Orten tätig zu sein. Das zeigt, dass du dich wirklich mit ihren Produkten oder Dienstleistungen auseinandergesetzt hast und flexibel bist.

> **Wilma:** Meinen ersten Job habe ich mir auch mit ein bisschen Kreativität gesichert. Ich habe damals der Marketing- und Werbeagentur keine klassische Bewerbung geschickt, sondern mich selber als Produkt beschrieben, das sie ver-

markten sollten. Das kam ziemlich gut an und ich bin sofort
genommen worden. Gerade in kreativen Berufen kannst du
gerne ein bisschen außergewöhnlich sein. Eben so, wie du
es bist!!!

Noch ist das ja alles ein bisschen hin, aber sicher ist sicher und
sich jetzt schon ein wenig abzuschauen tut nicht weh. Daher:
immer gut gucken, was die Großen tun. Bei vielen Dingen -
erspart man sich so einige Enttäuschungen oder lange Umwege.

»Ganz ehrlich: Mädchen können in der Pubertät echt kompliziert sein. Wer sollte das besser wissen als wir, die ja Mädchen sind. Und zum Stress, den man mit sich selber hat, kommt auch noch der mit all den Girls um einen herum hinzu.«

Lebenswelt 5: Meine Welt

FReundinnEn – WaRuM ich MEinE bEstE FReUNdin maNchmaL EinfAch bEscheUERt finde

Gefühlschaos in Freundschaften und Lästereien

»Ich hasse dich! Dann geh doch zu der Schlampe.« Mit diesen Worten drehst du dich auf dem Absatz um und stürmst nach Hause. Doch schon auf dem Weg fließen die Tränen in Strömen. Denn ohne deine beste Freundin ist das Leben einfach sinnlos. Dennoch bist du total sauer, weil sie sich hinter deinem Rücken mit Sabrina getroffen hat. Und die, so hattet ihr entschieden, geht gar nicht. Sie war gerade erst in die Stadt gezogen und ihre Eltern waren irgendwas Besseres bei der Bank. Sie trug nur Markenklamotten und hatte zudem auch noch seidenweiche lange blonde Haare. Dazu konnte sie essen, was sie wollte, und nahm einfach nicht zu. Das Schlimmste an ihr aber war: Auf all diese Dinge bildete sie sich total viel ein. Und nun hatte deine beste Freundin dich verraten und war gestern Nachmittag mit Sabrina Eis essen gegangen. Rausgekommen war das aber auch erst nach mehrfachem Nachfragen deinerseits. Schön Scheiße, von der eigenen Freundin hintergangen! Zu Hause muss dann natürlich die Wut raus und du schlägst mit aller Wucht die Tür deines Zimmers zu. Und damit ist gleich Mama auf den Plan gerufen: »Wann lernst du endlich, dass unsere Türen nichts für deine Launen können?!« »Lass mich in Frieden! Verpiss dich!«

Oh ja, ich kenne das. Wenn man sich hintergangen fühlt, bricht erst einmal eine Welt zusammen. Man ist wütend und traurig und fühlt sich hundeelend. Und wenn dann auch noch Mama mit ihren blöden Fragen kommt wie: »Hast du Stress mit Annika?«, tickt man aus. Denn wieso sollte deine Mutter verstehen, was Verrat unter Freundinnen ist. Die ist alt und hat eh keine Ahnung.

Wilma: Bevor ich in die dritte Klasse kam, zogen meine Ma und ich zu ihrem neuen Freund. Am ersten Schultag in der neuen Klasse setzte mich die Lehrerin neben Silvia. Wir fanden uns auf Anhieb ziemlich cool. Und schon wenige Wochen später waren wir unzertrennlich. Aber Silvia war eben auch mit Dagmar befreundet und die fühlte sich durch meine Ankunft etwas auf den Schlips getreten. Auch ich hatte überhaupt keinen Bock auf so eine Dreiergeschichte. Außerdem hatte ich Angst, dass Silvia und Dagmar, wenn sie allein unterwegs waren, hinter meinem Rücken über mich redeten.

Irgendwann hatten wir drei uns deswegen mal wieder in den Haaren gehabt und ich war wutentbrannt in meinem Zimmer verschwunden. Es folgte das oben beschriebene

»Programm«, doch statt zu verschwinden, antwortete meine Mutter auf meine Frage »Woher willst du das denn wissen?!« mit: »Weil ich selber mal eine beste Freundin hatte. Was meinst du denn?!« Und dann fügte sie hinzu: »Wir hatten auch ständig Streit wegen irgendetwas.« Tja, und danach sagte Mama mir, was sie damals getan hatte. Sie erzählte, wie sie tagelang kein Wort mit ihrer besten Freundin gesprochen hatte, wie man sich gegenseitig auf dem Schulhof im Nichtbeachten übertroffen hatte und wie sie versucht hatte, die Flamme ihrer Freundin für sich zu begeistern. Dann erklärte sie, was sie heute in der gleichen Situation tun würde, mit ihrer heutigen Lebenserfahrung. Und auch wenn ich sicher bin, dass sie einige Details dazudichtete, um ihre Geschichte meiner noch ähnlicher zu machen, half es mir gewaltig, mir einfach mal die Vorschläge meiner Mutter anzuhören. Und was soll ich sagen: Es dauerte ein bisschen, aber wir funktionierten auch als Freundinnen-Trio super.

Ganz ehrlich, Mädchen können in der Pubertät echt kompliziert sein. Wer sollte das besser wissen als wir, die ja Mädchen sind. Und zum Stress, den man mit sich selber hat, kommt auch noch der mit all den Girls um einen herum hinzu. Wie gesagt: Ich habe auch die Erfahrung gemacht, dass ein Mädchen an einem Tag eine Freundin sein kann und am nächsten Tag einfach nicht (mehr)! Ich war oft enttäuscht und ziemlich verunsichert, denn wem sollte ich noch trauen können, wenn nicht meiner besten Freundin?!

Ich brauche natürlich nicht zu betonen, dass ich mich eigentlich immer im Recht fühlte … Zumindest so lange, bis ich begann, einfach auch mal darüber nachzudenken, was ich eventuell zur Situation beigetragen hatte. Aber ganz ehrlich: Damit habe ich erst mit etwa 15 oder 16 Jahren angefangen, wenn ich meinen Tagebucheinträgen trauen darf. Bis zu diesem Alter habe ich mich eigentlich eher über das Verhalten der anderen aufgeregt oder die Seiten mit Fragen vollgeschrieben wie: »Warum macht sie das?«, »Warum ist sie so?«, »Warum beachtet mich André nicht?« Warum, warum, warum??? Ein »Vielleicht habe ich« taucht da weniger oft auf.

Wenn ich weiterblättere, fällt mir außerdem auf, dass da immer mal wieder andere Namen auftauchen. Unglaublich, mit wie vielen Menschen ich in meiner Pubertät befreundet war. Und wie gut ich mit ihnen befreundet war. An einige kann ich mich heute kaum noch erinnern. Aber damals waren wir wie Pech und Schwefel. Wie kommt das? War ich etwa ein Fähnchen im Wind? Heute weiß ich: Wir steckten damals in der gleichen Situation und es gab Dinge, die uns stark verbanden. Entweder fanden wir dieselben anderen Mädchen doof oder wir waren Fans derselben Boygroup. Oder wir waren die beiden in der Klasse, die noch nicht die »Mens« hatten. Verschwanden aber die uns verbindenden Dinge, war auch meistens die Freundschaft zu Ende. Oder der andere hatte irgendwas ausgeplaudert, was wir ihm im Vertrauen erzählt hatten.

> **Sarah:** Ich habe in der Pubertät leider lernen müssen, dass ich meine Freunde und besonders meine Freundinnen sehr, sehr vorsichtig auswählen muss. Die Sache mit dem »Anvertrauen« kann nämlich ganz schön nach hinten losgehen. Richtige Freundschaften bauen sich eher über Jahre auf, indem man einfach viel zusammen (durch-)macht. In der Pubertät ist das leider noch viel komplizierter: An einem

Tag ist man megazickig und am folgenden versteht man sich wieder super. Ganz schlimm: Beide verknallen sich in denselben Typen. Oder die »beste Freundin« wechselt ihre Freundinnen wie ein Paar Socken, und zwar jeden Tag. Mein Tipp daher: Auch wenn du das Bedürfnis hast, dir den Frust einfach mal von der Seele zu reden, lerne die »Auserwählte« erst einmal kennen, bevor du deine intimsten Geheimnisse ausplauderst. Du wirst dennoch manchmal enttäuscht werden. Das gehört einfach zum Leben dazu. Auch ich erlebe noch heute, wie Menschen, von denen ich dachte, sie seien Freunde und wir ein Team, plötzlich ganz neue Seiten an den Tag legen. Als ich mit Wilma, die ja nun mal acht Jahre älter als ich ist, darüber gesprochen habe, erzählte sie, dass es ihr nicht anders geht. Aber, und das macht Hoffnung: Sie meinte auch, dass es über die Jahre besser wird und dass man immer eher erkennt, wer einem an den Karren pissen will oder einfach nur von dem profitieren möchte, was du vielleicht hast, kannst oder bist.

Aber zurück zur besten Freundin. Zu eben dem Mädchen, mit dem wir alles teilen, das wir aber auch an manchen Tagen echt nur bescheuert finden. Wenn ich dir nun erzähle, dass das so sein muss, dann wirst du mich wieder einmal für verrückt halten. Ich tue es aber trotzdem. Es muss so sein! Du kannst solche Streitigkeiten nicht verhindern. Ebenso, wie du deine Launen hast und dir von deinen Eltern wünschst, dass sie diese akzeptieren, hat deine Freundin ihre Launen, die du akzeptieren musst. Die Pubertät ist auch dafür da, dass man lernt, wie Konflikte ausgetragen und gelöst werden. Vorbei ist die Zeit, in der du jemanden mit der blauen Schippe gehauen hast, wenn er dir das rote Förmchen weggenommen hat. Es geht darum zu lernen, seinen Standpunkt klar zu vertreten und für seine eigenen Wünsche einzustehen – und das in der Regel verbal und nicht mehr mit Hauen und Kratzen …

Das klingt alles sehr erwachsen. Aber es geht noch schlimmer. Psychologen sagen dazu: »Im Umgang mit Freunden wird Sozialverhalten in allen seinen Schattierungen eingeübt.« Gemeint ist, dass wir lernen, dass wir eben nicht immer recht haben und es daher auch nicht immer bekommen. Wir lernen, uns selber in einer Gruppe einzuordnen, und zwar nicht als Kind in einer Familie, sondern als eigenständige Person unter Gleichaltrigen. Der Grund dafür, warum wir uns oft mit der besten Freundin in die Haare bekommen, ist, dass wir uns dann mit einem Menschen messen, den wir auch noch unheimlich lieb haben und der vielleicht der Mensch ist, der uns gerade am allerbesten kennt. Wir haben Angst, ihn zu verlieren, weil wir dann irgendwie wieder alleine im Chaos wären. Da wir das mit den Konflikten aber noch lange nicht begriffen haben und vor allem nicht wissen, wie wir damit umgehen sollen, ziehen wir uns nach einem Streit erst einmal zurück und schmollen. Ich weiß heute, dass ich damals manchen Streit schneller wieder hätte bereinigen können, wenn ich zu Hause, nachdem ich die Tür zugeschlagen hatte, versucht hätte, meine beste Freundin zu verstehen, und auch ein bisschen die Schuld bei mir gesucht hätte. Einfach bockig zu sagen: »SIE ist schuld, doof, daneben und sowieso blöd«, ist kindisch.

> **Wilma:** Auf die Idee, dass ich auch meinen Teil zum Streit beigetragen hatte, kam ich damals wirklich erst im Gespräch mit meiner Mutter. Irgendwie half es mir, dass sie mich auch auf die andere Seite der Situation aufmerksam machte. Seitdem zog ich sie dann öfter mal zurate, wenn ich

MEINE WELT

das Gefühl hatte, es könnte helfen. Natürlich hätte ich auch jeden anderen fragen und bitten können. Und das kannst du auch. Vielleicht hast du ja eine Tante oder Oma, der du eher etwas anvertrauen möchtest. Oder auch eine Chatfreundin oder einen -freund (Achtung: Denke dabei aber immer an die im Kapitel »Ich bin ins Netz gegangen« beschriebenen Dinge!), mit der beziehungsweise dem du dich austauschen möchtest. Es kann oft sehr hilfreich sein, wenn eine außenstehende Person ihren Senf dazugibt.

Das Schöne an der ganzen Sache ist, dass die beste Freundin dich meistens ein Leben lang begleitet und in Lebensphasen an deiner Seite ist, in denen kein anderer dir diesen Halt und oftmals den richtigen Rat geben kann. Daher lohnt es sich einfach, um diese Freundschaft zu kämpfen. Auch wenn das bedeutet, dass du mal »Sorry« sagen und dich für Dinge entschuldigen musst, für die du selber der Auslöser warst. Übrigens lässt sich dabei wunderbar lernen, wie man seine eigenen Wünsche äußert. Bei der Freundin fällt das leichter und mit ein bisschen Training kannst du dann auch deinen Eltern ganz anders gegenübertreten. Glaube mir, die werden ziemlich komisch gucken, wenn du zum ersten Mal nicht mehr nur sagst: »Will ich nicht!«, sondern ihnen auch noch erklärst, warum du es nicht möchtest.

Damit eine Freundschaft lange hält, gibt es ein paar Regeln, die auch noch gelten, wenn du schon älter bist. Sogar deine Oma und ihre Freundinnen machen davon hoffentlich Gebrauch:

✓ Lästere niemals hinter dem Rücken deiner Freundin über sie! Das ist fies und du findest es sicher auch nicht schön, wenn über dich getratscht wird. Außerdem kann es passieren, dass du plötzlich

»hintenrum« als Lästermaul bezeichnet wirst, obwohl du vielleicht »nur« mitgemacht hast. Du verletzt damit nicht bloß das Vertrauen zwischen euch, sondern auch deine Freundin persönlich. Oft reagieren die anderen damit, dass sie auch über dich herziehen. So geht das dann immer weiter, bis am Ende nur noch Lügen im Umlauf sind und keiner mehr mit dem anderen sprechen will.

- ✓ Geheimnisse bleiben Geheimnisse. Alles, was deine Freundin dir im Vertrauen sagt, darfst du nicht weitererzählen. Auch hier gilt: Du willst ja auch nicht, dass sie deine Geschichten, Sorgen, Wünsche, Ängste und vielleicht sogar verbotenen Taten ausplaudert.
- ✓ Bleibe deiner besten Freundin treu, wechsle sie nicht andauernd. Du möchtest dich ja auch nicht wie eine Socke fühlen, die an dem einen Tag angezogen wird und super passt und am nächsten ganz alleine in der Wäsche liegt.

Was aber, und das kann auch passieren, wenn weit und breit keine beste Freundin in Sicht ist? Was soll ein Mädchen tun, wenn es kein anderes findet, das sich als beste Freundin eignet? Verzweifeln? Auf gar keinen Fall. Denn es gibt unzählig viele Menschen auf dieser Welt und vor allem nicht nur weibliche. ;-) Vielleicht hast du ja einen guten Kumpel oder verstehst dich mal mit dem einen Mädchen besser und dann wieder mit einem anderen. Durch *Hannah Montana* und diverse andere Serien bekommt man ständig vorgespielt, dass eine beste Freundin ein MUSS ist. Es entsteht der Eindruck, dass jede Frau eine beste Freundin hat, mit der sie sich IMMER super versteht, und dass es gar nicht anders geht, oder besser noch, dass es gar nicht anders sein darf. Dabei ist das totaler Quatsch. Sicher ist es toll, wenn man eine beste Freundin hat. Aber du bist kein schlechterer Mensch, wenn du viele Freundinnen oder ganz viele Kumpel hast. Nicht jede Frau hat eine

MEINE WELT

»allerbeste« Freundin. Man kann genauso gut einen »besten« Freund haben oder in seiner Schwester beziehungsweise seinem Bruder den vertrauten Freund finden.

Solltest du ein Mädchen sein, das sowieso eher eine Solokünstlerin ist, sei nicht traurig. Es ist wie mit dem richtigen Partner, der taucht meistens dann auf, wenn man nicht mehr sucht oder eben nicht damit rechnet. Plötzlich ist er einfach da – und genauso ist das mit der besten Freundin. Eines Tages lernst du ein Mädchen kennen und ihr wisst beide, dass es passt. Oder aber du lernst ein Mädchen, das eigentlich schon sehr lange in deine Klasse geht oder mit dir zusammen Sport macht oder neben dir wohnt, besser kennen und ihr merkt, dass ihr ganz viel gemeinsam habt.

Sarah: Ich fand das mit der besten Freundin wirklich schwer. Als ich in der Grundschule war, fragte mich meine Mutter ständig, ob ich schon eine beste Freundin gefunden hätte. Doch irgendwie hatte ich bei keinem Mädchen das Gefühl, dass es wirklich funkte. Aber um meine Mutter zu beruhigen und auch um wie alle anderen Mädchen in meinem Alter zu sein, suchte ich mir eine. Irgendwann hatte ich dann ein passendes Mädchen gefunden, doch sie tauschte mich eines Tages einfach gegen ein anderes Mädchen aus. Das tat ziemlich weh. Ich dachte doch, dass eine beste Freundin einmal kommt und dann für immer bleibt.

Ich hoffte damals, dass nach der Grundschule alles anders werden würde, und freute mich sehr auf das Gymnasium. Aber Pustekuchen. Es ging genauso weiter und eigentlich wurde es sogar schlimmer. Denn nun kamen auch noch Eifersüchteleien wegen der Jungs hinzu. Mann, Mann, ich habe mein Fett echt wegbekommen und einige Mädchen waren wirklich gemein. Das Problem war, dass ich immer gut mit Jungs konnte und mit vielen befreundet war. Da ich quasi von klein auf mit unserem Nachbarsjungen und seinen Freunden zusammen gewesen war, hatte ich einfach keine Berührungsängste mit Jungen (und das meine ich nur bildlich). Einige Mädchen aus meiner Klasse verstanden das total falsch und glaubten, dass ich die anbaggern würde (dabei habe ich an so was noch überhaupt nicht gedacht, dafür war ich noch lange nicht bereit). Das machte mich natürlich nicht sehr beliebt bei den Mädchen, obwohl ich da echt gerne Anschluss finden wollte. Besonders beschissen wurde es, wenn ich nicht merkte, dass ich für einen der Jungen mehr als die gute Freundin wurde. Der war dann gekränkt und das Mädchen, das total in ihn verschossen war, machte mich dafür verantwortlich, dass er unglücklich war und nicht auf sie stand.

Dazu fällt mir sogar spontan eine Geschichte ein: Ich wollte mal ein Mädchen, das ich bereits seit der Grundschule kannte, mit einem Typen verkuppeln. Sie hatte mir gesteckt, dass sie ihn total süß fand. Mein Plan ging natürlich total in die Hose, denn statt in sie verliebte er sich in mich. Schöne Scheiße, denn ich wollte echt nichts von ihm und hätte nie gedacht, dass er was von mir wollte. Das war nicht mein Plan. Das Mädel und auch die Freundinnen waren total sauer auf mich, weil sie mir unterstellten, ich hätte das genau so geplant. Und der Typ wusste nicht, wie er damit umgehen sollte, und ließ seinen Frust an mir aus. So ging das bis zur neunten Klasse. Da habe ich einfach aufgehört, zwanghaft nach einer besten Freundin zu suchen. Und dann kam zufällig ein cooles Mädchen zu mir in die Klasse. Mann, die hatte eine geile große Klappe, manchmal zu groß, aber mit ihr kam ich prima zurecht. Ansonsten hielt ich mich einfach an die Menschen, die stets nett zu mir gewesen waren, an die Jungs. Daher bestand auch meine Clique hauptsächlich aus männlichen Mitgliedern. Ich glaube, die sind in der Pubertät einfach ehrlicher, direkter und treuer – mit so was komme ich am besten zurecht. Deshalb an dieser Stelle: Danke Robert, Candy, Georg, Marcus und Aileen. :-)

Wie gesagt, der engste Vertraute muss nicht immer ein Mädchen sein. ;-) Auch ein Junge kann die Position dieser Person einnehmen. Sicher habt ihr dann nicht immer dieselben Themen, die du mit einer besten Freundin besprechen würdest – ein Junge kann nämlich zur Menstruation nicht unbedingt viel sagen. ;-) Aber es geht ja hauptsächlich darum, zu wissen, dass der andere einfach immer da ist, wenn man ihn braucht.

Sarah: Ich habe übrigens zusätzlich zu meinen wirklich guten männlichen Freunden dann doch irgendwann eine beste Freundin gefunden. Und die war eigentlich schon immer da. Es ist meine Schwester Sina. Du kannst dir sicher vorstellen, dass das in der Pubertät nicht ganz so war. Da wir nur zwei Jahre auseinanderliegen, steckten wir beide mittendrin und gingen uns so richtig schön auf den Keks. Aber heute kennen wir uns in- und auswendig und können immer aufeinander zählen.

Durch meine Erfahrungen mit all den Mädchen in der Schule bin ich aber ehrlicherweise ein wenig vorsichtig geworden bei Frauen. Ich brauche immer ein bisschen länger, bis ich da auftaue. Aber dann und wann tue ich es doch mal und habe dadurch weitere tolle Frauen in meinem Leben, die ich Freundinnen nennen kann – und darüber freue ich mich sehr. Da sind Aileen, Antonia und Janina, die ich beim Drehen kennengelernt habe. Und durch dieses Buch habe ich Wilma getroffen, die irgendwie wie meine große Schwester ist und damit auch eine wunderbare Freundin.

Mach dir wegen des Beste-Freundin-Dings einfach nicht so einen Kopf. Wenn ihr euch gerade nicht mögt, dann geht euch halt aus dem Weg. Vor allem geht es ja auch darum, dass man nicht alleine über den Pausenhof rennen will. Deswegen ist es manchmal extrem scheiße, wenn man denkt, man hat jetzt eine beste Freundin, und die einen am nächsten Tag gegen eine andere austauscht. Daher solltest du neben der besten Freundin auch noch andere Freunde haben und diese weiterhin treffen. So bist du nicht nur auf einen Menschen fixiert. Dann fällst du zumindest nicht aus allen Wolken und bist nicht alleine, wenn eure Freundschaft nicht mehr so eng ist.

Mit der besten Freundin kann dir aber auch das komplette Gegenteil passieren und du hast sie »zum Knutschen gern«. Also nicht nur Bussi hier und Bussi da. Sondern ihr versteht euch so wahnsinnig gut, dass du das Verlangen hast, sie zu küssen und zu streicheln. Das ist völlig okay und du bist nicht merkwürdig oder gar »krank«. Glaube mir, so wie dir geht es ganz, ganz vielen Mädchen in deinem Alter. Es ist ganz normal, dass du in der Pubertät herumexperimentierst. In deinem Alter knutscht so gut wie jedes Mädchen mal mit einem anderen Mädchen rum. Einfach, weil es interessant und lustig ist und eben total aufregend. Und ganz ehrlich, es tut keinem weh! Viele Mädchen proben auch zuerst mit ihrer Freundin, bevor sie einen Jungen küssen, und nehmen sich so die Angst, beim ersten Kuss etwas falsch zu machen. :-) Außerdem ist es doch auch echt interessant, einmal eine andere Brust anzufassen oder zu testen, an welchen Stellen Mädchen empfindlich sind. Und wenn du dich nicht ausprobierst, kannst du auch nicht rauskriegen, ob du wirklich nur auf Jungs stehst oder auch auf Mädchen oder nur auf Mädchen.

Mach dir keine Sorgen! Nur weil du das Verlangen hast, ein Mädchen zu küssen und zu streicheln, bist du nicht automatisch lesbisch!!! Probier dich einfach aus und sammle Erfahrungen. Und selbst wenn du irgendwann feststellst, dass du eben auch oder nur auf Mädchen stehst, ist das völlig in Ordnung! Also mache dich nicht verrückt! Sondern tue das, was du willst, mit wem du willst, und habe Spaß dabei.

CLiQUenQUaRK

Gruppenzwang, Gruppenbildung und Freundeskreis

»Ich bin dann mal weg!« Und dann verschwindet man möglichst schnell aus der Haustür. Auf dem Weg zum Cliquentreffen kann man Vorgaben und Vorhaltungen von Eltern auf keinen Fall brauchen. Vor allem nicht den ewig gleichen Dialog: »Mit wem triffst du dich?« – »Kennst du nicht.« – »Und wo geht ihr hin?« – »Keine Ahnung.« Also verpisst man sich am besten schnell, ohne auf die lästigen Rufe von Mama zu achten, die einem mal wieder klarmachen will, dass man pünktlich um 18 Uhr zum Abendessen zu Hause zu sein hat. Oder dass man so auf gar keinen Fall aus dem Haus gehen kann. Das Kleid ist zu kurz, die Nieren frieren und vor allem: »Die Kriegsbemalung kommt ab!« Ich habe nie verstanden, warum sie nicht kapierte, dass ich eben genau diesen Pulli oder dieses Kleid tragen musste, um meine Position in der Clique zu verteidigen. Und dass ich auf jeden Fall geschminkt auf dem Schulhof – das war unser Treffpunkt – erscheinen musste, schließlich war Peter auch dort. Der war eine Klasse über mir und interessierte sich nun einmal nur für Mädchen, die angesagt waren. Die anderen ließ er nicht einmal in seine Nähe, geschweige denn in seine Clique.

Erwachsenenfreie Zone. Unter Gleichgesinnten einfach mal die Lehrer infrage stellen und die Anweisungen der Eltern in den Wind schlagen. Vergessen, dass zu Hause neben den Schulaufgaben noch ein unaufgeräumtes Zimmer und vor allem Eltern mit weiteren Aufgaben warten. Meine Clique war die Familie, die ich mir ausgesucht, und nicht die, die mir der Zufall eben vor die Nase gesetzt hatte. Sicher fand ich nicht jeden gleich toll, aber alle waren einfach in Ordnung. Und darum ging es doch. Hier hatte niemand Bock auf Vorschriften. Wir halfen uns alle gemeinsam über eine Zeit hinweg, in der keiner so richtig wusste, wer er eigentlich war oder werden wollte.

In den Büchern, mit denen Erwachsenen die Pubertät erklärt werden soll, steht zu diesem Thema: »Cliquen, Banden oder sogenannte Peergroups leisten einen wichtigen Beitrag zur Entwicklung von Persönlichkeit und Identität. Sie bieten Orientierung, Stabilisierung und Sicherheit, kompensieren Einsamkeitsgefühle, dienen der Entwicklung eines realistischen Selbstbildes durch Reflexion. Sie geben eine Möglichkeit zum Experimentieren mit neuen Rollen und neuen sozialen Verhaltensweisen, erleichtern die Kontaktaufnahme zum anderen Geschlecht und sind ein Rückhalt bei der Ablösung vom Elternhaus.« Das klingt doch echt total erwachsen. Aber ganz ehrlich – wenn wir mit unseren Freunden abhängen, interessiert uns das herzlich wenig. Warum also erwähne ich es hier? Ganz einfach: Damit du wieder neue Argumente entwickeln und deinen Eltern klarmachen kannst, warum deine Clique so wichtig für dich ist. Ich bin sicher, wenn du nur einen der vielen Punkte anbringst, werden sie schon große Augen machen. ;-)

Sarah: Wirklich zu einer Clique habe ich erst ab der neunten Klasse gehört und statt einem bunten Mix aus Weiblein und Männlein bestand meine zweite Familie eben aus vielen Jungs und wenigen Mädchen (da waren immer mal wieder die aktuellen Freundinnen der Jungs mit dabei). Zu meiner

Clique zählte auch mein bester Freund Robert – der mit dem Pullover, du erinnerst dich?! ;-) Keiner von ihnen, bis auf Aileen, ging mit mir in eine Klasse, aber sie haben mir immer treu zur Seite gestanden und waren immer für mich da. Und das, obwohl ich kaum anwesend war.

    Da ich ja sehr früh mit dem Drehen angefangen habe, war ich oft viele Tage lang nicht in der Schule. Und so habe ich komplett den Anschluss an meine Klasse verloren. Die waren eben jeden Tag zusammen. Dazu kam, dass ich durch die Dreharbeiten viel mit Erwachsenen zu tun hatte und außerdem plötzlich auch viele Dinge, die eigentlich erst nach der Schule auf einen zukommen, zu erledigen hatte: Rechnungen schreiben, Buchhaltung und Verträge lesen … So entwickelte ich mich ein wenig schneller als Gleichaltrige und hatte eben auch andere Themen, die bei mir auf der Tagesordnung standen. Ich kann mich daran erinnern, dass ich einmal nach einigen Drehwochen wieder in die Schule zurückkam und ein anderes Mädchen auf meinem Platz saß. Ich machte sie darauf aufmerksam und sie sagte echt kackfrech zu mir: »Ach, du gehst noch zur Schule?!« Das fand ich echt bescheuert, ich hatte ja nicht geschwänzt oder so. Davon mal abgesehen war ich nach so langen Schulpausen auch immer ein bisschen aufgeregt, wenn ich wieder zurückkam. Kennst du das? Dasselbe Gefühl hatte ich auch nach den sechs Wochen Ferien, nach denen man erst mal abchecken musste, wer sich dann noch mochte und wer nicht und wo man sich irgendwie einordnen konnte. Na ja, ich habe mich irgendwann nicht mehr so wohlgefühlt, wenn ich wiederkam. Aber zum Glück hatte ich meine Clique, in der ich immer willkommen war. Egal, ob ich mal ein paar Wochen lang nicht zu den Treffen kommen konnte.

MEINE WELT

Um das Geschwafel von oben noch einmal aufzugreifen und in unsere Sprache zu übersetzen: Ja, in einer Clique gibt es ungeschriebene Gesetze. Und wer dazugehören möchte, muss diese akzeptieren oder so angesehen sein, dass er sie ändern oder neue hinzufügen darf. Daher ist es nicht ganz unwahr, dass wir im Umgang mit unseren Freunden lernen, eine eigene Identität zu entwickeln, und begreifen, was es heißt, sich in einer Gruppe zu behaupten. Wir können ausprobieren, wie wir auf andere wirken und was passiert, wenn man mal nicht mit allem einverstanden ist. Das Wichtigste aber ist, dass wir uns nicht alleine fühlen und Menschen um uns sind, die die gleichen Fragen und Probleme haben wie wir. Von Themen wie Handy, Klamottentrends, Musik, Computer, Sex, Liebe, Miteinandergehen haben Eltern einfach keine Ahnung. Woher auch, die haben ja ihre Jobs, ihre Autos, das Haus, die Wohnung. Die leben einfach in ihrer Welt und wir in unserer. Und manchmal hat man auch das Glück, dass einer in der Clique mehr Freiheiten hat, von denen wir profitieren können.

Wilma: Meine Clique bestand aus den Mädels, mit denen ich zusammen Fußball spielte. Wir waren ein eingefleischtes Team, das auch abseits des Platzes ständig beieinander hockte. Das Problem war nur, dass wir zwar alle fast im selben Alter waren, aber nicht alle die gleichen Freiheiten von ihren Eltern bekamen. Einige hatten den Vorteil, dass ihre älteren Geschwister bereits viel Vorarbeit geleistet hatten und sie daher auch mehr durften. Andere, wie ich, mussten um jede Minute, die sie länger Ausgang haben wollten, mit den Eltern feilschen. Was taten wir also? Wir hielten uns dort auf, wo es am meisten Freiheit gab – bei der Ältesten von uns. Sie hatte vier ältere Geschwister und ihre Eltern waren daher einiges gewohnt. Wenn wir also am Abend mal länger raus- oder zu einer Party wollten, übernachteten wir alle bei ihr. Ein reines Gewissen hatte ich dabei nicht, aber meine Eltern hatten es ja nicht anders gewollt. So war damals meine Einstellung.

Das Problem mit der Clique ist oftmals, dass deine Eltern sie oder wenigstens einige Mitglieder nicht mögen. Anstatt dann verstehen zu wollen, warum es uns so wichtig ist, gerade mit diesen Menschen abzuhängen, verbieten sie uns einfach den Umgang mit ihnen. Großes Kino – und vor allem sehr erfolgreich. Denn ganz ehrlich, wir lassen uns doch nicht von unseren Freunden fernhalten! Und damit ist der Krach vorprogrammiert.

Dabei muss es gar nicht so weit kommen. Selbst Psychodocs, Therapeuten und Elternberater betonen immer wieder, wie wichtig unsere Clique für uns ist und dass Eltern auf gar keinen Fall versuchen sollten, uns von ihr fernzuhalten. Lieber sollten sie versuchen, uns zu verstehen. Ich höre dich mal wieder ganz laut rufen: »Ja genau! Nur wollen meine Eltern das einfach nicht begreifen! Die sind so stur und verbockt und haben einfach keinen Plan. Außerdem lassen sie mich nicht mal ausreden, wenn es um meine Clique geht.« All das kann ich total nachvollziehen. Ich habe oft genauso gedacht. Sollen die Alten mich doch einfach in Frieden lassen. Schließlich sage ich ihnen ja auch nicht, mit wem sie sich treffen dürfen. Dass ich alle ihre komischen Freunde mag, davon träumen die auch nur nachts.

Doch bevor wir unsere Eltern nun pauschal verteufeln und als Nicht-Checker abstempeln, lass mich mal wieder kurz versuchen zu erklären, warum sie manchmal so auf unsere

Freunde reagieren. Vielleicht hilft es dir ein wenig dabei, sie zu verstehen.

Mehr als zehn Jahre lang waren sie immer die Ersten, zu denen wir gegangen sind, wenn wir eine Frage hatten, wenn wir geweint haben oder wenn wir einfach mal in den Arm genommen werden wollten. Sie waren immer da und haben viel mit uns durchgemacht. Sie haben stundenlang an unseren Betten gesessen, wenn wir krank waren, und haben uns das Laufen und Sprechen beigebracht. Bei alldem haben sie immer versucht, uns möglichst wenig Gefahren auszusetzen, und wenn doch mal was passiert ist, standen sie für uns gerade oder haben uns getröstet. Tja, und nun kommen wir plötzlich daher und hauen ihnen an den Kopf: »Du verstehst mich nicht«, »Du hast doch keine Ahnung davon, was ich denke«, »Das geht dich nichts an«. Und noch schlimmer: Immer wenn wir nun ein Problem oder auch einfach nur eine Frage haben, wenden wir uns an unsere Freunde aus der Clique. Alles Wichtige teilen wir plötzlich mit anderen, und zwar mit Menschen, die unsere Eltern manchmal gar nicht kennen. Vielleicht haben sie zudem noch von irgendjemandem gehört, dass unsere Freunde »kein guter Umgang« sind.

Hinzu kommt auch noch ein gesetzlicher Aspekt. Bis zu unserem 18. Lebensjahr sind unsere Eltern nämlich vor dem Gesetz für fast alles verantwortlich, was wir so tun oder eben nicht tun. Natürlich haben sie keinen Bock, für Dinge haftbar gemacht zu werden, die auf unsere Kappe gehen, oder sogar dafür zahlen zu müssen. Daher würden sie am liebsten alles, was wir tun, kontrollieren.

Das ist auch der Grund, warum Eltern einem gerne mal mit dem Spruch »Solange du deine Füße unter unseren Tisch stellst...« kommen. Wahlweise sind es auch »Was die anderen

dürfen, interessiert mich nicht!« und »Du wirst uns noch mal dankbar sein« – Sprüche, die sie übrigens schon von ihren - Eltern gedrückt bekommen haben und bei denen sie sich damals schworen: NIEMALS, aber wirklich niemals würden sie diese den eigenen Kindern sagen.

Ich weiß nicht, ob du deine Eltern nun ein klein wenig besser verstehen kannst oder es möchtest, aber ich hoffe es. Denn es kann dir dabei helfen, viel weniger darum kämpfen zu müssen, mehr Zeit mit deiner Clique und deinen Freunden verbringen zu dürfen. Eltern würden niemals zugeben, dass sie einfach Angst haben, dich zu verlieren, und daher oft überreagieren. Sie würden auch niemals zugeben, dass sie es viel lieber gehabt hätten, wenn du das kleine Mädchen geblieben wärst, das nach dem Kindergarten freudig auf sie zugehüpft kam.

Aber das bist du eben nicht mehr. Es kommt wohl eher vor, dass du mit entnervtem Gesicht in das Auto deiner Eltern einsteigst, wenn sie dich von der Schule oder einer Freundin abholen, als dass du voller Freude auf sie zuspringst und jauchzt: »Mama, da bist du ja endlich!«

Warte mal: Vielleicht solltest du das aus Spaß mal ausprobieren, es könnte ziemlich lustig sein. Deine Freundin kann ja ein Handyvideo aufnehmen und an mich schicken, es würde mich wirklich mal interessieren, was für ein Gesicht deine Mutter macht. :-)

Nun aber zurück zum Ernst des Lebens: Wie bekommst du mehr Freiheiten und vor allem: Wie schaffst du es, dass du länger mit deinen Freunden unterwegs sein darfst? Vor allem gilt: Wenn deine Eltern deine Freunde kennenlernen, wird vieles schon einfacher. Das habe ich dir ja schon einmal gesagt und es gilt noch immer. Dabei geht es gar nicht darum, dass ihr alle artig am Tisch hockt und deine Eltern deine Freunde mit

Fragen löchern. Besser ist es, wenn sich alle in lockerer Runde kennenlernen. Vielleicht kannst du ja mal in der Weihnachtszeit deine Mutter nett fragen, ob ihr alle bei dir zu Hause Plätzchen backen dürft und sie euch dabei hilft. So kann sie alle deine Freunde sehen und mit ihnen reden, ist aber auch beschäftigt und stellt nicht pausenlos blöde Fragen. Oder noch besser: Du fragst, ob ihr im Sommer nicht mal gemeinsam grillen könnt. Das ist auch eine gute Gelegenheit für deine Eltern, die Eltern deiner Freunde kennenzulernen. Ebenso kannst du an einem Abend deine Eltern bitten, sich mit dir über deine Freunde zu unterhalten. Frage sie dabei ganz direkt, was sie an deiner Clique stört. Frage sie, wen sie nicht mögen, und vor allem, warum sie ihn nicht mögen. Wenn du möchtest, kannst du deinen Eltern in diesem Gespräch auch sagen, dass du immer ihre Tochter bleiben wirst, auch wenn du nun dein Leben eher außerhalb des Elternhauses verbringst. Und dass es eben Dinge gibt, die du besser mit deinen Freunden bequatschen kannst als mit ihnen.

Bei einem Gespräch wie diesem solltest du aber auch auf das hören, was deine Eltern dir sagen. Denn sie sind nun einmal schon ein wenig länger auf dieser Welt und haben daher mehr Menschenkenntnis erwerben können als du.

Sarah: Es gibt noch einen anderen Grund, warum es sehr wichtig ist, dass sich deine Eltern für deine Clique interessieren. Jemand, der mir nahesteht, hat sehr liebevolle Eltern, die der Person viele Freiheiten während der Pubertät gegönnt haben. Leider ist diese Person in einen wirklich schlechten Freundeskreis geraten, was ihr aber nicht bewusst war. Die Eltern hatten nicht so viele Chancen, festzustellen, in was für einem Umfeld sich ihr Kind befand.

> Jedenfalls war es so schlecht, dass die Person bis heute viele Dinge, die wichtig gewesen wären, nicht gelernt und mit vielen Problemen zu kämpfen hat. Heute versucht sie nach Kräften, ihr Leben zu ordnen. Das ist ein sehr gutes Beispiel dafür, wie wichtig es ist, dass sich deine Eltern für deine Clique interessieren und dass du ehrlich zu ihnen bist, was deinen Freundeskreis angeht. Sie können dich wirklich vor großen Fehlern und falschen Freunden bewahren. Ich habe sehr mit dieser Person mitgelitten, deswegen bitte ich dich, dir genau zu überlegen, zu welcher Gruppe von Menschen du gehören möchtest.

Eltern haben eben auch manchmal recht, wenn sie uns vor Dingen »warnen«. Es ist zwar nicht einfach, sich das einzugestehen, aber so ist es nun einmal. Daher kann ich dir wirklich nur ans Herz legen: Stelle deine Freunde deinen Eltern vor und höre dir an, wie sie sie finden. Sie können dich wirklich vor einigen Fehlern und falschen Freunden bewahren.

Es gibt sogar Cliquen, die sollten für dich generell tabu sein. Das sind Gruppen, die, auf gut Deutsch gesagt, nur Scheiße bauen. Ich rede von Cliquen, in denen in hohem Maße harte Drogen konsumiert werden, die aggressiv sind, die klauen, für die Gesetze nicht gelten ... Mag sein, dass dich das reizt und dass solche Leute dir cool erscheinen. Sie sind es aber nicht! Solche Menschen und Cliquen werden mit dem Älterwerden nicht legaler oder netter, sondern immer schlimmer und würden dich mit runterziehen. Bitte halte dich daher von ihnen fern!

Aber auch in einer wirklich guten, netten und coolen Clique kann es mal ziemlich drunter und drüber gehen. Und manchmal kann es sogar richtig gemein werden. Denn mal ehrlich, in der Clique reden wir ja nicht nur über Mode, Kleidung,

Jungs, Verliebtsein und Fernsehserien, sondern auch über andere Mädchen und Jungen. Besonders Mädchen, die nicht zu unserer Clique gehören, kommen dabei nicht immer gut weg. Auch in deiner Clique wird es sicher eine »Anführerin« geben. Ich nenne sie mal Cliquen-Queen. Vielleicht bist du ja sogar selber das Mädchen, das in deiner Clique das Sagen hat. Zur Queen schauen alle auf. Sie weiß in der Regel am meisten über Mode, Kleidung, Jungs und alle anderen wichtigen Themen.

> **Wilma:** In meiner Clique gab es auch ein Mädchen, das einfach mehr wusste als wir anderen. Sie hatte sogar schon einmal mit einem Jungen geschlafen. Aber sie war auch ein Jahr älter als wir anderen. Wir wollten immer ein bisschen sein wie sie. Und vor allem wollten wir, dass sie uns mochte. Denn ansonsten wären wir vielleicht aus der Clique geflogen.
>
> Die Cliquen-Queen entschied nämlich ganz allein, wer mitmachen durfte, wer nicht, und vor allem, wer NICHT MEHR mitmachen durfte. Hatte sie einmal ihr Urteil gefällt, war man raus. Aber so was von raus. Und dann hatte man automatisch die ganze Gruppe gegen sich. Denn alle anderen machten natürlich mit, wenn es darum ging, ausgestoßene Cliquenmitglieder zu dissen oder zu mobben. Die Angst, die Nächste zu sein, wenn man sich nicht beteiligte, war einfach zu groß.

Natürlich ist das nicht richtig, aber was soll man in so einem Fall tun?! Die Gefahr, plötzlich selber Opfer von Mobbing und Lästereien zu werden, ist riesig. Da macht man doch besser einfach mit oder sagt eben gar nichts, obwohl auch das schon böse enden kann.

Wilma: Eigentlich war ich immer recht beliebt in der Clique gewesen. Aber weil ich mich durch meine Magersucht immer mehr zurückzog und nicht mehr an Partys und Treffen teilnahm, wurde ich zur Außenseiterin. Als ich dann auch noch für einige Wochen zur Kur musste, war ich nach meiner Rückkehr nur noch die »Irre«, die, die schon mal in der »Klapse« gewesen war. Ich möchte nicht wissen, was alles hinter meinem Rücken geredet wurde. Keine wollte mehr wirklich etwas mit mir zu tun haben. Das war ganz schön hart und ich war oft traurig. Neben meiner Familie war mein einziger Halt damals meine beste Freundin, die einfach zu mir stand, egal was die anderen sagten. Noch heute bin ich ihr dafür soooooo dankbar. Sie hat einfach nicht mitgemacht, wenn man Witze auf meine Kosten machte. Heute weiß ich, wie schwer das für sie gewesen sein muss!

Mobbing ist nicht nur etwas, was Erwachsenen bei der Arbeit passieren kann. Es beginnt bereits im Kindergarten und gerade in der Pubertät kann es gravierende Folgen haben. Ich möchte dich an dieser Stelle einmal richtig erschrecken. Mir geht es nämlich darum, dass du siehst, wohin es führen kann, wenn man jemanden ausschließt oder ständig über ihn lästert. Auch wenn man ja eigentlich »nur mitmacht«.

Jeden Tag versuchen 20 junge Menschen, sich das Leben zu nehmen!!! Und noch schlimmer: Zwei von ihnen wachen leider nie wieder auf!!! Sie sind so verzweifelt, dass sie nicht mehr weiterwissen. Sie fühlen sich alleingelassen und sind Außenseiter. Jeder dieser Teenager hat seinen eigenen Grund, warum er nicht mehr leben möchte. Das muss nicht immer der sein, dass er keine Freunde hat oder dass er gemobbt und von einer Clique ausgeschlossen wird. Aber vielleicht wäre es nicht so weit gekommen, wenn er Freunde gehabt hätte, zu denen er Vertrauen gehabt hätte und die ihm in seiner Situation Halt gegeben hätten.

Das generelle Problem beim Mobbing ist, dass Betroffene sich oft nicht trauen, etwas zu sagen. Viele glauben auch, dass sie selber schuld sind. DAS IST ABER NICHT SO. »Aber wenn alle mich scheiße finden, muss ich es doch sein.« Das ist totaler Mist. Wer einen anderen in die Pfanne hauen möchte, der findet immer einen Grund. Denn kein Mensch hat nur gute Seiten. Oft reicht ein kleiner Streit, manchmal Neid und schon geht das Lästern, Hinter-dem-Rücken-Reden und Gemeinsein los. Schätzungsweise 500.000 (!!!) Schüler werden heutzutage gedisst. Das ist einfach eine unglaubliche Zahl – eine halbe Million!!! Und jeder von ihnen ist anders, denn Mobbingopfer haben nur zwei Dinge gemeinsam: Sie selber haben keine Schuld und alle fragen sich: »Warum ich?!« Wie ich schon sagte: Es gibt keinen wirklich triftigen Grund dafür, warum gerade du gemobbt wirst. Die meisten Täter entscheiden willkürlich. Ihnen geht es meistens nur darum, ihre eigene Unsicherheit zu vertuschen, indem sie cool und überheblich tun.

Mobbing ist nicht nur gemein und hinterhältig, es ist extrem gefährlich. Daher nimm bitte all deinen Mut zusammen und tue etwas dagegen. Dabei ist es egal, ob du in einer Clique bist, die jemand anderen mobbt, oder ob du selber das Opfer bist. LASS DAS NICHT ZU. Du bist ein toller Mensch, der genau so richtig ist, wie er ist. Du bist nicht schuld daran, dass man über dich lästert. Aber du bist auch nicht so toll, dass du über andere lästern darfst. Verändere dich nicht, nur weil andere dir das Gefühl geben, dass du verkehrt und nicht normal bist. Dann haben sie nämlich erreicht, was sie wollten: Sie bestimmen über dich.

WAS KANNST DU ALSO TUN,
WENN DU IN DER SCHULE GEMOBBT WIRST?

✓ Tue dich mit den Schülern zusammen, die sich nicht am Mobbing beteiligen.

✓ Wenn du den Mut und die Kraft hast, gehe selber zu den Tätern und sage ihnen, dass sie damit aufhören sollen.

✓ Hören sie nicht auf, wende dich an einen Lehrer. Am besten an deinen Klassen- oder den Vertrauenslehrer. Bitte denke daran: Das hat nichts mit Petzen oder so zu tun, auch wenn die Täter das sicher sagen werden! Du wehrst dich nur gegen Dinge, die nicht erlaubt und extrem gemein und hinterhältig sind.

✓ Wollen oder können dir die Lehrer nicht helfen, dann kannst du auch zum Direktor gehen. Wenn du davor (noch) Angst hast, kannst du auch erst einmal mit der Sekretärin sprechen. Sie kann dich dann beim Direktor unterstützen oder diesen informieren.

✓ Bitte rede auch immer mit deinen Eltern. Sie können dich ebenfalls unterstützen, zum Beispiel beim Gespräch mit den Lehrern. Oder sie können mit den Eltern der Täter sprechen.

✓ Wenn gar nichts mehr geht und du einfach nur noch Angst davor hast, in die Schule zu gehen, dann kann dir eventuell auch ein Schulwechsel helfen. Besprich das bitte mit deinen Eltern.

✓ Bist du durch das ständige Lästern und die vielen kleinen Gemeinheiten so traurig, ängstlich und vielleicht auch wütend geworden, dass du dich immer mehr zurückziehst, kannst du dir Hilfe bei einem Psychologen oder Therapeuten suchen. Die haben nicht nur die richtige Ausbildung, um dir die besten Tipps für deine Situation zu geben, sie sind vor allem Außenstehende. Das bedeutet, sie können sich die Situation anschauen, ohne involviert zu sein. Ein bisschen sind sie wie der Trainer, der beim Volley- oder Fußballspiel zusieht und den Spielern Tipps gibt.

MEINE WELT

✓ Bitte schwänze nicht die Schule, nur weil du Angst vor weiteren Mobbingattacken hast, sondern rede lieber mit deinen Eltern oder den Lehrern.

Die Wahrscheinlichkeit, dass das Mobbing mit der Zeit einfach aufhört, weil die anderen keine Lust mehr haben, ist leider nicht sehr groß. Daher ist »Abwarten und Tee trinken« keine gute Entscheidung. Wie du gelesen hast, bist du nicht alleine. Eine halbe Million junge Menschen sind Opfer von fiesen Mobbingattacken. Stark wird man, indem man sich zusammentut. Gegen einen kommen die halbstarken Mobber an, gegen zwei schon weniger und gegen viele überhaupt nicht. Daher kann ich nur noch einmal betonen: Suche dir Verbündete! Sprich mit Menschen, die Einfluss auf die Täter nehmen können. Auch im Internet gibt es mittlerweile viele Foren und Seiten, auf denen Opfer Hilfe finden. Hier kannst du dich mit anderen austauschen und fragen, was sie tun. Außerdem findest du Tipps, wie du am besten mit deinen Eltern oder Lehrern sprichst.

Ebenso bist du nicht machtlos, wenn du erlebst, wie andere gemobbt werden, vielleicht sogar deine eigene Clique einen andern disst. Was kannst du also in einer solchen Situation tun? Das Allerwichtigste ist: Mache niemals mit! Das ist einfach geschrieben, aber sicher nicht so einfach umzusetzen. Das ist mir klar. Denn wer sich gegen die Täter stellt, wird meistens selber zum Opfer. Das ist auch der Grund, warum viele Menschen einfach wegsehen. Bloß keinen Ärger! Lieber nicht einmischen! Lasst mich doch mit euren Problemen in Ruhe!

Sicher wäre es großartig und sehr, sehr mutig, wenn du dich an die Seite des Opfers stellen und ihm so zeigen würdest, dass es nicht alleine ist. Aber du musst gar nicht so offensichtlich helfen. Du kannst auch im Hintergrund etwas für das Opfer tun, zum Beispiel die Lehrer ansprechen und darauf hinweisen, was passiert. Es ist immer gut, wenn auch ein Außenstehender die Situation bestätigt, quasi als Zeuge. Wenn du möchtest, kannst du auch mal am Nachmittag bei dem Betroffenen (ich benutze hier die männliche Form, es kann natürlich auch ein Mädchen sein) anrufen und ihm sagen, dass du auf seiner Seite bist. Es tut gut, wenn man das hört. Dabei kannst du auch ehrlich sein und sagen, dass du Angst davor hast, dich vor den anderen für ihn einzusetzen, aber dass du im Hintergrund gerne etwas für ihn tun möchtest. Frage direkt, ob du mit einem Lehrer sprechen oder vielleicht auch unterstützend bei dem Gespräch mit den Eltern dabei sein sollst.

Das ist übrigens schon extrem erwachsen. Wenn du möchtest, kannst du auch deine eigenen Eltern um Rat fragen. Berichte ihnen, was in der Schule oder der Clique passiert. Auch sie können helfen. Eltern haben manchmal eben doch noch ein bisschen mehr Einfluss als wir. Sie werden übrigens ziemlich stolz auf dich sein, wenn du dich so verantwortungsbewusst benimmst.

Mobbing findet aber nicht nur in der realen Welt statt, sondern immer öfter auch im Internet. Das Wort dafür ist Cybermobbing. Es kommt aus dem Englischen und bedeutet eben das: Mobbing im Internet. Gemeint ist, dass Menschen über das Internet belästigt, bedrängt und genötigt werden. Häufig passiert dies in Chatrooms und per E-Mail. Und da der Mobber so weit weg von seinem Opfer ist, traut er sich leider auch extrem schlimme Gemeinheiten. Es ist eben ziemlich einfach, besonders ausfallend zu sein, wenn man selber schön in seinem warmen Zimmer hockt und keiner einen sieht. Dann fühlt man sich doch einfach stark und sicher. Wie ekelhaft!

Das ist echt arm, aber die Zahl der Opfer steigt leider immer weiter an. Das Gute ist, dass sich immer mehr Jugendliche Hilfe suchen, wenn sie im Netz gemobbt werden. 2010 gaben 25 Prozent der Nutzer eines sozialen Netzwerks (wie SchülerVZ, Facebook oder MySpace) an, Opfer von Internetmobbing zu sein. Das ist jeder Vierte!!!

Sarah: Ich verabscheue Menschen, die andere mobben. Mir tun die Opfer einfach total leid. Ich glaube, den meisten Menschen ist gar nicht klar, dass sie wirklich psychische Schäden bei den Opfern auslösen können! Viele junge Menschen sind sowieso total unsicher, was soll also der Scheiß, sie noch mehr verunsichern zu wollen. Am besten noch, damit man sich selber besser und stärker fühlt. Was für arme Schweine ...

Tut mir leid, dass ich hier mal ein wenig heftiger werde, aber das muss einfach sein. Mobbing ist für mich einfach unbegreiflich und ich halte von Menschen, die das tun, gar nichts. Außerdem finde ich es total feige, wenn man dann auch noch über das Internet mobbt. Wenn man schön mit dem eigenen Hintern zu Hause bei Mama und Papa sitzt und anderen das Leben zur Hölle macht, indem man sie über das Netz beschimpft, heruntermacht oder, noch schlimmer, Dinge über sie im Internet verbreitet, die nicht wahr sind. Generell sollte man eh, wenn man ein Problem mit jemandem hat, es der Person ins Gesicht sagen, alles andere ist feige. Die Betroffenen können ernsthafte psychische Schäden davontragen. Das bedeutet, dass sie sich nicht mehr zur Schule trauen, in psychische Behandlung müssen und ihre Schulleistungen darunter leiden. Manche Mobbingopfer begehen sogar Selbstmord!

LEBENSWELT 5

Es fängt oft mit dem Kommentieren eines Bildes an und hört damit auf, dass jemand im Netz total fertiggemacht wird. Dazu kommt: Alles, was man einmal ins Internet gestellt hat, bleibt auch da. Nichts lässt sich 100-prozentig löschen. Hat man einmal ein gemeines Bild oder Video hochgeladen, wird es immer irgendwo auffindbar sein. Und so können Mobbingopfer noch jahrelang, vielleicht ihr ganzes Leben lang, davon verfolgt werden. Internetmobbing ist übrigens strafbar. Jede Person, die im Internet mobbt, kann strafrechtlich verfolgt werden.

Ich gehe einfach mal davon aus, dass du kein Mobber bist, weder im realen noch im Cyberleben, oder dass du nach meinen Anmerkungen dazu endlich mit dem Schwachsinn aufhörst. Hier habe ich ein paar Ratschläge für dich zusammengefasst, die dir helfen können, wenn du selber zum Opfer von Internetmobbing wirst:

✓ Wenn du das Gefühl hast, dass dich jemand im Internet mobbt, suche dir bitte sofort Hilfe und sprich mit deinen Eltern oder anderen Vertrauten. Sie können mit dir zusammen zur Polizei gehen und den Mobber anzeigen. Ich kann nur noch einmal betonen: Mobbing ist strafbar und niemand darf das mit dir oder einem anderen Menschen machen!

✓ Denke bitte niemals: Aber das ist doch im Internet, der ist so weit weg und wird niemals gefunden werden. Das ist nicht wahr. Internetmobber sind nicht anonym, man kann jeden Chat und alles, was online passiert, zurückverfolgen. Denke bitte auch nicht, dass das Mobbing noch schlimmer wird, wenn du darüber redest. Ganz im Gegenteil – du stehst diesem feigen Arschloch, das sich hinter Chatnamen und Fake-Profilen versteckt, dann nicht mehr alleine gegenüber. Deine Eltern, deine Vertrauten und auch die Polizei können dich unterstützen und dir dabei helfen, gegen den Mobber vorzugehen.

MEINE WELT

✓ Wenn der Mobber gefunden wurde, wird alles, was er über dich im Netz geschrieben hat, gelöscht werden. Außerdem bekommt der Täter eine wirklich heftige Strafe. Ist er schon über achtzehn Jahre alt, kann er bis zu fünf Jahre ins Gefängnis kommen, ist er jünger, dann drohen ihm bis zu zehn Monate im Jugendgefängnis!!! Manchmal hilft es sogar schon, wenn du dem Mobber androhst, ihn anzuzeigen, und ihm schreibst, welche Konsequenzen das für ihn haben kann. Gerade Jugendliche werden ziemlich kleinlaut, wenn sie hören, dass sie für das, was sie da tun, ins Gefängnis gehen können.

Sarah & Wilma: Bitte habe keine Angst und suche dir SO-FORT Hilfe, wenn du gemobbt wirst!!! Es ist verboten und muss bestraft werden!!!

Wenn du Zeuge davon wirst, wie jemand anderes im Internet gemobbt wird, dann sage dem Opfer genau das, was ich dir gerade gesagt habe. Wenn er selber Angst hat, sprich du einen Erwachsenen an und bitte ihn, dich dabei zu unterstützen, dem Gemobbten zu helfen. Habe keine Angst davor, dass der andere sauer wird. Du tust in diesem Augenblick das einzig Richtige!!! Du kannst zum Beispiel die Eltern des Opfers einweihen und sie bitten, etwas zu tun. Dabei kannst du ihnen sogar sagen, dass du möchtest, dass dein Name nicht genannt wird. Aber schaue niemals einfach weg, sondern hilf!!!

Eine weitere Art von Mobbing ist das sogenannte Happy Slapping. Ich finde, das ist eine völlig falsche Bezeichnung für diese Straftat. Aus dem Englischen übersetzt bedeutet es: »fröhliches Schlagen«. Dieser Mist ist aus Großbritannien zu uns nach Deutschland herübergeschwappt. Beim Happy Slapping verprügeln mehrere Schüler ein Opfer – zum Beispiel ihre Lehrer, Mitschüler oder wildfremde Passanten – und fil-

LEBENSWELT 5

men das alles mit ihrer Handykamera!!! Danach stellen sie die Videos ins Internet. In meinen Augen ist das mit Abstand die abartigste Art und Weise zu mobben. Denn dabei werden die Opfer nicht nur psychisch geschädigt, sondern auch noch körperlich. Nicht nur, dass sie während der Schlägerei brutal gedemütigt, beschimpft und verletzt werden, das Ganze wird danach auch noch in aller Öffentlichkeit – im Internet – präsentiert. Neben den schweren Verletzungen, die oft Wunden hinterlassen, erleiden die meisten ein Trauma. Viele müssen danach in Psychotherapie, haben körperliche Folgeschäden und Albträume. Sie brauchen sehr lange, um sich von dem Vorfall zu erholen. Manche Happy-Slapping-Foltereien gehen so weit, dass das Opfer auch noch vergewaltigt wird ...

Wilma: Ich kann einfach nicht nachvollziehen, warum manche Leute solche Widerwärtigkeiten tun. Kein normaler Mensch würde so was machen. Keiner. Vielleicht fragst du dich, warum wir in einem Buch wie diesem von solchen Dingen schreiben. Ganz einfach: weil es jedem von uns passieren kann, dass er auf solche kranken Menschen trifft. Und gerade in der Pubertät, wenn wir uns eh schon unsicher fühlen, haben die dann leichtes Spiel mit uns. Deshalb ist es ja auch so wichtig, dass du selbstbewusst bist.

Ich möchte, dass du weißt, dass keiner dir Dinge antun darf, die dir wehtun, die dich verletzen – psychisch und körperlich –, und dass niemand über dich bestimmen darf. Und wenn es doch jemand versucht, hole dir bitte immer Hilfe!!! Geh zu deinen Eltern, deinen Lehrern oder im schlimmsten Fall auch zur Polizei.

Tue das auch, wenn du Zeuge von Mobbing wirst.

SoLoPFAdE

Ich gehöre nicht dazu – und nun?

Allein sein und einfach mal die Tür hinter sich zumachen, das gehört zum Erwachsenwerden dazu. Und es ist wunderschön. Was aber, wenn du alleine bist und es eigentlich gar nicht möchtest? Noch schwieriger, als seinen Platz unter Freunden und in einer Clique zu behaupten, ist es nämlich, wenn man gar keine Freunde und keine Clique hat.

Gründe dafür gibt es einige: Vielleicht bist du neu in der Stadt. Oder deine Eltern haben einen Beruf, bei dem ihr ständig umziehen müsst. Oder aber du tust dich schwer damit, auf Menschen zuzugehen, weil du dich selber für nicht so toll hältst. Egal welcher Grund dahintersteckt, allein sein, wenn man es gar nicht möchte, ist verdammt beschissen. Aber ich schwöre dir, das wird sich ändern! Ich weiß, dass du dir das nicht vorstellen kannst, wenn du alleine bist, aber niemand auf der Welt muss einsam sein, wenn er das nicht möchte. Es gibt einfach viel zu viele Menschen, als dass da nicht welche wären, die dir sehr ähnlich sind und gerne mit dir befreundet sein möchten. Manchmal dauert es eben ein wenig, bis du sie findest oder sie dich.

Sarah: Ich habe dir ja erzählt, dass ich während meiner Pubertät oft das Gefühl hatte, dass es sehr schwierig ist, Freunde zu finden. So ging es mir ja auch bei der Suche nach einer besten Freundin. Ich habe immer versucht, es allen recht zu machen, ich war überangepasst und unsicher. Dazu fehlte mir das Selbstbewusstsein. Oft habe ich mich zu sehr auf eine Person festgelegt und kam damit nicht klar, dass ich ausgetauscht wurde. Zudem habe ich mir jeden Kommentar, den jemand über mich machte, echt zu Herzen genommen.

Es hat eine ganze Weile gedauert, bis ich kapiert habe, dass ich es eben nicht jedem recht machen kann und vor allem nicht jedem recht machen muss. Entweder nahmen die anderen mich so an, wie ich war, oder sie ließen es eben bleiben. Und was soll ich sagen, ab dem Tag traf ich unheimlich viele Menschen, die mir ähnlich waren und zu denen ich ziemlich gut passte. Du siehst, auch ich hatte die gleichen Probleme wie du und habe mich oft einsam gefühlt. ;-) Daher glaube mir: Egal wie schrecklich dein Leben gerade ist, weshalb auch immer du alleine bist, es lässt sich immer etwas ändern. Du kannst es ändern!

Denke bei deiner Suche nach Freunden immer daran: Wer sich verändert, um bei anderen gut anzukommen, wird niemals WIRKLICHE Freunde finden. Denn ein echter Freund ist dein Freund, weil er dich so nimmt, wie du bist, und genau das zu schätzen weiß. Das ist wie mit den Typen. Wer sich für einen Kerl ändert und verstellt, wird ihn eventuell für kurze Zeit überzeugen. Da wir uns aber nicht dauerhaft verstellen können, wird eine solche Beziehung, die auf Vorspiegelung falscher Tatsachen basiert, niemals lange bestehen.

Es ist ganz klar, dass dich niemals alle Menschen mögen werden, weder in der Schule noch später im Job. Dafür sind die Geschmäcker der Menschen einfach so verschieden wie sie selber. Du magst ja auch nicht jeden, oder?! Sei ehrlich!!!

Ganz alleine auf der Welt bist du übrigens nie, auch wenn du dich so fühlst. Denn selbst wenn in deiner Familie nicht immer heile Welt herrscht, bleiben Mama und Papa immer DEINE Mama und DEIN Papa – zwei Menschen, die dich über alles lieben und alles tun würden, damit es dir gut geht. Auch wenn du das nicht immer gleich nachvollziehen kannst, zum Beispiel wenn du an die Meckereien über deine Noten und deine Klamotten denkst.

Aber versuche doch einfach mal, dich daran zu erinnern, wenn du wieder einmal in einer »Ich fühl mich ganz allein«-Phase bist. Das kann dir ein wenig Mut geben. Rede mit deinen Eltern darüber, dass du dich alleine fühlst. Sie können dir die Freunde nicht ersetzen, aber sie können dich dabei unterstützen, welche zu finden. Beispielsweise, indem sie mit dir zusammen einen passenden Sportclub suchen oder dir die Mitgliedschaft in anderen Vereinen finanzieren. Vielleicht hast du ja auch Geschwister, die dir zwar gerade tierisch auf den Keks gehen, aber auch sie gehören zu deiner Familie.

Wilma: Mit Mamas neuem Freund bekam ich ja auch gleich zwei »fertige« Geschwister. Es war schon komisch, dass meine Mama dann nicht mehr nur für mich alleine da war. Nicht nur, dass da nun wieder ein Mann war, es gab auch noch zwei andere Kinder, für die sie nun die Mutter war.

Während wir alle noch zu Hause wohnten, gab es ziemlich oft Krach zwischen uns. Das hatte auch damit zu tun, dass wir nahezu gleich alt waren.

Es gab Wochen, in denen wir uns echt nur angegiftet haben. Aber dann waren wir auch wieder die besten Verbündeten, wenn es darum ging, gemeinsam etwas bei den Eltern durchzusetzen.

Wie du eine eigene Persönlichkeit entwickelst, habe ich dir ja im Kapitel »Die richtige Mischung muss es sein« beschrieben. Um es dir wieder ins Gedächtnis zu rufen, hier noch einmal eine kurze Zusammenfassung: Versuche, dir selber bewusst zu werden. Erkenne, was du gut findest und was nicht. Arbeite an deinen Talenten, verstärke, was du an dir magst. Und bitte versuche nicht, jemand anderes zu sein, weil du denkst, dass du damit bei anderen besser ankommst. Überangepasst zu sein bringt gar nichts.

Daher gilt auch beim Freundefinden: Sei kein Chamäleon und passe dich nicht immer der Meinung und den Wünschen anderer an. Es gibt genug Situationen, in denen du eine Rolle spielen musst (als Schülerin, als Tochter, irgendwann als Angestellte), da solltest du einfach deine Freizeit nutzen, um zu 100 Prozent du selbst zu sein.

Wilma: Als Älteste von uns allen darf ich hier mal wieder die Besserwisserin sein: Es wird immer Situationen in deinem Leben geben, in denen du deine eigenen Wünsche zurückstellen musst. Denn sonst funktioniert das ganze System nicht – oder wie Sarah es beschrieben hat: Die Daily Soap könnte nicht gedreht werden, wenn jeder nur seine Lieblingsrolle spielen würde. Besonders heftig wirst du das merken, wenn du mit dem Arbeiten beginnst. Aber auch jetzt schon, während der Schulzeit, musst du oft Dinge tun, auf die du keine Lust hast, und vor allem musst du viel Zeit mit Menschen verbringen, die nicht alle nett, sympathisch und dein Fall sind. Daher solltest du bei deinen Freunden du selbst sein dürfen. Wenn du dich bei ihnen nämlich auch noch verstellst, wirst du immer das Gefühl haben, unter Druck zu stehen, und irgendwann platzen.

MEINE WELT

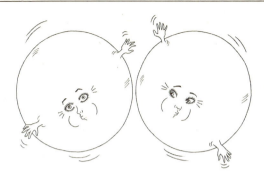

Was aber kannst du nun konkret tun, wenn du keine oder nur sehr wenige Freunde hast und das ändern möchtest?

Mein erster Tipp: Suche dir ein Hobby, das du in einem Team oder Club ausüben musst. Das kann Reiten, eine Kampfsportart, Klettern, Tennis, Tanzen oder vieles anderes sein. Eben alles, was man nicht allein zu Hause machen kann, und vor allem etwas, was dir Spaß macht. Vielleicht gibt es an deiner Schule ja eine AG, die dich interessiert. Oder du meldest dich bei einer Musikschule oder einem Schachclub an. Das Gute an Teamsport, AG-Treffen und anderen Gruppen ist, dass du ganz automatisch mit Menschen zusammentriffst, die dieselben Interessen haben wie du. Auch ist es einfacher, mit anderen ins Gespräch zu kommen, wenn man dabei das Gleiche tut. So könnt ihr euch erst einmal ganz in Ruhe beschnuppern. Wenn du bei deinem Hobby immer und immer wieder mit denselben Menschen zusammentriffst, wirst du mit der Zeit merken, wen du nett und sympathisch findest und wer nicht so dein Fall ist. Und du kannst erst einmal schauen, wie die anderen auf dich reagieren. Meistens stellt sich ziemlich schnell heraus, mit wem man besser kann und mit wem eben nicht.

Wenn du eine Person besonders nett findest und das Gefühl hast, dass auch sie dich sympathisch findet, suche öfter ihre Nähe. Beim Sport kannst du zum Beispiel bei Zweierübungen mit ihr ein Team bilden, Gleiches gilt für die Gruppenarbeit in der AG. So kommt ihr locker ins Gespräch und du brauchst keine Angst zu haben, was Falsches zu sagen oder was Dummes.

Am besten redest du zu Beginn über Dinge, die direkt mit dem Sport beziehungsweise Hobby zu tun haben. Nach einiger Zeit kannst du dann auch mal nach persönlicheren Details fragen. Wo geht der andere zur Schule? Ist er in einer Internetcommunity? Wo geht er shoppen? Hat er eine Lieblingsband? Was liest er gerne und vor allem: Hat er noch weitere Hobbys? Wenn ihr euch dann ein bisschen besser kennt, schlage einfach vor, dass ihr euch auch mal außerhalb der Sportstunden beziehungsweise AG-Zeiten trefft. Vielleicht hat der andere ja Lust auf Kino oder ein Eis. Ihr könnt auch zusammen auf ein Konzert oder zu einer Sportveranstaltung gehen.

Wilma: Das mit dem Kennenlernen ändert sich übrigens nie. Ich habe eine meiner besten Freundinnen im Fitnessstudio kennengelernt. Wochenlang haben wir nebeneinander am gleichen Gerät trainiert und zuerst war es immer nur ein »Hallo« am Morgen, doch irgendwann haben wir uns mehr erzählt und beschlossen, uns auch mal außerhalb des Studios zu treffen.

Heute wissen wir beide fast alles übereinander und ich habe sie echt unheimlich lieb. Ich weiß, dass ich mich immer auf sie verlassen kann, auch wenn wir heute nicht mehr in derselben Stadt und nicht einmal mehr im selben Land leben!!

AGs eignen sich übrigens besonders gut dazu, Freunde zu finden, wenn du neu in der Stadt bist. Denn hier kommst du schnell mit anderen Menschen aus deiner Schule in Kontakt, die dir auch ein wenig helfen können, damit du dich im Schulalltag wohler fühlst. Sie können dir zum Beispiel verraten, welche Lehrer gut sind und welche nicht, wer die Schul-Queen ist und wer der Schwarm aller Mädchen. Das ist immer gut zu wissen, um nicht irgendwann in ein Fettnäpfchen zu treten.

Wenn du nur eine Person in der Schule besser kennst, wirst du automatisch auch andere kennenlernen. Vielleicht ist dein neuer AG-Kollege ja so nett und nimmt dich mal zu einem Treffen seiner Clique mit. Frage ihn doch einfach mal, ob du vielleicht mitkommen kannst, wenn er sich am Nachmittag mit den anderen im Schwimmbad trifft. Und habe dabei keine Angst vor einer Absage. Sei freundlich und sage: »Es wäre echt toll, wenn du mich mitnehmen würdest. Ich möchte kein Anhängsel sein, aber für mich wäre es super, weil ich neu hier bin. Und du kennst so viele Menschen und dazu auch noch die geilsten Orte der Stadt.« Jeder nette Mensch, der als Freund infrage kommt, wird dich sofort mitnehmen!

Das mit dem Anhängsel ist echt wichtig. Gib dem anderen bitte niemals das Gefühl, dass du nur ihn hast und immer nur mit ihm zusammen sein möchtest. Das ist ganz schön belastend für den anderen. Er kann sich dann ausgenutzt fühlen und kündigt dir schneller die Freundschaft, als du gucken kannst.

Melde dich daher am besten bei einem Sportverein an UND besuche eine AG. Dann bist du schon mal an zwei Orten präsent, an denen unterschiedliche Menschen sind. Außerdem solltest du einem möglichen neuen Freund nicht gleich deine ganze Familiengeschichte und all deine Probleme erzählen. Solange du ihn noch nicht so gut kennst, berichte lieber erst von den guten Dingen. Wenn du dann merkst, dass du ihm vertrauen kannst, darfst du natürlich über alles reden, worüber du willst. Aber dazu solltest du dir schon sicher sein, dass ihr wirklich Freunde seid. Denn stell dir mal vor, du erzählst einem Mädchen beim Sport, in welchen Jungen du heimlich verliebt bist. Doch sie ist einfach nur nett zu dir, will aber gar keine echte Freundschaft und lässt dich deshalb nach ein paar Wochen fallen. Tja, und dann geht sie los und erzählt ihrer Freundin von deiner Schwärmerei. Die erzählt es wieder einer anderen und irgendwann landet es auch bei ihm. Sei daher immer erst ein wenig vorsichtig und pass auf, worüber du redest. Gleiches gilt auch für Familienprobleme, die gehen nämlich nur echte Freunde etwas an!

Eine weitere Möglichkeit, neue Freunde zu finden, ist das Internet. Aber wie ich schon schrieb, solltest du dabei immer vorsichtig sein. Das Netz eignet sich jedoch hervorragend dazu, mit Freunden aus einer anderen Stadt ganz einfach in Kontakt zu bleiben.

Wenn du neue Freunde über das Internet finden möchtest, melde dich am besten in Foren an, in denen über Themen gequatscht wird, die du interessant findest. Zum Beispiel: Wo kann man am besten shoppen? Wo geht man hin in deiner Stadt? Welcher Klamottentrend ist in? Auch Foren, in denen über deine Lieblingssportart oder deine Lieblingsband diskutiert wird, sind ideal. Hier kannst du immer mitreden. Oft findest du so ganz schnell andere Chatter, die dieselben Interessen wie du haben. Und wenn man sich eine Zeit lang im Netz geschrieben hat, kann man sich auch irgendwann einmal privat treffen. Dennoch gilt: Auch bei einem Mädchen solltest du dich von deinen Eltern zum Treffpunkt bringen lassen. Das ist nicht albern, sondern dient einfach deiner Sicherheit.

MEINE WELT

Das beliebteste Freundeportal der Welt ist Facebook. Auch ich habe dort einen Account, über den ich zu Freunden aus der ganzen Welt Kontakt halten kann. Das ist toll, da einige von ihnen in Portugal, Spanien und auch in den USA leben. Facebook ist aber gerade aufgrund der Millionen von Menschen, die sich dort tummeln, ein gutes Versteck für Personen, die nichts Gutes im Schilde führen. Auch bringen dir 1000 Freunde bei Facebook nichts, wenn du im wahren Leben keine echte Beziehung zu ihnen hast. In der Regel solltest du auch erst einmal nur die Menschen auf dein Profil lassen, die du wirklich kennst. Wenn du dann über Freunde von ihnen neue Freunde findest, kannst du sicher sein, dass dahinter echte Menschen mit guten Absichten stecken. Auch hier gilt wieder: Triff dich ruhig mit deinen neuen Internetfreunden, aber beachte bitte meine Tipps zu Treffen mit Fremden aus dem Netz.

Sehr, sehr schade wäre es, wenn du dich aufgrund deiner Einsamkeit zu Hause verkriechen und deinen Tag mit Fernsehen und Computerspielen verbringen würdest. Damit meine ich nicht, dass du täglich deine Lieblingssendung schaust, und auch wenn du dann und wann mal dein Feld bei *Farmville* beackerst, ist das kein Problem. Mir geht es darum, dass die Welten im Fernsehen und in Computerspielen für dich realer werden als die echte Welt. Leider ist das eine große Gefahr. Es stimmt zwar, dass es eher Jungs sind, die Games wie *World of Warcraft* spielen, aber auch immer mehr Mädchen haben mittlerweile eine Figur in dieser virtuellen Welt. Es ist einfach toll, wenn man auf Knopfdruck stark sein und sich eine Figur nach seinen Wünschen und Vorstellungen bauen kann, keine Frage. Aber wenn diese Figur plötzlich zu deinem Lebensinhalt wird, dann läuft da was ziemlich schief. Denn das bist nicht du und so wie auf dem Bildschirm funktioniert auch nicht die Welt. Gleiches gilt für das Fernsehen.

LEBENSWELT 5

Sarah: Klar, wenn ich jeden Tag als Lucy Cöster auf deinem Bildschirm bin und meine Rolle auch sehr überzeugend spiele (das hoffe ich doch zumindest ;-)), dann ist es schwierig zu glauben, dass ich im wahren Leben vielleicht doch nicht auf Gothic stehe und eigentlich blonde Haare habe und keine schwarzen. Und das Gleiche gilt für alle meine Soap-Kollegen.

Wir finden es auch nicht schlimm, wenn wir in der Stadt erkannt und mit unseren Seriennamen angesprochen werden. Dennoch ist es mir persönlich wichtig, dass du die Welt von *GZSZ* nicht für eine reale Welt hältst. Alles, was dort passiert, steht in einem Drehbuch – das gilt besonders für extreme Szenen. Da kann das Mokka einstürzen und Philipp mit einem Messer an Carstens Bein rumschneiden. Doch würde weder Jörn das im wahren Leben tun, noch würde Felix ihn das tun lassen.

Sicher, ganz, ganz viele Dinge, die uns dort passieren, geschehen auch im wahren Leben. Wir alle haben Liebeskummer, es kommen Kinder zur Welt und wir bauen Mist in der Schule, aber es ist eben immer noch eine Fernsehsendung. Und das gilt für alles, was du im Fernsehen siehst oder dir bei Computerspielen gezeigt wird.

Fernsehen und Computer gehören einfach zum Leben dazu. Das ist so und wird sich auch nicht ändern. Eher im Gegenteil. Aber die echte Welt wird einfach immer die spannendste bleiben. Und sie hält die größten Überraschungen für dich bereit. Das Schönste ist, dass du gerade erst anfängst, richtig zu leben, und so viele tolle Dinge auf dich warten. Du wirst dich verlieben, du wirst einen Job finden, du wirst vielleicht irgendwann einmal Kinder haben. Vielleicht wirst du auch

MEINE WELT

ins Ausland ziehen. Vielleicht schreibst du sogar selber mal ein Buch oder wirst Schauspielerin. Ich wünsche dir jedenfalls ganz, ganz, ganz viel Glück auf deinem weiteren Weg.

»Ich möchte einfach noch einmal betonen: Pass auf dich auf, suche dir keine falschen Vorbilder und mache dir immer und immer wieder bewusst, dass du ein wunderbarer Mensch bist.«

Nachwort

zUM Guten Schluss ...

Wahnsinn, das Buch ist zu Ende. Ich bin selber ein bisschen baff, was mir alles zum Thema Pubertät so in den Kopf gekommen ist.

So viele Dinge sind mir erst beim Schreiben wieder eingefallen. Unglaublich ... Ich hoffe, dass du dich in vielen Geschichten wiedergefunden hast und dir meine Tipps echt helfen, diese Phase deines Lebens ein bisschen entspannter zu erleben. Da ICH in diesem Buch ja, wie du am Anfang gelesen hast, eigentlich aus zwei Personen bestehe, möchte ich mich damit verabschieden, dass ich wieder zu Sarah und Wilma werde, die dir noch ganz persönlich Tschüss sagen:

Sarah: Auch wenn die Phase, in der du dich gerade befindest, die schwierigste deines bisherigen Lebens sein mag, geht sie irgendwann vorbei!!! Ich habe die Pubertät damals als unüberwindbar empfunden. Ich hatte noch nicht mal begriffen, dass dieses ganze schreckliche Gefühlschaos auf meine Hormonumstellung zurückzuführen war, das weiß ich erst jetzt. Ich denke, es geht dir ähnlich, und ich kann dir sagen: Alles, was bei dir jetzt überhaupt nicht hinhaut, was dir unglaublich kompliziert erscheint, wird irgendwann leichter (das sind halt die Hormone :-)).

Während meiner Hormonumstellung dachte ich: Das Leben ist einfach nur scheiße, ich passe nicht und werde nie passen, werde niemals glücklich und zufrieden mit mir sein. Das Einzige, was manchmal ganz gut lief, waren meine Freunde und Clique. Umso schlimmer war es, wenn ich nach Hause kam. Nichts funktionierte und ein großes schwarzes Loch tat sich auf, in dem ich so gerne verschwunden wäre. Doch leider wurde man davon nur umspült, manchmal verschluckt und immer wieder ausgespuckt.

Der Grund, warum ich dieses Buch mit Wilma geschrieben habe, ist, dass ich in der Pubertät manchmal echt traurig war, sehr traurig, und ich dachte: Das soll das Leben sein?! Du kannst dir sicher vorstellen, wie ich mich gefühlt habe. Wenn mir damals jemand gesagt hätte, dass ich mich irgendwann viel besser fühlen werde und dass das alles »nur« an meinen Hormonen liegt und irgendwann anders sein wird, hätte mir das sehr, sehr gutgetan.

Ich selber hätte mit 14, 15, 16 Jahren niemals gedacht, dass ich so happy sein könnte wie heute! Ich möchte nicht, dass du in der Pubertät magersüchtig wirst, dir selber wehtust oder dir sogar das Leben nimmst, nur weil du denkst, dass niemand dich versteht und du mit deinen Problemen alleine bist. Wilma und ich verstehen dich! Wir hatten genauso viele Probleme wie du und haben es geschafft!

ZUM GUTEN SCHLUSS ...

Und guck mal, was aus uns geworden ist!! :-) Genau das kannst du auch schaffen. Du musst dir immer sagen: »Das sind nur die Hormone und irgendwann habe ich das alles hinter mir und kann als ganz tolle Frau ein wunderbares Leben führen!«

Und nun lies genau: NIEMAND, wirklich NIEMAND darf dir wehtun! Weder deine Eltern noch dein Freund oder irgendein Familienmitglied!! NIEMAND darf dich schlagen oder sexuell belästigen!! Du brauchst dich dafür nicht zu schämen! Ruf eine der Telefonnummern an, die auf den folgenden Seiten stehen, und lass dir helfen, wenn du unter häuslicher Gewalt oder sexueller Belästigung leidest! Ebenso darf dich NIEMAND zu Hause einsperren oder unterdrücken, egal welcher Kultur du angehörst! Du darfst frei für dich entscheiden. Wenn du Hilfe brauchst, findest du im Anhang einige Adressen und Telefonnummern.

Jedes Kind hat es verdient, zu leben.
Jedes Kind hat es verdient, geliebt zu werden.
Es ist sein Recht.
Lebe! Liebe! Sei frei!
Solange du kannst!

Träume dein Leben!
Und nimm es in die Hand!
Dein Leben wird ein Traum.
Glaube mir und sei stark!
Ich weiß, dass du das kannst.

NACHWORT

Auch du kannst deine Träume leben.
Mit Stärke, Willen und Mut.
Ich glaube an dich!
Glaube mir, alles wird gut. :-)
Sarah Tkotsch

Wilma: Tja, was soll ich noch anfügen? Sarah hat schon fast alles gesagt, was ich dir mit auf den Weg geben wollte. Aber das wundert mich nicht, denn während wir dieses Buch geschrieben haben, haben wir beide immer und immer wieder festgestellt, dass wir zigtausend Dinge in der Pubertät genau gleich erlebt haben. Das ist auch der Grund, warum wir uns so sicher sind, dass wir ziemlich oft genau das beschreiben, was dich gerade beschäftigt, und dass wir auch deine Ängste, Sorgen und Unsicherheiten recht gut nachvollziehen können.

Ich habe heute ein paar mehr Jahre auf dem Buckel und bin vielleicht – ach du Scheiße – sogar doppelt so alt wie du. Aber auch ich kann nur sagen: Ich wäre ebenso wie Sarah ziemlich froh gewesen, wenn mir jemand das mit den Hormonen, dem Körperumbau und all den anderen Dingen damals so ausführlich beschrieben hätte. Auch das mit dem Selbstbewusstsein und dem Äußeren war bei mir nicht immer optimal. Ich hoffe und wünsche mir, dass dir dieses Buch ein kleiner Begleiter durch die Wirren der Pubertät sein kann und sein wird!

Damit du nun keine Zeit verlierst und das Leben kennen- und lieben lernst, möchte ich auch nicht mehr viel sagen. Ein Thema aber bedarf meiner Meinung nach noch

ZUM GUTEN SCHLUSS ...

ein paar abschließender Worte. Ich meine die Sache, die mein Leben ziemlich beeinflusst hat und von der ich dir berichtet habe: die Magersucht.

Mir hat sie, wie ich schon schrieb, wertvolle Jahre meines Lebens gestohlen. Ich habe lange mit ihr gekämpft, sie hätte mich fast besiegt und die Gefahr, dass sie in stressigen Zeiten und bei Niederlagen wieder ausbrechen will, ist immer gegeben. Ich habe das Glück, dass ich weiß, was ich dann tun muss und wie ich dieser beschissenen Krankheit NIE wieder Macht über mich gebe! Aber das alles brauchst du hoffentlich erst gar nicht zu lernen!

Daher möchte ich einfach noch einmal betonen: Pass auf dich auf, suche dir keine falschen Vorbilder und mache dir immer und immer wieder bewusst, dass du ein wunderbarer Mensch bist, der nicht wegen seines Aussehens geliebt werden sollte, sondern deswegen, weil er so ein toller Mensch ist. Dir werden viele Leute im Leben begegnen, die dir einen Stempel aufdrücken möchten und das auch ungefragt tun werden. Oftmals beurteilen sie dich einfach pauschal nach deinem Aussehen. Das wird leider immer so sein. Je älter und auch erfolgreicher du wirst, desto mehr Menschen werden versuchen, dich kleinzumachen. Leider wirst du diese Leute nicht ändern und auch nicht verhindern können, dass sie Gemeinheiten über dich verbreiten. Frage mal Sarah, wie das ist, wenn man Schauspielerin ist. Da können manche Journalisten auf komische Ideen kommen, wenn man mal keine Zeit für ein Interview hat oder in einer bestimmten Zeitung oder einem Magazin nicht erscheinen möchte.

Wichtig ist, dass du Selbstbewusstsein entwickelst und deine Stärken betonst, aber auch zu deinen kleinen

Fehlern und Makeln stehen kannst. Sarah und ich haben beide schon ein wenig erreicht im Leben, aber wir sind auch nur Mädchen wie du. Auch wir weinen, auch wir sind traurig. Ebenso sind wir manchmal albern und lachen uns über Dinge schlapp, die eigentlich ziemlich bescheuert sind. Auch wir kennen Liebeskummer und wollten nicht mehr weitermachen, weil ein Typ uns verlassen hat. Und auch wir finden uns nicht jeden Tag gleich schön – selbst heute noch nicht.

Meinen besten Freundinnen sage ich zum Abschied immer: »Ich drücke dich«, daher heute auch für dich eine feste Umarmung!

Wilma

Sarah: Von mir auch eine ganz feste Umarmung und ganz viel Kraft, du schaffst alles! Tschaka!!!

Eure Sarah :-)

ZUM GUTEN SCHLUSS ...

Nützliche Infos

aNRuFen, ScHREiben, HiLFE bEKommen ...

Hier findest du Notfall- und Seelsorge-Telefonnummern, die du anrufen kannst, wenn bei dir zu Hause so die Hütte brennt, dass du das alleine nicht mehr bewältigst.

www.telefonseelsorge.de
Tel. 0800/111 01 11 oder 0800/111 02 22
(kostenlos und rund um die Uhr)

www.nummergegenkummer.de
Tel. 0800/111 03 33
(kostenlos; montags bis samstags 14 bis 20 Uhr)

www.sorgentelefon.ch
Sorgentelefon der Schweiz
Tel. +41 (0)800/55 42 10 (kostenlos)
SMS +41 (0)79/257 60 89

NÜTZLICHE INFOS

www.143.ch
Telefon-, Chat- und Online-Beratung des Schweizer Verbands
Die Dargebotene Hand Tel. +41 143 (einmalig 20 Rappen
beziehungsweise 70 Rappen von öffentlichen Telefonen)

www.sorgentelefon.at
Sorgentelefon Österreichs
Tel. +43 (0)800/20 14 40 (kostenlos)

www.jungundjetzt.de
Kostenlose und anonyme Online-Beratung an 365 Tagen im
Jahr für Jugendliche bis 25 Jahre

www.wildwasser.de
Anonyme Hilfe und Beratung für Mädchen, die Opfer sexueller
Gewalt geworden sind
Tel. 06142/96 57 60

www.maedchennotdienst.de
Berliner Anlaufstelle – telefonisch und vor Ort –
für Mädchen in Not
Tel. 030/61 00 63 (gebührenpflichtig,
Kosten entsprechend Berliner Ortstarif)
Mindener Str. 14, 10589 Berlin
(U-Bahnhof Mierendorffplatz, S-Bahnhof Jungfernheide)

www.hilfe-fuer-maedchen.de
Online-Beratung für Mädchen vom Mädchenhaus Bremen e. V.
www.schueler-mobbing.de und
www.mobbing-help-desk.de
Beide Seiten sind Projekte der Gutenbergschule Riederich,

die Schülern und jungen Menschen, die gemobbt werden, beratend und unterstützend zur Seite stehen.

www.bzga-essstoerungen.de
Bundeszentrale für gesundheitliche Aufklärung
Tel. 0221/89 20 31 (gebührenpflichtig, Kosten entsprechend Kölner Ortstarif, montags bis donnerstags 10 bis 22 Uhr, freitags bis sonntags 10 bis 18 Uhr)

www.cinderella-rat-bei-essstoerungen.de
Online- und Telefon-Beratung des Aktionskreises für Ess- und Magersucht Cinderella e. V.
Tel. 089/502 12 12 (gebührenpflichtig,
Kosten entsprechend Münchener Ortstarif,
montags bis donnerstags 11 bis 13 Uhr sowie 14 bis 18 Uhr)

www.hungrig-online.de, www.magersucht-online.de, www.bulimie-online.de und **www.adipositas-online.info**
Informationen zu verschiedenen Formen der Essstörung des Hungrig-Online e. V.

www.suchtpraevention-zh.ch
Suchtpräventionsstelle der Stadt Zürich

www.selbstaggression.de
Seite einer ehemals Betroffenen mit umfassenden Informationen zum Thema psychosomatische Krankheiten

www.rotetraenen.de
Umfassende Informationen zum Thema Selbstverletzung

NÜTZLICHE INFOS

www.psychomeda.de/online-beratung
Kostenlose Online-Beratung von Experten

www.bist-du-staerker-als-alkohol.de
Bundeszentrale für gesundheitliche Aufklärung

www.drugcom.de
Bundeszentrale für gesundheitliche Aufklärung

www.pille-palle.net
Informationen der Diakonie Friedrichshafen
zum Thema Drogen

www.drogenberatung-jj.de
Jugendberatung und Jugendhilfe e. V.

www.mindzone.info
Projekt von jungen bayerischen Partygängern, die umfassend
zum Thema Drogen informieren und online via Chat beraten

www.drogeninfo.ch
Narconon Drogenprävention
Tel. +41 (0)76/435 36 38

www.beratung-caritas.de
Deutscher Caritasverband

www.kmdd.de
KEINE MACHT DEN DROGEN –
Gemeinnütziger Förderverein e. V.

LITERATURVERZEICHNIS, QUELLENANGABEN

Body Drama, Nancy Amanda Redd, vgs, 2009

Pubertät – Der Ratgeber für Eltern, Angelika Kling/Eckhard Spethmann, humboldt, 2010

Pubertät? Kein Grund zur Panik, Cornelia Nitsch/Brigitte Beil/ Cornelia von Schelling, Mosaik bei Goldmann, 2003

Pubertät – Loslassen und Haltgeben, Jan-Uwe Rogge, rororo, 2010

www.bravo.de
www.bzga-essstoerungen.de
www.chirurgie-prager.at
www.drogen-und-du.de
www.eltern.de
www.familienhandbuch.de
www.focus.de/schule
www.lovetalk.de
www.maedchen.de
www.netmoms.de
www.paradisi.de
www.plastikmaedchen.net
www.wdr.de/tv/quarkswww.wikipedia.de

SCHWARZKOPF & SCHWARZKOPF

111 GRÜNDE, AN DIE GROSSE LIEBE ZU GLAUBEN

»WIR MÜSSEN AN DIE LIEBE WEDER GLAUBEN, NOCH AUF SIE VERTRAUEN, SIE ERST RECHT NICHT ERWARTEN. DIE LIEBE FINDET UNS – AUCH IN DER TIEFSTEN HÖHLE.«

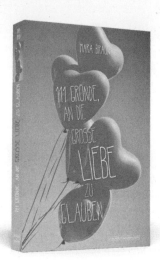

111 GRÜNDE, AN DIE GROSSE LIEBE ZU GLAUBEN
Von Mara Braun
256 Seiten, Taschenbuch
ISBN 978-3-86265-454-3 | Preis 9,99 €

Ein Buch über die Liebe: Das halten sicher nur Paare aus, denen die Herzchen noch frisch und rosa in den Augen leuchten! Das könnte man meinen, aber Mara Braun schreibt in einem Ton, der Verliebte ebenso berührt wie jene, die an Liebeskummer leiden. Natürlich nimmt die Autorin sich vor allem Partnerschaften vor, schreibt humorvoll über die erste Liebe und romantisch über klopfende Herzen. Ebenso beschäftigt sie sich mit der Frage, wie Liebe sich halten lässt, wenn der erste Reiz verflogen ist und widmet dem Kummer über ihr Ende ein bittersüßes Kapitel. Außerdem erzählen Paare von ihrer großen Liebe, Eltern von der zu ihrem Kind und beste Freunde davon, was sie am anderen lieben. Und natürlich begegnet uns die Liebe im Buch nicht nur in den Menschen, sondern auch in den vielen Kleinigkeiten, die unser Leben so liebenswert machen.

WWW.SCHWARZKOPF-SCHWARZKOPF.DE

Herzklopfen und so

100 DINGE, DIE MAN TUN SOLLTE ...

100 UNTERHALTSAME ERFAHRUNGSBERICHTE, DIE ZEIGEN, WIE TEENIES
DIE LETZTEN JAHRE VOR DER VOLLJÄHRIGKEIT RICHTIG AUSKOSTEN KÖNNEN

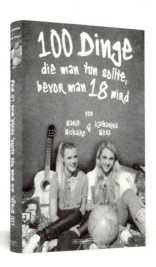

**100 DINGE, DIE MAN TUN SOLLTE,
BEVOR MAN 18 WIRD**
Von Katharina Weiß & Marie Michalke
192 Seiten, Klappenbroschur, durchgehend farbig gedruckt
ISBN 978-3-89602-594-4 | Preis 14,95 €

»*Das sind die Geschichten, von denen Freunde noch in 20 Jahren erzählen.*« BILD Bundesaugabe

»*Die SPIEGEL-Bestseller-Autorin Katharina Weiß und ihre beste Freundin Marie Michalke haben einen spektakulären Selbstversuch gewagt. Zwei 17-jährige, eine Idee und 100 Aktionen, die das Leben verändern. Ein absolut cooles Buch!*« Belgischer Rundfunk

»*Eine Anregung zu einem fantasievollen Leben, egal, wie alt man ist. Sehr ehrlich und ziemlich witzig.*« SWR DASDING

»*Das ganze Buch sollte als Anregung gesehen werden, seine eigene To-Do-Liste zu erstellen und die Jugendzeit voll auszukosten. Durch den lockeren und witzigen Schreibstil macht das Lesen viel Freude und regt die eigene Abenteuerlust an.*« unicum.de

www.herzklopfen-und-so.de

DANKE

Ich danke: meiner Familie, ganz exklusiv meiner
wundervollen Schwester! Robert, Antonia, Aileen,
Candy und Georg, dass sie mich durch die schweren
Phasen der Pubertät begleitet haben und bis heute meine
Freunde sind! Ich danke auch Richard und allen Anderen,
die mich während des Schreibens unterstützt haben.

Sarah

Mein Dank geht an meine Familie und meine wunderbaren Freundinnen! Besonders aber danke ich dem Mann,
der mir stärkender Partner, motivierender Kritiker und
humorvoller Freund ist! Wilma

Wilma Bögel & Sarah Tkotsch
Ich bin dagegen – und das aus Prinzip!
Überlebenstipps für die Pubertät:
Der Survival-Guide für Teenager
Mit Illustrationen von Jana Moskito

ISBN 978-3-86265-084-2
© Schwarzkopf & Schwarzkopf Verlag GmbH, Berlin 2011
Dritte Auflage März 2015
Alle Rechte vorbehalten. Dieses Werk ist urheberrechtlich
geschützt. Jede Verwendung, die über den Rahmen des
Zitatrechtes bei korrekter und vollständiger Quellen-
angabe hinausgeht, ist honorarpflichtig und bedarf
der schriftlichen Genehmigung des Verlages.
Titelfotos: © Moritz Thau

KATALOG
Wir senden Ihnen gern kostenlos unseren Katalog.
Schwarzkopf & Schwarzkopf Verlag GmbH
Kastanienallee 32, 10435 Berlin
Telefon: 030 – 44 33 63 00
Fax: 030 – 44 33 63 044

INTERNET | E-MAIL
www.schwarzkopf-schwarzkopf.de
info@schwarzkopf-schwarzkopf.de